谢建红 —— 著

谢伯子评传

上海书画出版社

谨以此书

纪念谢伯子先生100周年诞辰

序 言

徐建融

因为长期追随谢稚柳先生学习的关系，我对常州钱谢风雅包括谢伯子先生的故事一直是有所关注和了解。记得在谢老的壮暮堂中，见过伯子先生几次，但均未暇交流。后来专程去伯子先生十字街的府上拜访过几次，有了较深入的笔谈；又在常州工人文化宫的画廊中偶遇过几次，每次都被他热情地拉着坐下作短暂的交流。再后来伯子先生去世，其哲嗣建红兄致力于研究乃祖玉岑先生，在与建红的多次交谈中更加深了对伯子先生的认识。如今，建红的《谢伯子评传》即将付梓，嘱我为序。以我对常州学派和钱谢风雅的倾心，自然当仁不让。

伯子先生是"谢家宝树"，但却天生失聪。或以为天妒英才，他本人却向我表示是因为父母的近亲联姻所致。

原来，儒家以孝道为"修身、齐家、治国、平天下"的根本。《论语·学而》有子曰："其为人也孝弟，而好犯上者，鲜矣；不好犯上，而好作乱者，未之有也。君子务本，本立而道生。孝弟也者，其为仁之本与。"百善以孝道为先，而不孝以无后为大。所以，子子孙孙永无穷尽的血脉传承为最大的孝；自然，子子孙孙其永保之的文脉传承为最大的仁。进而，也就有了将文脉注入血脉中去，使之合而为一的传统。从孔子到韩愈，从朱熹到庄存与，几乎都把自己的女儿许配给最优秀的学生，在女儿"不够"婚配的情况下，更以侄女许配之。江南大儒钱名山，在这方面的表现更加积极，几位优秀的弟子，谢玉岑、程沧波成了他的女婿，王春渠、唐玉虬则成了他的侄女婿。在一般的师生而翁婿的关系中，这种亲上加亲的做法当然不存在问题。

但钱谢联姻已有两代。因此，玉岑先生和素叶夫人的姻缘实已埋下了近亲的隐患：这一隐患，可以降落于下一代，也可以不降落；可以降落在这一人，也可以降落在那一人。不幸的是，它降落到了伯子先生的身上！

俗话说："盲瞎者敏于音声，聋哑者敏于形色。"所以，古今中外的残疾人教育，对盲瞎者的培养，通常向音乐的方向发展；而对聋哑人的培养，通常是向书画的方向发展。伯子先生从小就表现出形象辨识方面的天赋，绘画，自然是家长们对他有意识培养的方向，何况父亲的朋友中有的是当代画坛的高手大家，如张大千、郑午昌等。但诗词，必须讲究四声韵律，按常理说，聋哑人很难深入。我们可以找到不少盲瞎而成就音乐的例证，如师旷；但鲜难找到聋哑而成就诗词的例证——后天的聋哑自当别论。

但他的外祖父名山先生也许意识到近亲联姻对外孙的伤害，所以竟抱定"人定胜天"的意志，一对一地亲自教授他平仄音韵！终于，少年谢伯子到了十多岁便已诗名鹊起，一时被赞道"伯子颖悟过人，确实属于遗传性的先天优秀，只可惜幼年便成聋哑，读书识字当然大难。但他未曾进过聋哑学校却能无师自通，居然能把书本默诵强记，不特识字还能知诗。真是奇迹啊！"（1944年5月14日《平报》）

据伯子先生自述，他在1937年之前"作过很多首诗，经过外公和舅父（钱叔平）的修改，积累成为诗稿，连同外公的讲稿一起放在寄园家塾，谁知抗战爆发后，全部散失了"。现在还可以见到的他的早期诗作，仅存《十六字令·学词两阕》等极少的几首，仅举其一如下：

　　词。缀玉联珠绝妙辞。迷人处，风味寸心知。

略可窥其慧心。进入20世纪80年代以后，其诗作渐多，也更广为人知了。这里不再举例。

相比于诗词，伯子先生更为人所称道的是他的绘画。他既得张大千、郑午昌的亲炙，又以默如雷霆、凝神守志，于人物、山水、走兽、花鸟、工细、粗放、青绿、水墨无所不能。1944年5月，在上海八仙桥青年会青年画厅举办首次个人画展。作为当时在上海举办个人画展中最年轻的画家，共展出一百余件画作，又有与名书家合作的扇面画约二百件。原定展期为11日至17日，不料作品被"定购一空，致后来有向隅之憾。兹特商请谢君续陈新作，展期四天（18日至21日）"。情况之热烈，"为青年画厅历来画展所未有"。

钱名山先生《谢宝树题画》诗有云：

> 六法天开别有门，谢家宝树茁灵根。
> 平生不解师松雪，却有王蒙是外孙。

便是因外孙这次画展的一鸣惊人、大获成功而发。嗣后，伯子先生的画名益盛，卖画也一路顺畅。1947年5月，上海市文化运动委员会主办全国文化美术奖，又颁予其三等奖的荣誉——一等奖篆刻方介堪，二等奖雕塑张充仁等，三等奖国画谢伯子等。至此，作为一个职业画家的生涯，可以说已经水到渠成、前途光明。

然而，我们知道，寄园的教育，对弟子的培养旨在"期成大儒"而"游于艺"，绝不是"以文自名""止为文章"地"职于艺"。伯子先生的父执辈如此，伯子先生也不例外。名山先生有文《记外孙谢大》："能作《左传》论，又好画。"《春秋》义例，于人生的选择，始终是以政事、教育、医疗为立身处世的次序，也即欧阳修所说的"士君子自当以功业行实光明于时，亦不一于立言（文艺）而垂不朽"。程沧波、郑曼青、谢稚柳如此，谢玉岑如此，唐玉虬如此，谢伯子当然也没有例外。就在他的画艺羽翼丰满，一飞冲天，未来成就未可限量，只待翱翔不息之时，成立于1942年8月的上海光震私立聋哑学校校长李定清向他发出邀请，聘他担任学校的美术教师。

"老吾老，以及人之老；幼吾幼，以及人之幼"，则"聋哑吾聋哑，以及人之聋哑"，对于从小受儒家教育的伯子先生而言，自然当仁不让、义无反顾。但是，他不懂手语，也就无法与聋哑师生进行教学的交流。为此，他停下画笔，苦练手语半年，终于在1947年成为该校的一名正式教师。1949年初，在武进聋哑学校倡办人戴目的多次邀请下，他又返回家乡，出任常州市聋哑学校校长之职。一个有着美好前程的画坛新秀，从此毅然终结了自己职业画家的生涯，为中国的特殊教育事业做出了杰出的贡献，而绘画，则成了他的"余事"。在长达三十年的聋哑教育职业生涯中，他提出了一整套具有中国特色、具有原创性的聋哑教育思想；他的铜像，也在身后被安放进了中国特殊教育博物馆中。

苏轼《文与可画墨竹屏风赞一首》有云：

> 与可之文，其德之糟粕；与可之诗，其文之毫末。诗不能尽，溢而为书，变而为画，皆诗之余。其诗与文，好者益寡；有好其德如好其画者乎？悲夫！

则伯子先生之诗，知者益寡；有知其特殊教育之贡献如其绘画成就者乎？有之，请自建红兄的《谢伯子评传》始。

壬寅深秋于海上长风堂中

目 录

序言（徐建融）···001
引子···001

上篇　谢伯子生平

青山世家　谢钱联姻···004
谢家宝树　生有异秉···012
失恃丧怙　名山诗教···018
三拜大千　矢志绘事···020
再拜名师　如虎添翼···029
崭露头角　大儒仙逝···033
一飞冲天　杏坛弦歌···048
投身特教　创办新校···052
增强体质　培育人才···056
美满家庭　艰难岁月···059
师法自然　行程万里···069
七十画展　大风传承···087
挑战病魔　倾心谈艺···118
九秩初度　手写千秋···130
绚烂之极　归于平淡···137

下篇　谢伯子评述

谢伯子诗文解读·················152
诗词解读·····················152
文稿评述·····················163
佚诗遗文·····················172

谢伯子绘画略说·················181
谢伯子早期（1942—1949）绘画中的张大千影子·······181
谢伯子与郑午昌的师生画缘·················195
谢伯子中期（1950—1978）雄健与秀润···········209
谢伯子晚期（1979—2013）豪迈放逸与绚烂多彩······220

谢伯子特殊教育的理论思考与实践探索·······242
1949年前世界聋哑学校的创办与发展············242
老骥伏枥　心系特教··················250

结语······················255

附录：谢伯子先生年谱··············259
后记（谢建红）·················279
参考文献····················280

引子

  本报讯：20日凌晨1点，我市92岁高龄的中国聋人特殊教育家、国画名家谢伯子先生因病逝世。

  谢伯子，1923年5月生于常州，名宝树，字伯文，号伯子。他先天失聪，自幼随父谢玉岑、外祖父钱名山学书学诗，随姑谢月眉、叔谢稚柳学画花鸟。少年时拜张大千、郑午昌为师，19岁加入中国画会，21岁在沪上举办个人画展。1947年获上海新文化运动创作奖，1956年作品入选第二届全国国画展并被国家购藏。1992年5月在上海美术馆举办谢伯子画展，其传略先后载入《中国美术年鉴·1947年》《中国美术家人名辞典》等。

  谢伯子山水、花鸟、人物、动物兼擅，尤擅山水，喜欢画荷，写意与工笔结合，颇有大千风范。

  谢伯子从1949年4月起任常州市聋哑学校校长三十年，并亲任教师，将美术知识传授与聋人学生。通过努力，使该校成为全国特殊教育的一个样板。

  谢伯子生性乐观豁达，热心培养后学，传承大风堂艺术，乐于助人，多次参加公益捐赠活动。

  2012年中央电视台曾拍摄专题纪录片《谢伯子》，中央文献出版社出版了图书《九秩初度·谢伯子先生谈艺录》。

  据介绍，今年5月，南京特殊教育师范学院、上海名家艺术研究协会、常州博物馆还将联合举办谢伯子铜像在中国特殊教育博物馆揭幕仪式，并进行谢伯子九秩画展巡展暨《谢伯子研究》出版首发。

  22日上午8点，谢伯子遗体告别仪式将在常州市殡仪馆云霄厅举行。

《常州日报》2014年4月21日

  2014年4月22日上午8点，连续三天的春雨初停，来自全国各地的谢伯子先生生前的亲朋好友、学生、弟子、家属以及各社会团体、组织代表二百余人，佩戴白花，怀着崇敬而沉重的心情，在常州市殡仪馆云霄厅向安卧于鲜花丛中的谢伯子先生遗体告别。

中央电视台、沪港大风堂研究会、上海名家艺术研究协会、上海张大千研究会、四川张大千研究中心、常熟菱花馆艺文社、常州市谢稚柳书画研究会、中国特殊教育博物馆、江苏省特殊教育专业委员会、南京特殊教育师范学院、中国聋人协会、江苏省聋人协会、常州市聋人协会、常州市聋哑学校、常州市民政局、常州博物馆、常州图书馆、常州市慈善总会，以及政府有关部门、社会团体、美术组织等单位和有关个人敬送了花圈、挽联。云霄厅两侧摆放了百余个鲜花圈，中央悬挂挽联："一生奉献鞠躬尽瘁，丹青传世千古流芳。"

一小时的告别仪式在哀乐声中缓缓结束，从此，谢伯子先生驾鹤仙去。贞弦独奏青云上，画卷长存天地间。看着出生时先天失聪的婴儿，有谁可准确预知其人一生的辛苦遭逢与天赋造化；瞻仰去世时安静详和的长者，确实能详尽道来此公平生之坎坷沧桑及自强不息！

上篇

谢伯子生平

喜一天晓色，曾画否、翠眉峰。想经月恹恹，者番梳洗，环佩犹慵。相携纵添雏鹤，怕梅花不似旧时红。指点晴喧庭院，也应说着征鸿。　　蓝桥郑重乞相逢，往事记重重。怎未到封侯，一般轻别，着此惺忪。剧怜报伊何计，况万千翻累慰飘蓬。私检客中腰带，新宽说与卿同。（《木兰花慢·珊儿弥月，赋怀素君》）

词充满画面感，闺中女子的美丽与慵懒清晰可见，生动地展现在读者面前。词人近距离地欣赏，凝神端详，素君的一颦一笑尽收眼底。这首"闺情词"，精雕细琢，用色秾艳，甚得《花间》遗韵；表现手法轻婉，场景的烘托、渲染，更可见所抒的情深意密；词中有夫妻间窃窃私语的亲昵，又兼语幽默的调侃，年少时的歆羡仰慕，现于今的美梦成真，待来日报答。读罢全词，令人生发无限的感染和无穷的遐思。

这首词作于1923年6月，填词人是民国著名词人谢玉岑，为其儿子枝珊满月而作。一年后的8月13日，谢玉岑以署名"藕花庵主"在《新武进报》发表该词，后收入《玉岑遗稿·白菡萏香室词》。词题中"素君"指其夫人钱素蕖，"珊儿"及词中"雏鹤"即其长子谢宝树。

谢伯子，名宝树，乳名枝珊，字伯文，号伯子。1923年5月25日（四月初十）生于常州观子巷19号谢寓。

青山世家　谢钱联姻

《满江红·金陵怀古》有句："王谢堂前双燕子，乌衣巷口曾相识。""燕子"已成为南渡谢氏的代名词，以谢安为杰出代表的河南太康谢氏，从会稽东山迁至建康（今南京）乌衣巷，又有谢氏后裔从河南太康南渡至毗陵（今常州）。"谢家燕子"飞入常州的原因，即北宋基业飘没的"靖康之变"，虽然时隔七百余年，但《毗陵谢氏宗谱》记载有序：

1917年谢承恩纂修的宝树堂《毗陵谢氏宗谱》载："始迁祖谢廙在南宋建炎初由河南陈郡阳夏，随宋高宗南迁，卜居常州城西北三十里安善乡（今

毗陵谢氏世系图

毗陵谢氏仲舒公邱庄贵实公派青山里支世系图（上承远祖世系）

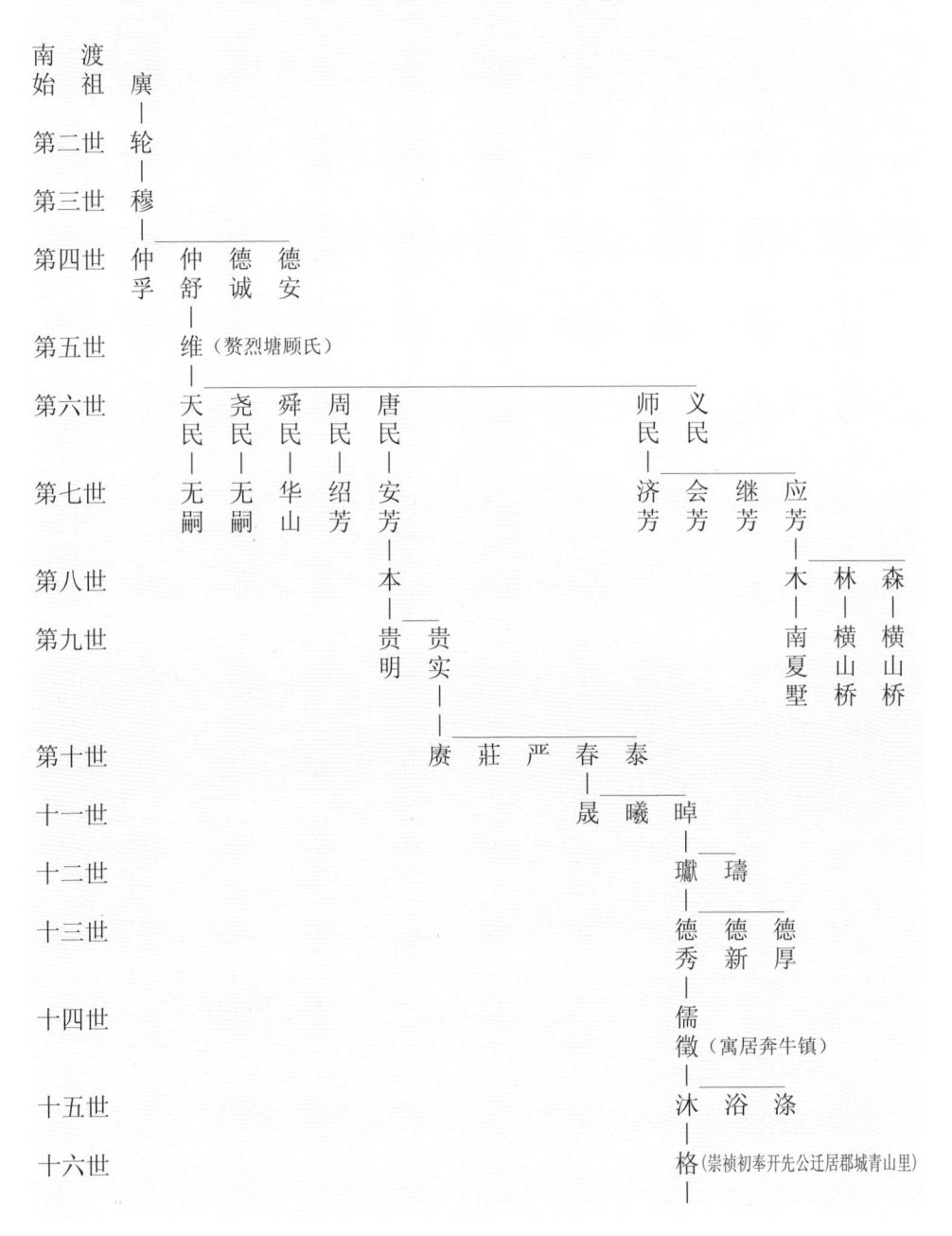

南渡始祖	廙
第二世	轮
第三世	穆
第四世	仲孚　仲舒　德诚　德安
第五世	维（赘烈塘顾氏）
第六世	天民　尧民　舜民　周民　唐民　　师民　义民
第七世	无嗣　无嗣　华山　绍芳　安芳　　济芳　会芳　继芳　应芳
第八世	本　　　　　　　　　　　　　　　　　　　　　　木—南夏墅　林—横山桥　森—横山桥
第九世	贵明　贵实
第十世	赓　莊　严　春　泰
十一世	晟　曦　晫
十二世	瓛　璕
十三世	德秀　德新　德厚
十四世	儒徵（寓居奔牛镇）
十五世	沐　浴　涤
十六世	格（崇祯初奉开先公迁居郡城青山里）

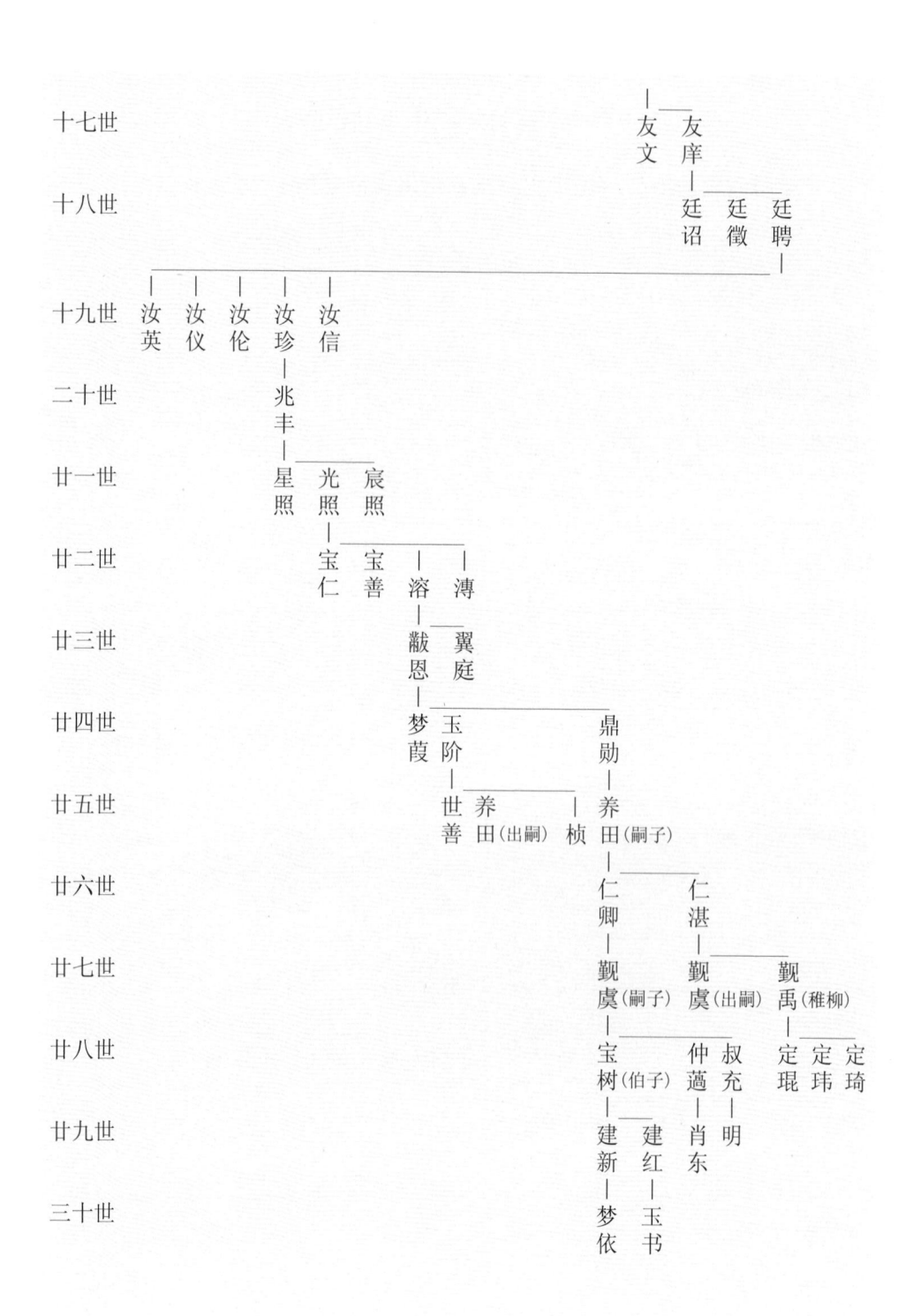

十七世	友文　友庠
十八世	廷诏　廷徵　廷聘
十九世	汝英　汝仪　汝伦　汝珍　汝信
二十世	兆丰
廿一世	星照　光照　宸照
廿二世	宝仁　宝善　溶　溥
廿三世	觳恩　翼庭
廿四世	梦葭　玉阶　鼎勋
廿五世	世善　养田(出嗣)　养桢(嗣子)
廿六世	仁卿　仁湛
廿七世	觐虞(嗣子)　觐虞(出嗣)　觐禹(稚柳)
廿八世	宝树(伯子)　仲蒇　叔充　定琨　定玮　定琦 明
廿九世	建新　建红　肖东　玉书
三十世	梦依

毗陵谢氏远祖世系图

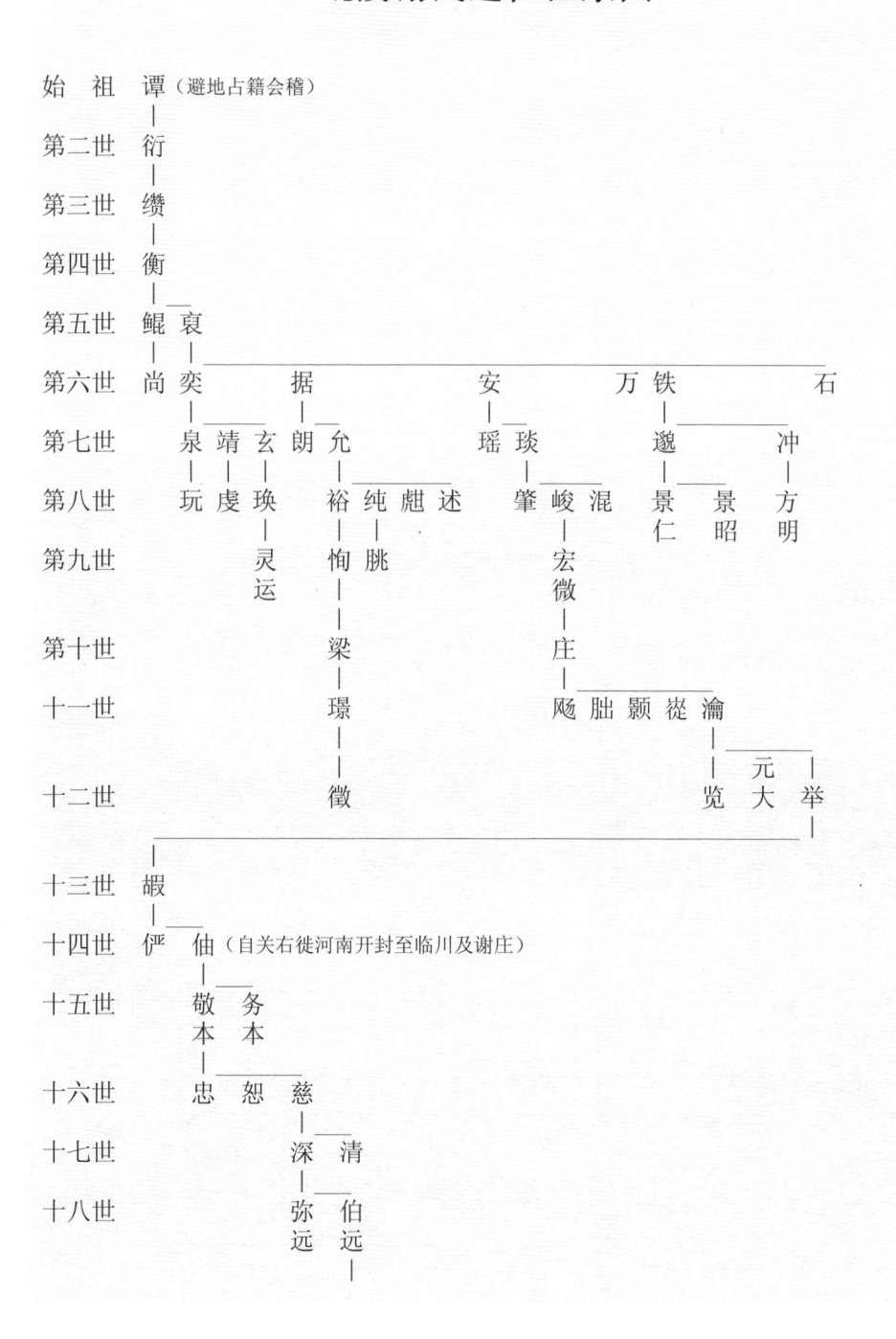

始　祖	谭（避地占籍会稽）
第二世	衍
第三世	缵
第四世	衡
第五世	鲲　裒
第六世	尚　奕　据　　　安　　万　铁　　　　石
第七世	泉　靖　玄　朗　允　瑶　琰　邈　　　冲
第八世	玩　虔　瑍　裕　纯　鲲　述　肇　峻　混　景仁　景昭　方明
第九世	灵运　　　恂　朓　　　　　宏微
第十世	梁　　　　　　　庄
十一世	璟　　　　　飏　朏　颢　嵸　瀹
十二世	徵　　　　　　　　　览　元大　举
十三世	嘏
十四世	俨　伷（自关右徙河南开封至临川及谢庄）
十五世	敬本　务本
十六世	忠　恕　慈
十七世	深　清
十八世	弥远　伯远

十九世	会——合
二十世	成大 可大
廿一世	琯 瓒
廿二世	日新 化新
廿三世	安节 奇节
廿四世	正
廿五世	进 逊
廿六世	安之
廿七世	谧 谟
廿八世	恒
廿九世	深思
三十世	越
卅一世	达文 宏文 希文
卅二世	廙（南渡毗陵始迁祖）

◎ 本世系中远祖，明洪武间由毗陵"宝树堂"谢应芳、谢匆三与浙谱对接。
◎ 本世系中远祖五世衮公以下至十二世，厘至灵运、朓、"晋陵四贤守"，不及旁支。
◎ 本世系十三世以下，厘南渡毗陵支主干至始迁祖谢廙。

常州新北区）谢庄繁衍生息。"谢廙（谢安二十六世孙，1109年举进士）之孙谢穆有四子，长子仲孚，字信卿，在南宋嘉定间（1220年前后）始迁邱庄（今常州罗溪镇邱庄村），开邱庄支派。次子仲舒，字汉卿，居祖地。此二支世称"西谢"。三子德诚，四子德安，因宋末兵乱携家迁居郡城东北乡横山南麓（今常州横山东城湾）。此二支世称"东谢"。

谢唐民，字文熙，仲舒之孙。幼读史书，宋景定年间以茂才领乡荐，咸淳三年（1297）举进士，官儒学教授，进国子学录。其对远祖谢安等辈辅国定晋的功勋引以为傲，立志仿效，虽无救国之能，但有殉国之义。谢唐民是宋臣，甘为宋魂，宁死不屈，拒为元用。德祐元年（1275）春，谢唐民在元军上门劝降时，"阖门三十人自焚死"。在这一毁家殉朝的过程中，谢唐民独子谢安芳，又名庭芳，因外出游学得以幸免，留下单传一脉，即谢玉岑、谢稚柳、谢伯子一支的先祖。

青山谢氏前有远祖东晋"前三谢"（谢尚、谢奕、谢安）肇基家学，继有"后三谢"（谢灵运、谢惠连、谢朓）登峰造极，中有南渡后的"宝树三谢"（谢唐民、谢绍芳、谢应芳）承上启下，近现代则有"青山三谢"（谢玉岑、谢稚柳、谢伯子）及谢伯子堂叔谢启泰（即章汉夫，中共外交部常务副部长）、姑母谢月眉（工笔花鸟圣手）等再铸辉煌，这是贯穿常州青山谢氏一千六百余年家族文化史的主线条。

1912年刻印的《谢氏家集》载："常州谢氏家族，一门风雅，工诗善文，历代不坠其家学。"仲舒派的十六世谢格，字士正，于崇祯初（1628）迁居常州郡城东门，传至二十三世谢黻恩（1797—1861），字尹东，已入户北直街青山里。黻恩有五个儿子，长子谢梦葭（1819—1852），才气俊迈，于诗尤长，以一秀才游京师授经文时，得瘵疾卒，有《剪红轩诗稿》传世。二十五世谢祖芳在《剪红轩诗稿》跋中云："盖公幼而颖悟，有神童之目，

毗陵谢氏宗谱

九岁为文章,曾大父春塘公见之叹曰:'吾家千里驹也!'"梦葭的四个弟弟玉阶、申嘉、香谷、秉钧,或秀才,或佾生,五兄弟"长而以家计困难,兼治商业,终未肯废读,性喜为诗,每有所得,必相与商榷,一门之内,怡怡相唱酬,至乐也"。

谢祖芳(1850—1907),字养田,号祖芳。玉阶次子,秀才,少时以诗鸣于乡里。其诗清真宕逸,妙契自然,深博时人好评。养田娶同乡举人钱钧次女钱蕙荪为妻,其子谢仁卿、谢仁湛,其女谢静华、谢静薇,其长孙谢玉岑。一门夫妻、兄弟姊妹相以诗词唱和,其乐融融。谢养田《寄云阁诗钞》有句:"吾家昔在晋,风雅有前轨。至今千余年,敢云世济美。"

谢祖芳　　钱蕙荪

常州青山谢氏家族就是这样一代代诗书飘香、绵延不绝、传承家学的,正如晚清常州诗人钱向杲诗句所言:"江南谢氏尽诗豪,东晋多才冠六朝。"

读书、写书、刻书是古代文人的三大爱,对人的评价自古以来无非是道德与文章,所以"古今多少世家无非积德,天下第一人品还是读书"为许多世家家训。常州青山谢氏是著名的江南文化世家,自东晋以来即以"乌衣门巷""青山草堂""青山世家"为世所称。这部1912年印行的《谢氏家集》,收集了晚清时期青山谢氏三代人的诗词文作品,正体现了这种文化传统,印行的历程可歌可泣,极不平常。

《谢氏家集》分两册共十三卷:卷一《剪红轩诗稿》(谢梦葭),卷二《吉羊止止室剩稿》(谢玉阶),卷三《运甓小馆吟稿》(谢香谷),卷四至卷七《寄云阁诗钞》(谢养田),卷八《双存书屋诗草》(钱蕙荪),卷九《覆瓿遗稿》(谢君规),卷十《青山草堂词钞》(谢仁卿),卷十一《青山草堂诗钞》(谢仁卿),卷十二《瓶轩词钞》(谢仁湛),卷十三《瓶轩诗钞》(谢仁湛)。

《谢氏家集》各作者的情况和相互之间的关系，及其编印过程等，阅读书前总序与书后跋文中可略知。总序、跋文的撰者，分别是晚清举人钱向杲和晚清进士钱名山，两人是父子关系。《寄云阁诗钞》的作者谢养田既是钱向杲的妹夫，又是钱名山的姑父；而《双存书屋诗草》的作者钱蕙荪，便是钱向杲之妹、钱名山之姑母、谢宝树之曾祖母了。从总序、跋文中可知，《谢氏家集》刻印成书历时6年，与当时特定的时代背景息息相关，真可谓常州谢钱两家世代交谊，以及相互砥砺学问、共同赏析诗文的见证。

《谢氏家集》在晚清时期众多家集中具有何种地位、何种研究价值呢？可以说，《谢氏家集》不仅是一部反映晚清青山谢氏家族三代人文学作品之代表作，而且是一部反映晚清时期社会背景与生活环境之下，青山谢氏三代人追求自己的精神源泉，安贫乐道、顽强生存、各抱雄志的人生态度，在劳作之余以读书、创作诗文为乐事，正如总序中所云："人间富贵，恒不百年，而谢氏得以风雅世其家，可不谓难能而可贵者乎？"至于研究价值，那就可以将《谢氏家集》视作是一部反映家族文化的典型现象：这个文化现象既有时代特征——晚清，又有江南地方色彩——常州。由此可见，对于这样一些属于中国晚清末期的家族文化现象，以及书香世家，关于它是如何产生的，又是怎样发展的，起着怎样的作用，与当今社会的教育、学习、人生观有什么不同等等问题，难道不应该吸引研究者去予以研究吗？

说到常州青山谢家，人们又会很自然地联想到常州阳湖钱家。

钱振锽（1875—1944），字梦鲸，号谪星、名山，以名山行。早岁即以文名，自署"星影庐主人"；晚年客居上海，自署"海上羞客"等。光绪二十九年（1903）举进士，以刑部主事用。因屡上书言事，均留中不用，于宣统元年（1909）辞官归里，一心从事学问研究与教学。1912年起，钱名山重兴寄园，设帐传授国学二十余年，门下弟子近千，是著名的诗人、书家、教育家，被称为"江南大儒"。著有《名山诗集》《名山文约》《良心书》

钱名山

等。其得意弟子有谢玉岑、程沧波、王春渠、唐玉虬、郑曼青、马万里、陆孔章、虞逸夫、谢稚柳、谢伯子等。

钱家书香门第，耕读传家，刻有《钱氏家集》三十四卷，家训"读书便佳，为善最乐"。钱名山祖父钱钧（1819—1877），字帮灿，号廉村，为钱氏菱溪三十三世孙。曾有句"平生无他嗜好，唯爱书成癖"，有《佳乐堂遗稿》传世。父亲钱向杲（1849—1906），字仲谦，号鹤岑，举人功名，有诗句"寒窗依旧一灯青，岁岁埋头史复经"，著有《九峰阁诗集》《夷夏用兵鉴古录》等。姊钱梦龟（1872—1930），著有《云在轩诗集》。妹钱梦鲛（1888—1977），著有《北窗吟草》《北窗医案》。二弟钱梦鲲、四弟钱梦鲤分别为诗人、画家。

钱钧与谢氏梦霞、玉阶、香谷三兄弟为契友，钱钧次女钱蕙荪嫁与谢玉阶子谢养田。这样，钱名山与谢仁卿、谢仁湛就是姑舅表兄弟了，钱蕙荪也就成了谢宝树的曾祖母。后来，钱名山长女钱素藁嫁与谢玉岑，谢玉岑大妹、四妹分别嫁与钱名山侄子钱炜卿和长子钱小山，谢钱联姻，传为佳话。

常州谢钱两家的联姻，丰富了江南以婚姻为纽带的文化内涵，象征着中国文化的传承不是孤立的，常在家族亲友及师生间进行，谢钱两家即涵盖着文化传承的这种多层关系。

谢宝树在如此浓郁的谢钱家族文化环境中成长，在气质与学养等方面，自然受到了良好的培养。

谢家宝树　生有异禀

谢宝树出生时已有两岁的姐姐谢钿，因为是长子，自然得到了谢钱两家长辈的喜爱，外公钱名山为他取名"宝树"，期待着他像一株玉树那样茁壮成长从而传承谢钱两家的风雅。

后来，家人渐渐地发觉宝树对周围的响声没有反应，口中仅能发出"咿咿呀呀"低微的声音。一年后才确诊，宝树原来先天失聪，自然对声音没有反应了。有一说："宝树在婴儿时因奶妈疏忽，让水浸入他耳内，耳膜发炎导致耳聋。"（谢钿《回忆大弟的童年》）两三岁的时候，姑姑给家里小孩讲故事，其他小孩听得都哈哈大笑，宝树什么也听不见，又说不出，伤心地在旁边哭，那时候他就知道，自己跟别人是不一样的。

尽管上苍没有给予宝树听力，却赋予他一双灵性的眼睛和灵巧的双手，三四岁时他会根据人物的特征用手势造型，让人知道他手指谁，干什么事。如他把手举得高高的，又把嘴唇紧闭，一下子暴发出两次极低的声息"BA、BA"，那是他在说"爸爸"，如果再把手向外一挥，那就表示爸爸出门了；如他用手掌托近下巴（表示下巴丰满，指代母亲），又用嘴型发出极微的"MA、MA"气息，那是他在寻找妈妈。

宝树从小不仅懂事，在五六岁时就会协助母亲看护弟妹，而且更懂得崇敬和孝顺，谢钿《回忆大弟的童年》有说：

> 提到伯子的孝顺性格，我想起伯子大约五岁时发生的故事。一天，祖母拿出好些桃子，让我和弟弟各取一个。我挑了个最大的放在旁边，伯子也拿了一个。一会父亲从外面回来，伯子立刻拿了个桃子给父亲。我一看，他拿了我的大桃，便马上向父亲要了回来。父亲感到意外，便对祖母说："弟弟把桃给我，姐姐倒向我要桃。"（言下之意，当然我比不上弟弟孝顺）当时祖母便说，这桃是给了姐姐的。紧接着祖母对着伯子指指他那个桃，又指指父亲，意思是问他为什么不把自己的桃给父亲？伯子伸出大拇指指指我的桃，又指父亲。大家都明白了他的意思，是把大的给父亲。

当时，宝树与谢钱两家的兄弟姐妹，或与年龄相仿的小伙伴们一起玩耍时，也没有觉得与众不同和不方便；他用自己的感悟和直觉就能察觉到周围发生的事，或对方传递给他的信息；他看着对方脸上的表情、说话时的嘴型，就大致明白表达的意思，因为他有一双明澈的眼睛和聪颖的头脑。八九岁时，宝树与表弟钱璪之、汪仲阳等小伙伴一起到寄园附近的池塘、河边抓

谢宝树（左）与钱璱之（右）

谢宝树（左一）、钱璱之（左二）、谢钿（右二）等在寄园

小鱼、逮知了、捉蛐蛐，与他们一起乐，一起闹。

有一天，宝树与名山先生的长孙钱璱之等小伙伴们一起去河边抓小鱼，璱之不慎滑入河里，不能爬上来，急得大哭。宝树想拉璱之上来又够不到，想回家喊人又怕耽误时间，急中生智折下河边树上的一根树枝，让璱之紧紧抓住，自己用尽全力终于把他的表弟拉上了河滩。

事情发生后，名山先生得知大外孙与长孙的意外遭遇和兄弟之谊，特意请人在河边树下拍下一张值得纪念的两人合影，让宝树、璱之永远记住谢钱两家的生死情谊。

钱璱之晚年对这件事仍然记忆犹新，有词《踏莎行·赠宝树表哥》寄怀：

叠嶂飞泉，接天莲叶，观图如听清歌发。犹留小影记当年，同依老树池边歇。　　中表情亲，儿童谊切，心知手语何须说。新诗读罢梦重温，寄园风日菱溪月。

并有回忆："宝树哥有一段童年时期，他生活在舅家，在外祖父名山老人以及舅父、姨母等照顾和熏陶下学习。正是在这时期，我跟他几乎整天在一起，我比他小几岁，命运比他好。但比起他的要强、好胜、专注、执着……却远远不如。他跟我们几个年纪相仿的弟兄一样学古文、学诗词、学书法、学写作,以至一样地看《三国演义》之类小说,仿佛别人能做的,他也一定要做到。要表情达意,起初凭手势,逐步凭笔谈,实际上是凭悟性和毅力,凭专心致志和高度的'凝神'。跟我们不一样的,是他对绘画的特殊爱好和特异才能。"

谢伯子晚年也有诗一首:

> 幼小同依古树边,老来合影百花间。
> 诗人画士聚而散,梦醒如今白发添。

诗后有注:"幼时一起在古树下合照。1995年12月24日又一起在叔父谢稚柳铜像揭幕仪式两侧鲜花中合影,时隔63年之久。"

当年谢宝树的小伙伴之一程婉仪女士(程沧波之女。程沧波与谢玉岑是连襟关系),由于笔者的拜访,勾起了她早年的两则回忆:

> 我五六岁时,经常与谢钱两家的同伴到寄园去玩。有一天暮春,宝树、仲蒍(宝树大弟)、通百(婉仪之弟)和我,加上谢程两家的保姆、奶妈七八人一起到寄园里的竹林去挖春笋,我的同伴都挖到了,满心欢喜。也许我年纪太小,或是女孩,一个都没挖到,只能望着他们羡慕,心里很是不甘心。而宝树哥却挖到了一大一小两个春笋,就分给我一个大的,让我很是开心。在回家的路上,我们一队人雄赳赳、气昂昂,兴高采烈的样子,引起了路人的好奇和关注。到谢家后,三姑月眉(宝树姑母)为我们做了一大锅春笋佳肴,我吃得津津有味。这段往事,我至今还记忆犹新呢。
>
> 小时候有一个时期跟随母亲住在白家桥舅公(钱名山)家,大姨夫(谢玉岑)、大姨母(钱素蕖)也住在一起,大姨夫出出进进常逗我玩。我记得他总是穿一件灰布长衫,手里常拿了一卷白色的纸(其实是宣纸书画,小孩子不懂),他很喜欢我,说话风趣,所以我有深刻的印象。

晚年的谢伯子回忆起自己童年的两个小故事：

> 童年的我看到父亲的书信来往频繁，父亲亦经常到邮局寄信，我就产生了一个好奇的想法。于是，我也学着父亲的样子给某个同伴写上了几句话，并要母亲为我一起去邮局寄信。母亲因为当时走不开，就只能让家中的用人带我去邮局。信寄出后，我就翘首盼望同伴的回信。可是当时的信封上只有同伴的名字却没写上他的地址，同伴怎么会收到呢？

> 我六七岁的时候，当时父亲在上海教书，我就随母亲大部分时间生活在钱家，每当开饭时，饭桌上的肉菜总是一扫而空。有一天，钱家的一位大兄弟对我说："你如果想要成为书中的仙人，就不要吃肉菜，因为吃了肉菜，你就不会成为仙人了。"并告诫我，此事不可声张，否则就不灵了。我信以为真，以后用餐，我就坚持不吃肉菜，人也渐渐地消瘦起来。一直关心着我的三姨逢吉觉得奇怪，就问起了我，我也没说出原因。母亲也觉得奇怪，一直提心吊胆。又过了几天，我也觉得不妥，就告诉了母亲原委。母亲把这事转告了三姨。三姨得悉后，就把这位钱家的大兄弟训斥了一通。可想而知，童年的我有喜有悲，现在回忆起来，亦只有一笑了之。

宝树尽管也顽皮，但他过人的聪慧和天生的悟性，从小就赢得了谢钱两家长辈的宠爱，他那聪慧之中带着的几分淘气，更是讨人喜欢，家人总是事事让着他，任其发展。或许是听不到外界的声音，或许是携带着遗传的基因，宝树对家中的文房四宝情有独钟，大部分时间是独自沉迷于看书、画画之中。他开始学描红时，便涂涂抹抹，勾勾画画，一会儿勾画的是人、鸟、马、牛、羊，一会儿涂抹的是山山水水、花花草草，院子里、墙壁上、道路旁、砖地上，到处都留下他的画迹。家人见他手上、脸上、衣服上，不时染上斑斑点点的墨迹。他曾有一幅《鸟群图》，树上的叶子便是小鸟，或延颈求哺，或斜眸相戏，或跃跃欲飞，笔墨天趣，童心一览无遗。母亲钱素蕖要操持家务，父亲谢玉岑又远在上海，外公钱名山怜爱他这浑身的艺术气质，就格外宠爱他，关心他，时有诗赞："命我孙儿谢宝树，好为靖节补新图。满园松菊都生色，喜贺高贤得掌珠。"

转眼间，宝树到了上学的年龄，家人好说歹说，常州女子师范附小才勉强收他入学，条件是他的姐姐谢钿必须负责带他。谢钿回忆说："伯子七八岁时，我带他一同进常州女子师范附小。从一年级到三年级，他跟正常孩子一样上课做作业，跟小伙伴们一起玩，十分自然从容。每学期除音乐科目没有成绩外，其他科目均及格，顺利升级，但到该读四年级时，学校就不能再收他了。"

学校为什么不再同意谢宝树继续升级读书呢？谢伯子晚年接受中国特殊教育博物馆特约记者蓝薇薇的采访时写道：

> 在我幼时，我国的特教事业还不发达，我唯一受过学校教育的经历，是跟着姐姐谢钿入常州女子师范附小学习。上课铃声响了，学生们都落座，唯有我茫然不知所措；学生们坐好后开始报名，我一叫，声音很大，又引得旁边侧目；老师朗读课文时，我听不见，只好看其他学生的嘴型，留意她们的发音。这时有个女生站起来，告诉老师，说谢宝树（我的名字）总是看她，影响她上课，老师便告诫我不要影响她人。这样一来，我泄气了，便伏在课桌上睡起觉来；放学了，我随着大家去取自己的水瓶，那个反感我的女生在拥挤中推了我一下，水瓶掉在了地上……这个学校，我只上到三年级，学校不再收我。这段艰难的经历令我无法忘怀，将心比心，推己及人，我当然更能深切体会聋哑人为常人所不理解、想受教育更难的现实环境。

宝树退学后，只能在家中自学，他幼小的心灵受到了严重的挫伤，在家不是独自沉默，便是乱发脾气，甚至乱扔东西，谢钱两家的长辈对他也无可奈何。

失恃丧怙　名山诗教

屋漏偏逢连夜雨。1932年4月16日，宝树的母亲钱素蘩病逝，10岁的宝树一下子变得更加忧郁、沉默。可是过了一段时间，他渐渐平静下来，原来他在悄悄地学做诗。名山老人得知这一情况后，认为"诗是吾家事，谢家的宝树孺子可教"，就像当年他接走少年丧父的谢玉岑，现在又要带走谢宝树，让失学又丧母的大外孙入寄园书院继续读书。

<blockquote>
推窗四望夕阳殷，雨在东南别县山。
一鉴水澄漾树底，全家人聚绿荫间。
鸟声纵苦还如乐，云影虽忙亦如闲。
槛外紫薇花万簇，花时何事不开颜。
</blockquote>

这首诗《赋寄园》，是钱名山光绪庚寅（1890）的旧作。

寄园位于常州东门外白家桥附近，紧靠古运河，建于清末，为钱名山父亲钱向杲居家旁租赁菱溪汪氏的三亩地。钱向杲为光绪乙亥（1875）举人，官至内阁中书，辞官后隐居寄园，"读书游息之所，设帐授徒、著书讲学"，历时十年。因为是租地筑园，故名寄园，有寄居之意。园虽不大，但环境清旷；地仅数弓，却别有天地。内有九峰阁、云在轩、快雪轩、望杏楼、紫薇亭、留云台、荷花池等诸胜名迹，其中快雪轩为授课书堂，九峰阁为藏书楼。

寄园在钱向杲去世（1906）前后几近荒园。1909年，钱名山辞官归里后，历经修理，使寄园成为常州文化教育的场所。

修建后的寄园颇有景色，境极清旷，园内花木繁荫，窗开绿野；暑日则红蕖田田，入秋则丹桂馥馥，加之冬日黄菊傲霜，冬青凝翠；登高可以眺望运河中的白帆，确是习静诵读的好环境。站在白家桥上望寄园，寄园就像是一幅风光秀美的图画，别具一格地展现在大运河边。"请回俗士驾，笑读古人书"，寄园快雪轩柴扉上的这副对联，使寄园更增添了清逸之气。

20世纪20年代，寄园与唐文治创立的无锡国学专修馆、章太炎在苏州创办的章氏国学讲习会合称"江南三大书院",寄园也因此成为常州书院史和教育史上的一面旗帜。

谢宝树入寄园书院后,从此,寄园经常出现老少二人的身影。名山先生让宝树先熟读默写古诗,理解诗意,然后讲解诗的平仄、押韵、成句,到声韵的规则、诗句的意境、全诗的构成。继而讲解对偶、五言、七言、长短句的形成,并让宝树练习从比较自由的古体诗,到严格规则的对仗、绝句、律诗等等,先易后难,循序渐进。名山先生每次讲解、批改作业后,总是要布置新作业,命宝树作诗、填词、作文,均需按时完成,并督促宝树阅读指定的课外书籍。当时名山先生的教案《通志·宝树》扉页有言:"我不能教宝树,我之过也;宝树不来问我,宝树之过也。此后宝树看书日日来问我,我日日答之,必有进也。"教案首篇讲《孝经》。宝树也是认真作业,日日求教,时时沉浸在他那静谧的诗文世界里。

在名山先生指定宝树阅读课外书籍的过程中,发生了一件有趣的事。有一段时间,宝树吃饭很少,甚至不吃。一向关心宝树的三姨钱逢吉问宝树为什么。宝树说,看《三国演义》中的关公从未见他大便的事,既然要学关公,也要学他不大便,所以不敢多吃饭。名山先生得知后,就开导宝树,关公是正常人,是有大便的,不过书上没有写出来罢了。这使宝树终于明白了,书中的内容仅是反映生活的一小部分,而不是全部。

书读得越来越多,对书中的故事越来越有兴趣,对外界的了解越来越广泛,宝树的心胸慢慢地被打开,眼界也逐渐地开阔了,除了寄园婆娑的树影、绚丽的朝霞、翩翩的蝴蝶、黄昏的燕子,寄园外的世界更精彩,他发现天地间原来有那么多新鲜美好的事物。

春去秋来,在名山先生及谢钱两家长辈的精心培育下,宝树的诗文写作大进,无论是写诗、填词、作文都能符合诗词文的规范,名山先生喜笑颜开、信心满满,料定宝树将来必有发展。

1933年至1934年,是谢宝树全身投入诗文学习卓有成效的两年,也是谢玉岑在上海商学院教书、社会艺事活动最为忙碌,身心耗费最多的两年。于是，谢玉岑的肺病日渐沉重起来，于1934年冬至前夕回到常州家中养病。当时，张大千客居苏州网师园，经常坐火车来常州探望谢玉岑，"每间日一往，往必为之画，玉岑犹以为未足"（张大千语）。每次来常州，张大千都带着画作请谢玉岑题咏，谢玉岑对张大千也青眼有加，认为张大千来日必叱咤画坛。

在谢玉岑生命的最后，朦胧中他觉得自己的身子漂浮了起来，飘入了一团雾里。雾霭中，玉岑看见素蘩正笑吟吟地望着自己，目光盈盈如水，她脚下踩着朵朵盛开的莲花，玉岑笑了，心里感到一阵安宁，即向素蘩走去。

谢家旧宅

1935年4月20日（农历三月十八日夜十时），布谷声声，春雨潇潇。一代词人，历尽坎坷，37岁的谢玉岑寂然病逝于常州观子巷19号家中，"棺椁安葬于武进东门外旧孝仁乡许家村新阡壬穴与"（讣告）。

三拜大千　矢志绘事

忆我先父病休在家，常州城内观子巷，大千多次前来探访。大千美髯近尺，乌墨闪光，体格魁梧，威风凛然。作为幼童的我，第一次猛然睹见其状，不免害怕起来，畏缩不敢走近。大家称他为美髯公，彼乃蜀人，操蜀音，谈吐潇洒，四座动听，伸纸下笔，淋漓尽致，雅趣横生。后来，我不免喜欢他常来。

这是谢伯子晚年，接受中央电视台《中国当代画家》主编杨晓明访谈时的一段回忆20世纪30年代初，他初见张大千的情景和感受。之后，谢伯子又有三次机会叩拜大千师，列为大风堂门人。1989年谢伯子在《永恒的记忆》中回忆先父谢玉岑、恩师张大千，摘录与解读于此：

我从十岁到十三岁，先后失恃丧怙，幼小的心灵常感到孤苦和辛酸。但有一种记忆又每每温暖着我，鼓舞着我，使我从困境中自立，在坎坷中前进，这就是对我父亲与大千师的深沉思念和永恒记忆。

由于我出生时失听失言，对父亲平时的谈笑、读书、歌咏以至病中喘息、咳嗽、呕吐的声音，我都听不到。但他的仪容、神态、举止却能给我留下不可磨灭的回忆。通过他的诗词、书画、遗稿遗墨，我进而想象他之为人，了解他的精神世界。

我的记忆中最清晰的是父亲和张大千的交谊。父亲和张氏同年而稍小，但张氏在赠我父亲的画上却总称为"吾兄""老长兄"，书札上也是如此。父亲则常称张氏为"季公"（张氏原名季爰）、"张夫子"，他在诗里这样写过："季公健笔任诛索，醉我何止酒十千。""半年不见张夫子，闻卧昆明呼寓公。"……他们平时往来十分亲密，张氏作画，父亲题诗，珠联璧合，相得益彰。可惜父亲早逝，所存的诗词太少，只二百余首，遗留的书法也甚少。

我母亲先父亲去世，父亲神伤不已，尝告人曰："报吾师唯有读书，报吾妻唯有不娶。"张氏为了宽慰他的悼亡之情，先后画赠荷花百幅（我母亲名素藻），其中一巨幅五色荷花，用金粉在各种重彩花朵上勾上金丝和金蕊，绚烂夺目，风神绝世，确是罕见的艺苑珍品。

谢玉岑（1899—1935），名觐虞，字子楠，号玉岑，又号孤鸾。民国著名词人、书画家。1899年9月1日生于江苏常州。

钱素藻（1900—1932），名亮远，字素藻。钱名山长女。生而聪慧，劬学乐道，致力温公《通鉴》尤勤，擅书。1900年7月21日生于常州菱溪。

张大千（1899—1983），名正权，字季爰，号大千。近现代中国画大师。1899年5月10日生于四川内江。

20世纪20年代，才气横溢的张大千刚刚崭露头角，而少年得志的谢玉岑已名动江南，1928年上海秋英会上两人一见如故，惺惺相惜，遂结金兰之交。有诗名在外的谢玉岑不厌其多地为张大千的画作题诗，这样，大千的绘画，就因玉岑的题诗而更加扬名于外了。从此，"玉岑诗，大千画""谢诗

钱素蕖　　　　　　　谢玉岑　　　　　　　张大千

菱溪图

张画"珠联璧合，相得益彰，成为中国近代画史上的佳话。

1932年春，钱素蕖病逝，谢玉岑作悼亡词多首，其中有名句"人天长恨，便化圆冰，夜深伴汝"。张大千为谢玉岑绘《天长地久图》《菱溪图》，谢玉岑在图上分别题诗词："平生不好货与色，犹恨书画每成癖。因贪生爱爱更怜，陶写哀乐难中年。季公健笔任诛索，醉我何止酒十千。金刚黄山买无价，驱使清湘走八大。尺绡亲许剪春波，当日归帆此中挂。百年真见海扬尘，独往空惜江湖心。风鬟雾鬓夸绝世，玉箫吹断红楼春。还当移棹入银汉，乞取天荒地老身。""破晓溪烟，为谁催发临风橹。岸花红日不胜情，才照人眉妩。过眼华年迅羽。换瑶棺、颓波东注。芳魂空恋，水墨家园，白头臣甫。　　画角江天，乱烽休警啼鹃苦。殡宫萋草不成春，死忆王孙路。如雪麻衣欲暮。抵河梁、凄其怎诉。人天长恨，便化圆冰，夜深照汝。"（《烛影摇红·二月二十二日舟送素君葬，过菱溪，距其归宁未两月

也。望寄园及外舅故居，凄然欲涕》）

1934年，张大千在北京举办多次画展，客居颐和园昆明湖畔的万寿山听鹂馆达半年之久。时谢玉岑在常州家中养病，因思念大千，在1935年1月7日的《中央日报》上发表《寄大千居士》："半年不见张夫子，闻卧昆明呼寓公。湖水湖风行处好，桃根桃叶逐歌逢。吓雏真累图南计，相马还怜代北空。一笑殷勤乞缣索，看归斋壁合云龙。"

谢玉岑传世的《玉岑遗稿》（1949年印行）收入诗108首，词84首；《谢玉岑集》（笔者编注，华东师范大学出版社，2019年9月版）收入诗321首，词132首。

天长地久图

父亲每次返里，常见他独坐凝思。除了读书写作、写字画画外，每每翻箱倒柜，拿出一幅幅收藏的字画，展挂在厅堂上，然后默默地欣赏着。这时，我总悄悄地跟随在父亲左右。父亲看这望那，我也随着他的眼光看这望那。当父亲看及张大千的画时，我发现他特别凝神注目，久久不动。我一面往父亲看的方向望去，一面偷看父亲的神色，引起了幼稚的好奇心，直觉到他对张氏的画是爱得那么深。

一段时间，父亲在家养病，张氏正寓居苏州网师园，每隔几天就来看望我父亲，每次来必作画。我当时都在一旁站着看，慢慢地心中悄悄爱上了张氏的画，这种情况父亲似乎没有注意，往往命我回到原处习字。有一次我怅然离去后，一时没趣习字，就倒在自己的床上，辗转反侧，竟震动了床边板壁——因板壁另一面靠着画桌，弄得张氏顿时停笔。张氏知道原委后便高兴地唤我过去看他作画，我大喜过望，深深感到张氏对我的亲切关心。

父亲病危时，当着张氏的面叫我向他下跪叩头，拜他为师。从那天起，我就有幸得列张氏门下，成为大千师的弟子。我曾三次向大千师下拜，这是第一次。

"当其卧病兰陵，予居吴门，每间日一往，往必为之画，玉岑犹以为未足。"这是张大千在《玉岑遗稿》序中的一句话。

1935年初的一天，张大千又从苏州来常州探望谢玉岑并作画。玉岑神情忧伤地说了一句话，大千的脸色顿时沉重起来，并频频点头。玉岑命身旁的谢宝树向大千叩头拜师，宝树即跪下向大千先生行拜师礼。自此，谢宝树列入张大千门墙，成为了大风堂门人。一生重友情的张大千没有辜负老友谢玉岑的病中托孤，他不仅对谢宝树以弟子对待，更是视作自己的子侄。时年，13岁的谢宝树在常州家中第一次向大千师行拜师礼。

之后，大千师每次来常州谢寓作画时，往往让宝树研墨、牵纸。大千师的画笔如魔术般上下纵横，一挥而就，那些亭亭玉立的荷花，栩栩如生的小鸟，如诗如画的山水，千娇百媚的女子，顷刻跃然纸上，或呼之欲出，这些摄人心魄的画作，着实让宝树大开眼界；宝树似乎从大千师的画里，感觉到了大千世界的神籁和天地间的呼吸，感受到了大自然的气息和生命的搏动。每次大千师一回苏州，宝树即流连于大千师画前，仔细观摩，甚至拿起笔纸，认真地临摹起来。

张大千曾说："要学画，首先应从勾摹古人名迹入手。由临摹的功夫中方能熟悉勾勒线条，进而了解规矩法度。""讥人临摹古画为依傍门户者，徒见其浅陋，临摹如读书，如习碑帖，几曾见不读书而能文？不习碑帖而能善书者乎？"由此可见，临摹是一种过程、手段，是为了"了解规矩法度"，以达"能文""善书"之目的，也就是创作基础的培养。

张大千又说："临摹中将古人的墨法、用色、构图，透过一张又一张的画作，仔细观察它的变化，并加以了解、领会、深入内心，达到可以背出来的程度，然后经过背临过程，从古人技法运用自如，最后把古人东西变为自己的。""切忌偏爱，不可专学一人，又不可单就自己的笔路去追求，要凭理智聪慧来采取名作的精神，又要能转变它。"

由此可知，张大千的治艺过程乃是将古人各家各派既有的绘画语言，通过临摹的过程加以综合整理，融会成自己的绘画语言与形式，再观察自然并赋予自然秩序，进而以创新的绘画语言，呈现出完全属于个人的风格面貌。

同样，对谢宝树而言，临摹乃是对大千师作品之形式与内涵，做彻底的观察与研究，唯有透过仔细的临摹，才能观察到画面的每一细节；一如读书需深入了解作者所表达的观点、思想，甚至于行文方式，才能算读懂读通。

谢宝树不仅临摹大千师的画作，同时也经常户外写生，那些春天的山石、夏季的翠鸟、秋天的黄叶、冬季的梅花，以及周边的人物、园角的竹林、路旁的书带草都是他笔下的对象，尤其面对寄园池塘里的芙蕖，那更是他百画不厌的题材。

谢宝树从此走上了绘事之路，这两年间，他除了临摹与写生外，也潜心于父亲留下的书画藏品，从中汲取营养，直到1937年抗战全面爆发。

1937年11月，烽烟四起，日本军机轰炸常州城区，日本军队即将进入常州城。谢月眉携谢宝树等谢家老小逃难至上海租界福熙路福熙坊2号赁屋而居（今中福会少年宫附近），仅随身携带一些重要书画和生活必需品；钱名山等二十余人，先避难至武进礼嘉桥镇，又迁徙上海辣斐德路（今复兴中路）桃源村21号。因福熙坊2号居屋不大，谢宝树居住不久即随钱家一起生活了。月余，常州传来消息，谢钱两家居屋及寄园均遭盗窃，损失惨重。

> 还有一次，父亲已经去世，抗日战争爆发了，大千师逃离日寇盘踞的北平，潜来上海。我又曾去拜谒叩头请安，并且接连几天看他作画……我每次旁观大千师作画时，总是聚精会神地看他挥笔运腕及其笔墨方法，默默记在心上。大千师不时以眼光看我，似乎在观察我看懂与否，他给我的一种无形之形，无声之声，也是无教之教，使我在心灵上受到莫大的启迪。

1938年6月，置身于北平沦陷区的张大千坚持民族正气，誓不当亡国奴，他摆脱了日本军人的纠缠，潜来上海，准备绕道香港返回四川。在上海期间，大千先生居其红颜知己李秋君家的石门二路广大寓所瓯香阁，深居简出。谢伯子（1938年起，以号"伯子"行）闻讯后，即携带几幅近作去拜见大千师。大千师与伯子笔谈交流，看了伯子的画作后非常高兴，即排开画案示范作画，并不时用手、眼向伯子示意其画之要领。一连几天，大千师让伯子现场观摩他作不同题材、风格、笔法的画，尤其山水画的构图、笔墨等，并在伯子带来的近作上修改或指出不足之处。大千师要将自己的绘画技艺全部传授与伯子，来实现对老友玉岑的承诺，以免生"看孤雏衰绖，登堂生友愧君章"之憾。伯子亦心领神会、受益匪浅，同时也感到大千师对他的关心与爱护。这是谢伯子在上海第二次叩拜大千师，时年16岁。

> 父亲死后，大千师很悲痛，他为父亲的墓碑题写"江南词人谢玉岑之墓"九个大字，又为《玉岑遗稿》撰写序文。抗战期间，他在成都得知我们一家避难上海，生活艰难，特地从在成都开个人画展收入中抽出五百块钱寄来。我外公名山老人曾作一首诗以纪其事（诗略），这种生死不渝的交情，给我们极其深刻的教育。

1935年春，谢玉岑病逝于常州家中，张大千题写碑文"词人谢君玉岑之墓"，并为亡友扶棺送葬。当年7月，张大千题笺的《玉岑词人悼感录》刊行，其中有大千的挽联："几日偶相离，写渌水芙蕖，挂墓故人来季札；九泉应见忆，看孤雏衰绖，登堂生友愧君章。"联后跋语："玉岑悼亡后自署孤鸾，属余写白芙蕖百幅，预乞介堪为作'孤鸾室发愿供养大千居士百荷之一'藏章。濒危时以余有米盐之累，犹口授令弟作书抵余，勿庸亟往存问，顾日夕戒家人治馔迟余也。悲夫！"这副挽联，大千对玉岑的深情表达得淋漓尽致。

1939年，张大千念及谢玉岑身后遗孤生活有难，遂将自己在成都卖画所得五百银元寄赠，这在当时是一笔十分丰厚的赠仪。对于大千的义举，名山先生有诗答谢："远寄成都卖卜金，玉郎当日有知音。世人解爱张爱画，未识高贤万古心。"诗后跋语："张大千蜀人，善画，玉岑友也。以五百金寄其孤,赋此代谢。"名山先生以汉代严君平成都卖卜的典故,赞赏大千之不忘故人的高洁古风。

1940年,《玉岑遗稿》即将刊印,张大千序文中陈说了自己与谢玉岑的友谊非同一般,超过了"骨肉生死之间"。文中魂魄相过也好,梦中谈笑也罢,无一不是反映他俩之间情长谊深;又由不复垂梦到唤起九原,这真是所谓"理之所必无,情之所必有"。最后唱出"人间天上,守兹同心!"这就启示人们,真正的友谊,不管生死、幽明,还是关山、岁月,都隔不断、冲不淡的。

玉岑词人悼感录　　玉岑遗稿

> 第三次是抗日战争胜利后,我去上海石门路李祖韩家,再次叩头拜见,大千师即伸手把我扶起,那时在旁的还有李秋君等人。

1946年10月,张大千从四川来上海举办"张大千画展",展品80余幅,大多是敦煌壁画临作,绚丽多姿的敦煌艺术和色彩斑斓的画作,震惊了上海画坛。画展之际,大千又名声大振,上海书画界的朋友吴湖帆、郑午昌、陆丹林、谢稚柳、谢伯子等纷纷前来李秋君家祝贺。谢伯子一见大千师,就上前叩拜,大千师即伸手扶起谢伯子,在场的人纷纷谈笑。

大千乘兴而来,亲自下厨,以拿手"青鱼醉蟹"助兴,时陆丹林有诗赞:"海内张髯有盛名,敦煌归后笔纵横。难忘听雨潇潇夜,出网江鱼手自烹。"曾与大千一起赴敦煌研究的谢稚柳唱和一首《题张大千以青鱼醉蟹作羹,其味清绝,戏为之赞》:"青鱼嫩之愧岩鲤,醉蟹登盘重似金。莫遣东西并二美,春来梅子不胜簪。"全诗道出重庆嘉陵江山岩下激流中的鲤鱼鲜嫩,端上盘子里的醉蟹贵如黄金,不要说青鱼与醉蟹这两样佳肴了,用当下的生活已远不如往昔的诗句,来盛赞大千对朋友之诚意与烹饪手艺之绝。这

张大千书画扇

是谢伯子在上海第三次叩拜大千师,时年24岁。

谢伯子先后三次叩拜张大千,与其说是一种对大千师郑重的礼节,毋宁说是一种对艺术虔诚的皈依、强烈的追求和矢志绘事的举措。

1948年11月,大千师在离沪回蜀前,特来我家探望稚柳叔父。看到我的画,他笑着表示:"你的画,很像我!"后来,他特地托人将一把扇子和一本敦煌壁画摹本送给我,都落了我的上款。从那时以后,我就再没有见到大千师,常恨未能获得更多的亲炙,有负父亲的希望。

张大千托人送来的《张大千临摹敦煌壁画》(第一集)和一把成扇与谢伯子(摹本今已散佚,成扇至今犹存)。成扇一面是山水,构图气势雄伟,笔墨健劲洒脱,署款:"丁亥四月,似伯子世兄法家正。大千张爰。"另一面是大千师擅长的行书,抄录赵孟頫《佑圣观捐施题名记》碑文:"士女大集,势若禹峡春流,胥涛秋壮,壑趋岸灭,前拥后推,辔骑巷休,舆轿道息,武无可布,视不得留。"落款:"丁亥四月初六日,苦雨弄笔,即似伯子世兄法正。大千张爰。"

大千先生与谢伯子明明是师生关系,何谓"世兄"呢?大千先生对待伯子不是以弟子看待,而是以同道相待。可见,大千先生对谢伯子的一片深情与厚望。

这年,谢稚柳从张大千处看到钱舜举的《杨妃上马》图卷后,借来命谢伯子作一摹本。《杨妃上马》原为清宫中古物,后由溥仪携至长春,流落市肆。叶恭绰见到后，曾劝京沪诸藏家购藏，无人响应，后为张大千所得。谢伯子临写了半个月的摹本交与叔父稚柳，摹本的线条笔力酷似钱舜举原作。谢稚柳见谢伯子有此功力与才气，欣然在卷尾题识："钱舜举《杨妃上马》图卷真本，丁亥蜀人张大千得之北平，予从大千处假归，嘱宝树为摹此一本。"题后，谢稚柳意犹未尽，又于卷尾题诗一首："玉勒雕鞍宠太真，年年秋后幸华清。开元四十万匹马，何事骑驴蜀道行。"

再拜名师　如虎添翼

我拜师大千后因年龄小，未能随师远游，便在家中经常临摹大千师赠予我父亲的大量原画多年。后来在上海，又从父亲生前另一挚友郑午昌先生学画。有一次，月眉姑母带我到郑先生的鹿胎仙馆去，半路上我从玻璃橱窗中看见几幅大千师的画，一下子迷住了，忘记跟着走。那时我还小，初到上海，不大认得路。姑母一直走到郑先生处，不见了我，急得不得了，便同郑先生一起上街找。我这才迎面奔去，心里又内疚，又害怕。但看到郑先生的脸色，似乎很理解我，毫无责备之意。后来，大千师到上海开画展，与郑先生会晤，郑先生向他赞许我，说我的画近似大千。大千表示首肯。对于郑先生的宽容态度，我至今难以忘却。

让时钟倒拨至1939年，张大千远在千里之外的香港、广西、四川、重庆等地，如闲云野鹤，云游四方，相望无期。谢月眉与谢玉岑老友王师子商量，请郑午昌继续教导谢伯子习画。从此，谢伯子成为郑午昌老师的早年入室弟子之一，《鹿胎仙馆同门录》排名第六位。

谢月眉（1904—1998），生日中秋，以月眉为名，字卷若。江苏常州人，谢伯子三姑，民国著名工笔女画家。其花鸟画，初学恽南田，后上溯宋元，宁静端庄，别饶韵致，自具风格。《中国美术年鉴》载："擅长国画。女士为词人玉岑之胞妹，工六法，得其乡先辈恽南田画法遗意，所作花鸟，

上追宋元，下匹南楼老人，秀逸清雅，兼而有之。迩年寓沪，与画友举行作品展览数次，悉得好评。弟稚柳，侄宝树，均工画，有声于艺坛。"

谢月眉是民国女子书画会发起人之一，其24岁所作《牡丹图》刊于1931年中华书局出版的《当代名人画海》，颇具实力。谢玉岑《题月眉工笔花鸟四首》有句："剑气珠光迥绝尘，东篱昨夜露华新。""风雅故家零落尽，对君新稿一欣然。"张大千对谢月眉也颇为欣赏，在她的扇面《紫芍药图》上题句："月眉画仿南田，盖毗陵正宗也。"叶恭绰有题诗《武进谢月眉女士画例》："珍重江南谢月眉，春风笔底斗燕支。瓣香合奉瓯香好，五叶传灯得本师。"钱名山在《题谢月眉画例》中云："武进谢月眉女士，鄙人女夫谢玉岑女弟也。谢氏诗学著代，玉岑才气无年。女士得气之清，如月之曙；沐诗书之泽，写卉木之华。六法之精，一时无两。吾乡南田翁，驰名无外，不朽千秋。女士取法南田，而宁静不佻，自然独到，通此道者自知之，非鄙人之私言也。比来奉其母夫人与玉岑三子，远离故里，寄迹申江；拟乞翰墨之灵，以收砚田之税。岂有诗人，不遑将母？宁令海客，无以为家？爰告玉岑旧雨，并示名山故人，若兼征鄙人题咏，亦无吝焉！钱振锽名山氏启。"

谢伯子晚年接受中央电视台《中国当代画家》主编杨晓明访谈时写道：

> 抗日战争前，我家住在常州的观子巷，后来又迁入青果巷。我常常在月眉姑母身旁，站在她的画桌边，伸头看她作画。她的右手指中握有两支画笔，她先伸出其中的一支画笔来勾出线条，后又伸出另一支画笔来渲染颜料。她的手指转动得十分灵敏，让我禁不住凝神注目，对花鸟画的兴趣也油然而生。

另外，每逢稚柳叔父从外地回来，我也随着他见习花鸟画。由此，我开始临摹、写生，不断地下功夫，逐渐达到了一定的水平。当时的姑母和叔父还都是青年，姑母画的是工笔花鸟，叔父画的是写意花鸟，画法各有不同，风格也各异。在动笔作画的过程中，他们虽然根本没空打出手势来指点我——这便与大千师一样，是一种无形无声的启蒙教育，却都给我以微妙的美感，为我的花鸟绘画打下初步基础。

虽然谢月眉、谢稚柳于当时的画坛已有名气，但给自家子弟当老师却颇为不易。《孟子·离娄上》有言："古者易子而教之，父子之间不责善。责善则离，离则不祥莫大焉。"谢伯子在家中两位画家长辈时时刻刻的影响下，加上他自己几年来注重临写结合的实践，他的花鸟绘画技艺不断提高，成长极快，致使他成年后的花鸟画作品题材多样、工写结合、笔法不同，推向社会之后也就颇受欢迎。

童年的谢伯子所受的启蒙教育起初来自父母、外公，后来是舅父、姨母。书画方面全靠外公、父亲、叔父、姑母和大千师、午昌师等人的教育和指点。

1941年6月17日，钱小山在《上海社会报》发表《江楼近话》："予有哑甥曰谢宝树，为先姊夫玉岑长子，年十八矣。亦能读书，且好作画，曾授业于其父执张君大千、郑君午昌门下，两君皆叹为奇才。玉岑昔有诗云：'聪明弟妹皆耽画，能事吾应愧篆书。更惜闺人抛笔砚，故家文物不推渠。'吾痛失玉岑夫妇，年未四十，遽尔先后谢世，吾甥遂不能以所学，博庭闱之欢，固知天壤间常多缺陷事也。近者，邓丈春澍，于月之十六日起，展画大新四楼，属宝树以近作附列，中有《奇树图》一幅，家大人题其上曰：'宝树落笔，便有蓬蓬勃勃之气，古之文章家，未有不得此气而能成名者。宝树行此气于画，画安得不奇？'予谓谢甥年少，果能于此道锲而不舍，又得名师为之指导，终必有大成之日，虽哑亦何伤哉？"

12月23日的上海《社会日报》刊载钱名山诗："六金只买五升米，平昔惟堪喂小鸡。老子休论明日事，桃源应在首阳西。"诗后款识："辛巳十月二十日纪事,示外孙宝树。"

名山老人以《史记·伯夷列传》之典故"武王已平殷乱,天下宗周,而伯夷、叔齐耻之,义不食周粟,隐于首阳,采薇而食之"来自喻对国家忠诚,虽生计艰难,却不屑为日寇统治下的汪伪政府服务。

这年,19岁的谢伯子加入中国画会,并有几幅山水、人物作品于6月16日入选在大新公司四楼画厅举行的"钱名山、邓春澍、许仲奇书画展",名山老人有诗赞:"外孙年十九,下笔工山水。天生奇气出霄汉,五岳三山罗腕底。忽然能作晋衣冠,竹林风流犹在兹。老夫每观一幅画,为汝爷娘三日喜。清才盛德不获年,合有佳儿为后起。休道千秋万岁名,且博眼前穷不死。"夏承焘6月17日的日记亦有载:"看名山先生展览会,见玉岑嗣伯子(宝树)画山水人物,颇似张大千。今年十八,惜玉岑夫妇不及见也。"

1942年12月29日,民国书画评论家谢啼红在《海报》发表《喜谢玉岑有子》:

> 十年前,吾宗玉岑词人(谢觐虞),以书画驰誉海上,当时风雅中人多与有往还,与张大千、朱其石辈尤称莫逆,时海上书画家有"艺海回澜社"之组织,玉岑亦中坚分子也。昔他才长命短,壮岁递赋悼亡,奉倩神伤,悲怀莫遣,因别署"孤鸾"以志痛而明志。然自此抑郁寡欢,生趣索然,卒以忧伤过甚而不永年,艺苑隽才,又弱一个,闻者莫不痛惜!今玉岑词人墓木且拱矣,使天假之年,今日犹在人间者,其书法不第可以称雄一世,且可必其为艺苑传人也。
>
> 玉岑为名山老人之快婿,少年英发,早擅郑虔之三绝,而书法尤为艺苑所重,篆工猎碣,直堪与吴缶庐相抗手。隶书功力尤深,平生临摹汉碑,不下百余种,篆隶根底既深,故其书浑拙苍劲,饶有金石气,而款识则得力"流沙坠简"为多,生面别开,古趣盎然。即寻常简札题咏,亦复涉笔成趣,嫣然名家手笔,宜词人之死,名山老人之哭之恸也!

玉岑家素清寒，身后亦见萧条，战后移家海上，赖其妹月眉女史鬻画以奉薪水。月眉女史工花鸟宗南田，亦艺苑隽品也。玉岑遗孤伯子，字宝树，生而讷于言，惟天资聪慧，性好书画，一若秉有遗传者。尝从张大千习山水宗石涛一派，前曾于大新画厅数见其作品，近复有新作参加海上百大名家书画展，今伯子于山水外，且兼画人物，亦殊不俗。

名山老人于爱女、快婿相继逝世后，对其遗孤外孙伯子钟爱最恒，今见其艺事日进，深喜女婿之有后也。故伯子每一画成，辄乐为之题。兹录老人近作《题外孙谢宝树画》古风一首于右（诗略），以见老人欣喜之一斑。

1943年，意气奋发的谢伯子在上海画坛颇为活跃，经常与青年画家有往来。11月29日，有一位上海美专的学生徐伯清邀请谢伯子去美专切磋画艺，谢伯子就在美专的教室里按照学生们的要求画了山水和仕女图。碰巧刘海粟校长来到教室，看到了谢伯子的画作，邀请他一起去成都北路中国画苑观摩正在举办的刘海粟画展预展。当谢伯子随同徐伯清等学生进入中国画苑时，惊讶地看到刘海粟正与两位日本军官在画展入口处谈笑。谢伯子在展厅匆匆浏览展品国画61幅、油画59件后，正准备起身离开，而出口处的一位戴礼帽的先生要求谢伯子在签名簿上留名，聪明的谢伯子自称自己看不懂西画，就没有留下名字。

由此可见，青少年时期的谢伯子就充满了不愿做亡国奴的爱国思想，更懂得做人的尊严。一位真正画家的作品，植根于祖国的沃土。国之不存，画何以堪？谢伯子的爱国举措，可见一斑。

崭露头角　大儒仙逝

谢伯子近作展在八仙桥青年会青年画厅举行，展品百余件，并与名书家合作扇面二百页，至17日止。谢氏为钱名山先生外孙，玉岑词人长子,王师子、符铁年、郑午昌为其刊发介绍启事。

谢君伯子,为名山先生外孙、亡友玉岑词人长子,学有本原,性耽风雅。比岁静研绘事,妙造自然,峙山融川,咫尺万里。所作刮目,叹艺苑之奇才;玉树临风,喜故人之有后。兹将出其近作藉以观摩,敢告同侪惠然命驾。王师子、符铁年、郑午昌同启。

1944年5月11日和13日,上海《申报》分别刊载了这两则消息。原来,5月11日,羽翼渐丰的21岁谢伯子在上海八仙桥青年会青年画厅举办了首次个人画展,展出作品百余件、与名书家合作扇面两百页。为成功举办这次展览,郑午昌老师不仅亲自策划展览方案,审定展品,并与谢玉岑老友王师子、符铁年一起在《申报》撰文介绍谢伯子近作特色。开展时,郑午昌老师、鹿胎仙馆弟子、大风堂门人和谢玉岑生前的许多老友到场,现场观众极多,大家对"刮目"的各种题材展品赞不绝口。展览原本从5月11日到17日止,但由于参观者踊跃,购买者众多,主办方不得不在《申报》再发布启事:

本厅此次举行鹿胎仙馆弟子谢伯子先生画展,辱承各界参观,出品众已定购一空,致后来有向隅之感。兹特商请谢君续陈新作,展期四天(18至21日),希爱好美术者切勿失此最后机会。

5月11日,上海《海报》登载钱小山《谢甥伯子画展》:"梦寐松涛云海间,囊亲时复忆黄山。外孙喜有王蒙在,爽气朝来为破颜。家君近诗云:'六法天开别有门,谢家玉树茁灵根。平生不解师松雪,却有王蒙是外孙。'悬知风雅是前因,更见吾甥下笔砚。可惜谢公成佛早,青山无恙有传人。玉岑昔有诗云:'聪明弟妹皆耽画,能事吾应愧篆书。更惜闺人抛笔砚,故家文物不推渠。'惜夫玉岑早逝,不见甥今日画也。"

文中引录家君(指钱名山)诗,借其中"松雪""王蒙"指代画家赵孟頫与其外孙大画家王蒙,来比钱名山与外孙谢宝树。

5月12日,钱小山又在《海报》发表《谢甥伯子画展》:"万朵芙蓉拔地开,张髯郑老叹奇才。不须着屐寻仙去,五岳今从四壁来。甥为玉岑长子,受业于张大千、郑午昌先生门下。醴醴诸老有清名，余事曾传笔法精。写到山阳思旧赋，仁风五月动江城。甥出近作百幅外，并乞父执符铁年、王师子、郑午昌、邓春澍、谢啼红、金松岑、陈文无等合作扇面二百页，将于今日起，展览于青年画厅。"

5月14日的《平报》刊登了《聋哑画家谢伯子画展观后感》一文：

> 画家的成就，第一要靠天分，天分低的人一辈子也跳不出画匠的圈子。如今在八仙桥青年会青年画厅举行画展的谢伯子（本月十七日止），对于绘画天分很高，年才二十二岁，看他的画，好像已有十、廿年的功力了，他是谢玉岑先生的儿子。玉岑的诗词书法，文坛艺林都叹为难得的奇才，不幸年轻夭折，遽赴修文，所以伯子颖悟过人，确实属于遗传性的先天优秀，只可惜幼年便成聋哑，读书识字当然大难，但他未曾进过聋哑学校却能无师自通，居然能把书本默诵强记，不特识字还能知诗，真是奇迹咧！

钱名山诗

> **临摹功深　笔致凝练**
>
> 他就因聋哑心思宁静，看了他父亲好友张大千的画，临摹了六七年得其神似，近年又向名画师郑午昌氏请益，他的画便日趋凝练了。
>
> 此次他画展的出品，共计约有三百点，扇面估三分之二以上，本来是扇展，条幅不过附带陈列着。扇面如《茂树繁荫落钓矶》，写平远得渺邈辽阔之概；《莲花峰》《丈夫醒眼何处着》《晴窗无事》等，墨色俱浑厚；《仿渐江》几页，甚为瘦挺；《大龙湫》苍劲之处，几同志手；《仿瞿山》与《为坐秋山洽幽兴》等，淡逸高古；《孤亭落影寒》，意境甚佳。

人物山水　各具体色

《水面晴霞》，青绿山水，而有空灵之致；《何须洞壑寻芝草》，浑厚处略近北方名家萧谦中，可把萧画来借镜，此木以不材，得终其天年，人物简洁；《松壑鸣泉》，精细之作；金碧山水《天都峰》，画面富丽；《仿宋人》，十分谨严；《溪山清晓》，郑氏画松，娟秀可喜，画法已学得了；《杨柳岸》，写烟柳至为不易，人与船可加醒一些；《云水光中》，着笔工整；《远水江湘》，富有诗意。若干页扇面，有符铁年、钱振锽、王师子、谢啼红、邓春澍等合作的书法，生色不少，几乎订购一空。

雄奇秀逸　并见所长

扇面之外，立轴及框片约七十点。如《云光》《石气》《高阁》《偃寒》四幅，笔致都爽；《白猿》，大石力欠强；《白马》，马与红树俱可观，石坡的花青与墨色太浓；仕女《淑丽端庄》一帧，开相似觉摩登；《朝来世界大光明》，写一人江上独立，望片帆驰过，颇有悠然神往之意；《白云带山足》，细笔极秀润；《泛舟》，淡到不食人间烟火；《始信峰》，写奇险之景，为画中人担惊；《罢钓》，山峰气势甚大，笔亦轻松；《高松》，上角画满松针，仅留微隙，布稿有新意，对岸着一流泉，使画面疏空灵活；《丹枫》，浓艳而不失于雅。

前程远大　未可限量

看了这次展览，觉得他的才气，并不让于故父。他的聋哑，真合画中题句："此木以不材，得终其天年。"好在他年纪很小，不须过分用功，渐渐地努力研习，只须多看古今名家的手迹，不宜十分多画，将来水到渠成，定有惊人的成就。如今的作品，应加注意的：青绿毋过厚，浅绛毋过薄，墨气毋过重。不过以这样的画，售极低的价，可说便宜之至，毋怪买扇面的人说，买就捡了十页八页，好不考虑了。

《山水人物》册页

《河边读书》　　　　　　　　　　　《清寒入山骨》

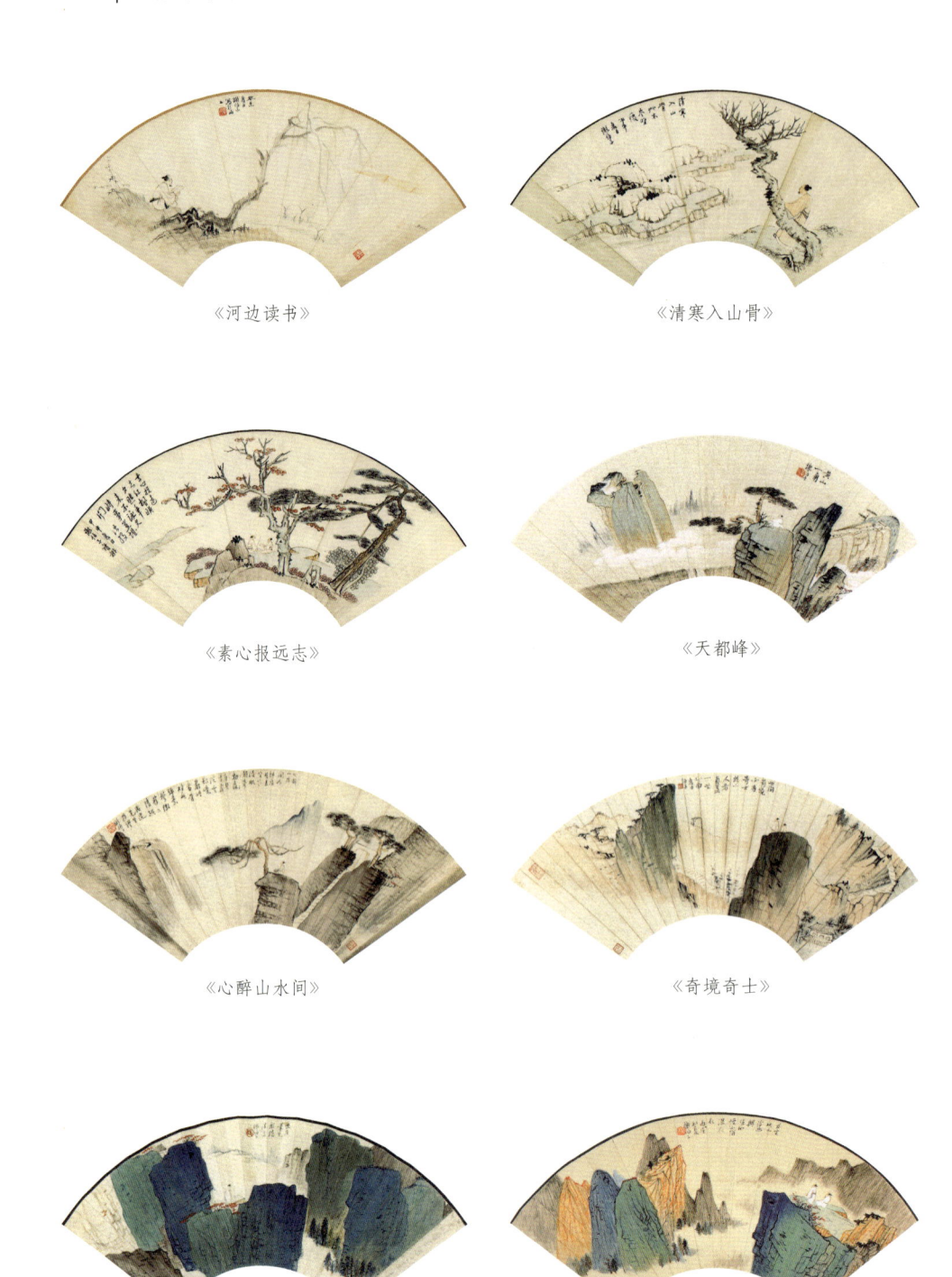

《素心报远志》　　　　　　　　　　《天都峰》

《心醉山水间》　　　　　　　　　　《奇境奇士》

《意居笔先》　　　　　　　　　　　《为坐秋山洽幽兴》

《连林人不觉》

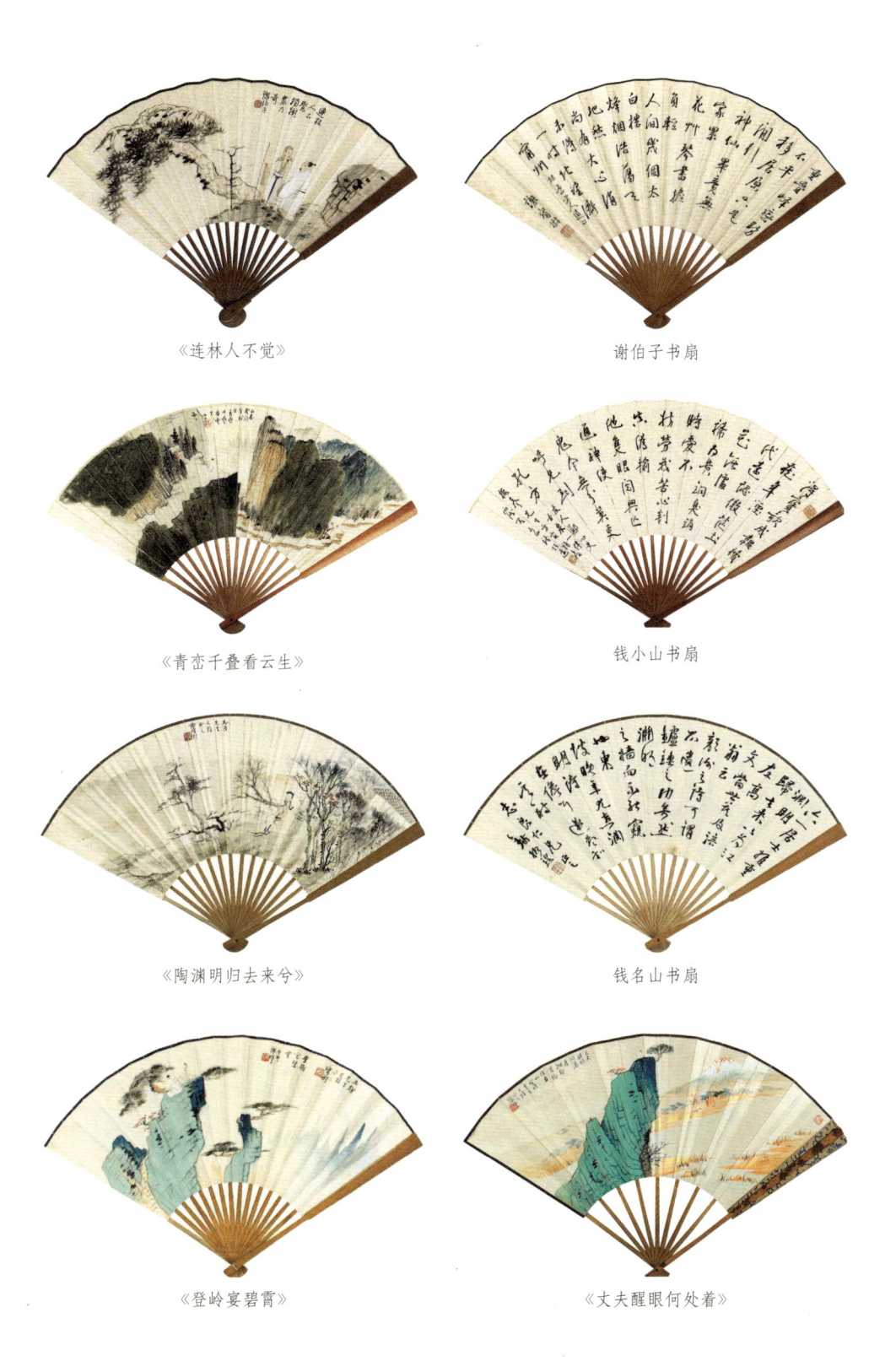

谢伯子书扇

《青峦千叠看云生》

钱小山书扇

《陶渊明归去来兮》

钱名山书扇

《登岭宴碧霄》

《丈夫醒眼何处着》

《山不厌高》　《新安小景》　《异木不知名》

《始信峰》　《溪光温乱云》　《一树丹枫生野外》

5月16日，署名"冰心"在《海报》发表《谢伯子画展趣事·聋哑青年群就笔谈》一文："青年画家谢伯子君，为钱名山外孙，故谢玉岑词人之公子。少时从其父执张大千、郑午昌氏学山水，出笔便已不凡。年来潜心研讨，益复精进。今方展其近作于八仙桥青年会画厅（十一日至十七日）为期七天，出品约百帧，暨名书家合作扇面两百页。三日来参观者极形踊跃，无不惊其能事，叹为天才。所作已定去十分之九，情况热烈，为青年画厅历来画展所未有。尤奇者，本市聋哑青年，争欲一见谢君庐山真面，不期而集者多人，一时伸纸笔谈指手画脚，大有应接不暇之势。古人云：'用志不分，乃凝于神。'伯子既患聋哑，自无尘务萦其心曲，故能宁静专一，发挥智慧，反收事半功倍之效。获此优绩，绝非偶然，其未来成就，则尤未可限量也。（附图为谢君近作山水精品）"

画展的最后一天，展厅来了许多聋哑学校的师生，其中有一位常州人戴目（毕业于上海福哑学校，中共秘密党员）找到谢伯子笔谈。戴目告诉谢伯子，他和几位常州籍的聋人正在筹建武进聋哑学校，想得到谢伯子的支持。谢伯子当场允诺。画展结束后，谢伯子捐赠了几幅作品为家乡筹建聋校。

11天的展览显然取得圆满的成功，许多作品贴上的红纸订单有一连串，画款收入亦可观。

后来，张大千知道了谢伯子画展大获成功的消息，十分高兴，感慨地说，回想我当年在上海举办首次画展时，也算是年纪轻的了，没想到，伯子贤弟举办首次画展，比我还要小几岁呢。常言道，虎父无犬子，伯子弟不愧是玉岑兄之后！还是午昌兄教导有方，伯子弟如此年龄就办出了成功的展览，真是不简单哪！谢玉岑的两位老友，谢伯子的两位老师，为谢伯子画展的成功由衷地感到高兴。据考，谢伯子是20世纪三四十年代在上海举办个人画展中最年轻的画家。

谢钿在《回忆大弟的童年》中说："伯子对外公崇敬而孝顺。当他第一次获得润笔后，立即买了一包糖果给外公送去。"名山先生获悉外孙的画展成功更是欣喜不已，作诗词文多篇，其中有诗《题外孙画始信峰》："文章莫与天争奇,劝人勿作黄山诗。谁知尔画有神助,直到黄山奇绝处。墙头一幅始信峰,手握造化穿鸿濛。老人笔舌两俱拙,但有叹息无形容。生才不穷有如此,我幸天公长不死。"词《庭院深深·题外孙谢大画》:"画里有诗诗里画。漠漠平林,绿满层楼外。湖面朝来风正快,一帆白过青山下。　　愿借此中茅一把。消遣余生,胸次真潇洒。水性山情都入化,道心更待琴心写。"文《记外孙谢大》:"能作《左传》论,又好画。比来画益奇,盖非常之资也。……聋者心静。……聋哑无损于性。"这就是说,谢伯子的画,是在表现他的灵性,他的奇气,是在写他自己心中的诗。

1944年的夏天,正在复旦大学经济系读书的程婉仪提出,暑假期间从表哥谢伯子习画。婉仪住在桃源村49号,离名山先生公寓桃源村21号很近,习画交流也方便。每次谢伯子去姨夫程沧波家时,婉仪总是关照用人准备点心招待。经过一个暑期的习画,婉仪进步很快,常常拿起才画完的习作挂在客厅的墙上,尤其是那些杨柳、花树、木屋之类的风景画,很是得意。有一天,名山先生弟子王春渠来访程沧波,当他看到墙上的画作时,颇为惊讶。得知是伯子在教婉仪习画,连连夸奖:"老师教得好!学生学得好!"这件事,名山先生知道后,让四女钱悦诗转告伯子和婉仪,说他俩是表兄妹,习画可以,但不能走得太近。

名山先生晚年喜欢画竹,有诗寄怀:"七旬学画已知难,自扫风筠兴未阑。纵使学成文与可,他年传得几多竿。"

钱名山画的竹,既是他书法的一种表现,也是他性情的一种流露。古代大文人有感于生不逢时,往往寄情于笔墨,或取梅兰竹菊之傲霜凌寒,或取残山剩水的荒凉寥落,干笔皴擦,浅绛点染,有一种苍凉沉郁、简澹高古的情味;也有人把竹子画得

钱名山《墨竹》

娟秀、飘逸，以抒发自己的闲情逸趣。名山先生不是旧调重弹，而是取其高尚的气节，取其挺拔的风骨，他的一首《金缕曲·戏题墨竹》道出了此中真意，词云：

老去真无赖。终日把几枝退笔，横涂乱写。写出霜筠三十幅，也复风流潇洒。离不脱个人介介。一笑衰翁年七十，有几竿留作千秋挂。但自喜，不堪卖。　文苏墨迹原无价。我岂有胸中成竹，自矜宗派。只有天机随处发，无复四旁上下，确也是名山心画。留得此君真相在，比西山二子斯其亚。顽与懦，一时化。

1944年9月19日，农历八月初三晚十时，名山老人因严重胃溃疡病逝于上海桃源村21号。病危时，四女钱悦诗出嫁不久，三女钱逢吉也有病在外，二子钱仲易远在重庆，长子钱小山、外孙谢伯子等连日在旁侍奉。19日晚上，名山老人勉强起坐，已不能言，四顾后伸出手指，在伯子掌心写下"读书固可乐，作诗亦可乐"，后在小山手掌颤抖写下"勿哭，轮班"，过会儿即溘然仙逝。

名山先生逝后，上海、常州均举行纪念活动，客居陪都重庆的寄园弟子等人亦自发举行追悼会，吴稚晖主持追悼仪式并有挽联："儒林推尊宿，叔世仰完人。"病逝前，名山先生有遗嘱："死欲速朽，灵柩深埋土中，不立碑，不起坟。"钱名山逝世当年，裘柱常（钱名山女弟子顾飞的丈夫）在《春秋》发表《钱名山的学术思想》一文，其中说："钱名山氏是一个有实学的诗人，热情大胆，但是他又热情大胆地拉住这冷酷的人间不肯放手。在他没有虚无缥缈的诗的王国，他的诗国就在这可憎而又可爱的人间。他的诗和生活是打成一片的，他在诗里生活，而他的生活亦就是诗。"

1945年7月13日的《申报》载："朱凤池（耐斋）、谢宝树（伯子）合作书画扇面，每件五千元。"同年10月10日（双十节），成立上海画人协会，谢伯子担任候补理事，时谢伯子23岁。协会主旨是辅导民间教育，举办各项展览会，组织参观写生，出版文艺期刊，开展作品研讨等。

1946年6月29日，《武进日报》刊登《名画家谢宝树返里》启事：

> 邑名画家谢宝树君，为名山老人之外孙，玉岑词人之哲嗣也。幼承家学，酷好丹青，所作山水人物，清奇绝俗，才气横溢，历次开个人画展于沪上，作品争购一空，一时有张大千第二之目。谢君久寓上海，邑人渴望不已，近悉以亲友之劝驾，返里小住，在茭蒲巷名山中学对客作画，欢迎参观，定有一番盛况也。

8月1日，江南美术研究会在武进县立图书馆举办第一次书画展览会，参加者皆邑中名书画家邓春澍、谢景安、李天行、戴元俊、钱小山、房少臣、谢宝树等28人，作品共计三百余件。

8月4日的《武进日报》载："青年画家谢君伯子，为已故名山老人外孙，玉岑词人哲嗣。生而聋哑，酷好丹青，小时执贽于邑名画家邓春澍先生门下，落笔便已不凡。稍长，作客海上，又从其父执张大千、郑午昌两氏游，潜心究讨，益复精进，作风融合诸师之长，而于大千，尤得其神髓。山水人物，靡一不工。所画黄山，雄奇奔放，一时无与抗手；人物能作晋代衣冠，有潇洒出尘之概。历年展览作品于海上，声誉鹊起，老作家交口称为艺苑后起之秀。盖时人作画，不能无病，非失之狼戾，即失之拘谨，所谓'尘务经心，天分有限'。而谢君则渊源家学，用志不分，故能宁静专一，发挥智慧，正惟生而缺陷，反促成其艺术之深造，享名饮誉绝非幸致。

此次江南画展启幕，笔者前往参观，见有谢君作品两幅，一为《杖藜行歌图》，一为《溪桥访友图》，取景超逸，用笔浑厚，兼有灵气，行乎其间，令人翛然意远。上有小山词人题句，诗情画意，相得益彰，足为吾邑艺坛放一异彩。闻谢君不日与钱小山举行扇展，舅甥合作，一时佳话，吾人可拭目以俟也。"

8月9日的《武进中山日报》载："钱谢扇展今日开幕。谢伯子，为名山老人外孙，生而聋哑，雅擅丹青，久已蜚声海上，今夏返里小住，日以画扇自娱，与书家钱小山合作。今日起，假公园图书馆展览三天，闻谢君不日回沪，此次出品，概不复定云。"

翌日，《武进中山日报》又载："公园图书馆内举办钱小山、谢伯子两氏联合书画展。昨为第一日，上午九时揭幕后，书画件顷刻被订购一空，后至者皆有向隅之感。今明两日，继续展览，闻将另添其他精湛书画件。

钱谢书画扇展摄景

钱谢两家书画，堪称邑中翘楚，小山书法苍劲，雄浑遒丽，毕肖名山老人，更是青出于蓝；伯子为名山外孙，师承张大千、郑午昌，蜀派山水，秀逸苍古，法唐宋笔意而生动过之；人物仕女，古茂妍丽，笔墨沉静超脱，设色古穆清逸。伯子系一聋哑，年事尚轻，有如此造化，不易多见。"

8月12日，钱叔平在《武进日报》发表《参观钱谢舅甥合作书画展》一文：

> 家伯兄小山行书，清丽工稳，婉约多姿，不似拙书卤莽、灭裂，有枪棒气，物议如此，非故为谦辞也，流绝之余，觉难乎其为弟矣。

> 家仲兄易卿，少时学《石门》《西狭》二颂，及北魏郑道昭书，皆有食牛吞象之气。乃十余年来服务新闻界（今在上海新闻报馆），此事便废，得其手书，不异流俗，书家之难成如此，观乎伯兄之成名，而为仲兄惜矣。

> 宝树（即伯子）画青绿山水，深入青城、大千、午昌之堂奥，上窥关、荆所绘便面固已极峥嵘突兀之观，然局于一隅，尚不足以尽其所长，若绘一丈或八尺中堂屏条，必能展其盘盘大才，开百世之伟观矣。宝树所绘仕女有哀梨风味，中有一扇鬖发素衣，不颦不笑而面目生动，呼之欲出，尤为其杰作。宝树凝举以相赠，予却之，予悼亡之作云"男儿应赋柏舟篇"，又云"头衔近署未亡人"，又云"当年信论从头忆，世若无君我不生"，岂可更爱此画里真真而食

言乎？禅榻氅丝，落花轻飔，吾不起古井之波矣。

1946年农历七月，谢伯子与大舅钱小山在常州公园图书馆联合举办"钱谢书画扇展"，有百余书画扇页，一面是谢伯子画，另一面是钱小山诗，全部售罄，部分售款捐给了武进县立聋哑学校。

1947年7月4日的《武进日报·谢钱画展今起在公园举行》载："邑画家谢月眉女士，为已故玉岑词人之胞妹，在上海与陈小翠、顾默飞、冯文凤号称四家，享盛名已久，所作花鸟，全从院体入手，高逸绝伦，赋色之工，尤其余事。钱沫之为名山老人侄孙，早年即酷嗜丹青，尤工山水，自客海上，多与名家往还，益复精进。谢伯子于去夏在里展画，甚为识者所欢赏，誉之为常州张大千。此次三家应邑人之请，出其近作合展，即于四日起，假公园图书馆楼下举行，同时屠济宽、白士风两君，亦以金石竹刻陈列，可谓盛事，风雅之士，当以先观为快。"

1946年6月至1947年7月期间，谢伯子返里参加书画展览的几次主要活动。

1947年11月22日的《美》（第七号）载："至是日止，中国红十字会收到下列四十七位书画作家赠送书画，其中有梅兰芳、沈尹默、刘海粟、张大千、郑午昌、谢伯子等。"

1946年，谢稚柳和夫人谢端如携女儿谢璎和谢珏从重庆回到上海，由程沧波推荐谢稚柳在《新闻报》馆任主任秘书，后任经理，定居报馆分配的虹口溧阳路瑞康里139号，名其居为"定定馆"。因为公寓较为宽敞，有三层，谢伯子和两位弟弟谢仲蔼、谢叔充一起住在三楼的两个房间。据谢璎回忆，这段时间，经常有聋哑人来公寓底层会客厅找谢伯子交谈，谢伯子也慷慨，常常会拿钱借给或支持他们，从来也不记得索回。谢伯子除了绘画、读书外，最大的爱好是看电影，有时一天看几场，往往一场电影刚结束，就赶往另一个电影院去看不同的影片，所以收集了许多明星的照片，尤其是当时正明媚洋气、风华绝代的女影星王丹凤的大小照片有几十张。

据谢氏长辈说，这三位谢家的侄辈，谢伯子最受月眉姑母、稚柳叔父的喜爱和欣赏，因为谢伯子做事执着，为人慷慨，最能体现谢家遗风。

居住瑞康里公寓期间，谢伯子的身上曾发生这样一件事：一天晚上，谢伯子突然感到肚子痛，翻来覆去也不能睡觉，因为已经很晚，他不想影响他人，自己就忍着。谢稚柳得知后，看谢伯子痛得实在厉害，就通过张大千的关系，当夜把他送到了一家德国医生开的医院动了急性阑尾炎手术。为谢伯子做手术准备的是一位年轻漂亮的女护士，谢伯子当时还没成家，觉得很不习惯，没能积极配合。第二天谢月眉来到医院，把谢伯子的情况告诉了女护士，她才释然。住院几天，女护士对谢伯子渐渐有了好感，看着他英俊秀郎，年轻有为，又写得一手好字，就想与他交朋友。谢伯子思量再三，还是通过谢月眉婉言回绝了她。因为谢伯子认为，与她在一起会带来两人许多的不便。由此可见，谢伯子是一个客观理性的人。

谢伯子出院后，叔母谢端如有一次让他去幼稚园接谢珏放学回家。途中，谢珏走累了，要谢伯子抱着她走。谢伯子就忍痛抱着谢珏走回了家。可是，谢伯子的伤口还没完全痊愈，结果伤口又裂开了，再次赴医院做了包扎治疗。谢稚柳下班回来得知后，就埋怨起谢伯子不小心，可谢伯子却没说出伤口出血的原因。

谢伯子也常常照顾两个弟弟，尤其是小弟谢叔充，他俩年龄相差7岁。叔充从小胆小，性格内向，有几次考试成绩不好，受到姑母月眉的训斥，伯子总是帮着他说话，分担责任。1948年叔充高中毕业参加工作，先在轮船招商局工作一年多，就南下参加土改，后又入浙江大学进修教育学，离休前一直在浙江新昌中学担任校长兼政治课教师。叔充有孝心，常年有钱寄奉姑母月眉。

大弟谢仲蔼性格外向，自有主张，当时在上海跟着堂叔父谢启泰（即章汉夫）做点事，复旦大学新闻系毕业后，与妹妹谢琏一起南下参加了革命，改名肖恒。1949年后，先在新华社工作，后长期在《福建日报》担任主任编辑，养成了晚上工作、白天睡觉的习惯，晚年说话风趣。

妹妹谢琏性格独立，沪江大学读书期间就参加了学生中共地下组织，后南下参加革命。1962年，由华东局委派她与丈夫江云海赴山东营口开发胜利油田，离休前长期在胜利油田卫生学校担任校长、党委书记。她几十年来一直寄钱奉养名山先生的三女儿钱逢吉。

姐姐谢钿当时在广州中山大学读书，毕业后随丈夫王启安到香港，1950年回到海南海口，从事中学语文教学40余年。王启安，海南琼海人，华侨子弟，留学于印度加尔各答达大学，二战期间是一位出色的盟军翻译官，回到海口后，与谢钿一起在海口华侨中学任教，教授英文。

一飞冲天　杏坛弦歌

> 上海市文化运动委员会举办之中正文化奖金美术奖，前经拟定以"春"为题，公开征求美术作品，收到作品二百余件，由该会聘请本市著名美术家及文化界名流潘公展、张大千、吴湖帆、冯超然、郎静山等为评选委员，于五月十七日举行评选委员会，因其中佳作甚多，故二、三、四等之奖额，均较原定者扩充一倍。兹将得奖者姓名探志如下：
>
> 一等奖一个：中兴元首（方介堪作，篆刻）。二等奖四个：春（张充仁作，雕刻），桃花流水鳜鱼肥（王师子作，国画），兰亭序（姜半秋作，书法），春（韩安义作，油画）。三等奖六个：燕见焦梁学骂人（姜丹书作，国画），春（俞云阶作，油画），晓山云树（谢伯子作，国画），春（王晖作，水彩画），春夜宴桃李园序（叶子圣作，书法），山水（蔡淑慎作，国画）。其余四等奖为十二个。

1947年5月21日，《申报》刊登《中正奖金美术奖评判结果已揭晓》。

年轻的谢伯子没有辜负大千师、午昌师和谢钱两家长辈的栽培和期望。1947年，25岁的谢伯子以其山水立轴《春云晨霭》《晓山云树》分别获上海市文化运动委员会主办的中正文化奖金美术奖三十六年度国画创作奖和三等奖。一个生有异禀、才气横溢的青年画家已然清晰地呈现于20世纪40年代作为中国文艺中心的上海画坛。

1948年，历史上第一部《中国美术年鉴》出版发行，谢伯子与张大千、郑午昌、谢稚柳、谢月眉等名画家并列其中，其第172页载有谢伯子传略：

> 国画家谢伯子，男，名宝树，江苏武进人。氏为玉岑词人长子，生有异秉，虽病喑而胸次寥廓，挥毫落纸，解衣盘礴之概。家学渊源，得力于石涛甚深。写山水气魄雄伟，作人物则神韵隽逸。姑月眉，叔稚柳，均以画名世，一门隽才，蜚声艺苑。

左右传略人分别是西画家谢之光与国画家谢稚柳。第244页，刊有谢伯子作于1946年的一直幅《山水》；其左右相邻的作品《南山瑞霭》与《山水》，则分别是民国著名女画家李秋君和金石书画家朱其石所作。第40页载："上海市文化运动委员会主办中正文化奖金美术奖三十六年度受奖人台衔：一等奖篆刻方介堪，二等奖雕塑张充仁等，三等奖国画姜丹书、谢伯子，油画俞云阶等。"谢伯子获奖作品是《晓山云树》，获奖人除谢伯子外，均为20世纪40年代美术界的名家，评选委员由潘公展、刘海粟、朱屺瞻、胡朴安、吴湖帆、严独鹤、郎静山、汪亚尘、刘开渠、马公愚、吴子深、冯超然、张大千、虞文、颜文樑、徐蔚南、郑午昌、张充仁、吴待秋、叶恭绰20人组成。

20世纪40年代后期的谢伯子在上海艺坛可谓志得意满，春风得意。名气有了，办展卖画也一路顺畅，作为一个职业画家已经水到渠成，如事业就这么一路发展下去，在当时中国文化艺术中心的上海，且已经在上海画人协会担任候补理事的谢伯子该是一番怎样的光景！

当我们在叙述谢伯子绘画事业一帆风顺的经历时，我们除了拍手叫好外似乎已经忘掉了他的先天失聪。自从谢伯子个人画展成功举办后，谢伯子在上海声名鹊起，亦引起了上海聋哑人的议论和称赞，甚至有几所聋哑学校想聘请他担任美术教师。但谢伯子不懂手语，无法与聋哑师生交流。成立于1942年8月的上海光震私立聋哑学校校长李定清得知这个情况后，就委派几位擅长手语的师生定期来辅导谢伯子。经过半年的练习，谢伯子终于能熟练地掌握各种手语的表达方式，也与地处复兴中路德化小学内的光震聋哑学校

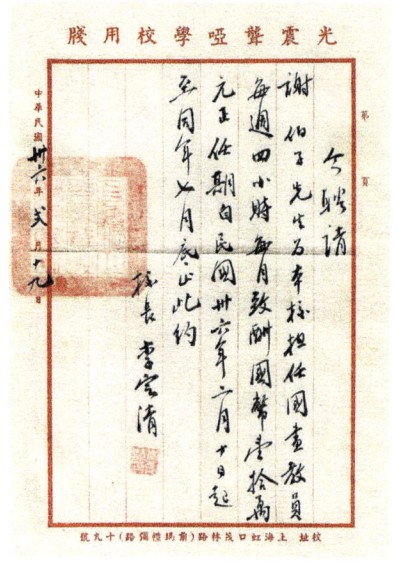

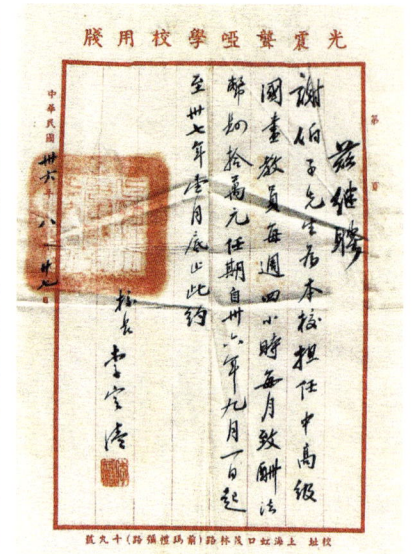

聘书书影

师生建立了感情。经过一段时间的代课，谢伯子于1947年2月正式成为该校（今上海市第一聋哑学校）美术教师。兹附二聘书书影见证。

笔者手中有一张拍摄于1947年10月上海光震聋哑学校师生的合影，旧影上端有标语"上海市私立光震聋哑学校成立五周年纪念全体师生摄影，卅六年十月"。师生共56人，分四排，前两排就坐，后两排站立在学校教学楼前。英气俊朗的谢伯子端坐在教师所坐的一排之中间，紧挨着右边的是校长李定清，可以猜想到当年的谢伯子应该是一位出色的教师。第三排右起第六人学生陆官春（照片提供者）和第四排右起第四人学生黄世海，光震聋哑学校毕业后，分别从事工艺设计和教师工作，两人在各自的岗位上发挥了特长和作用。又有著名特殊教育家宋鹏程回忆："在光震聋校教书期间的谢伯子，还举办过'谢伯子国画展'，盛况空前，在多幅展品的下面贴上了许多红纸条，写上某某订购的字样，表明这幅作品已有人订购了。"（《聋人世界寻旧踪》第40页）

李定清，江苏句容人。自幼耳聋，父母早丧，家境清贫。早年入杭州惠爱聋哑学校，1926年惠爱聋校停办，他与其他十几位同学转入上海福哑学校。

李定清是傅兰雅、傅步兰父子创办的上海福哑学校的第一届毕业生，由于他勤学苦练、成绩优秀，为教务主任汪镜渊赏识而留校任教。他性格内向，平易近人，教学认真；他手语熟练，讲课娓娓动"听"，颇得学生们的尊敬和爱戴；他身体瘦弱，眼睛高度近视，却勤学不倦，谆谆诲人，令师生们十分敬佩。

上海市私立光震聋哑学校成立五周年纪念全体师生摄影

谢伯子在光震聋哑学校另有一学生肖牧，江苏赣榆人，1932年生。抗战初期随父母避难至上海，因病致聋，继而失去语言能力。1942年入上海福哑学校，1947年转入光震聋哑学校随谢伯子习画。名师出高徒，肖牧从光震聋哑学校毕业后凭自己的美术才艺在上海安身立命。1953年加入共青团，1970年加入中国共产党。1972年2月，美国总统尼克松访华，肖牧接到有关部门安排设计宴请尼克松出席"文艺晚会"请柬的任务。因二月是一个梅花盛开的时节，肖牧设计了以梅花为主题的请柬图案，当尼克松获知这份意念深刻、艺术与现实相结合的精美请柬是出自一位聋人的设计时，颇为惊讶。

1978年3月18日，中央召开全国科学大会，肖牧又受邀设计以红旗、飞机、圆环、天安门为图案的大会会徽，图案新颖、线条流畅、造型优美，展示了经历十年浩劫后中国科学技术迎来的崭新春天、昂扬向前的寓意。因为图案深受全国人民特别是科技工作者的喜爱，当年邮电部以"科学的春天""向四个现代化进军""努力攀登新高峰"命名，发行了全国科学大会纪念邮票1套3枚。

肖牧的生平事迹载入《中国残疾人名人辞典》《中国当代艺术界名人

录》等。肖牧一直以谢伯子的学生为荣，保持着与谢伯子的长期往来，晚年的谢伯子去上海举办画展，或参加艺术活动时，往往住在肖牧家；中央电视台纪录片《谢伯子》开机仪式、谢伯子九秩画展，肖牧夫妇来常州祝贺，并现场摄影。

1949年初，27岁的谢伯子已在光震聋哑学校任教两年多，又有自己的画室，在上海的生活已日渐安定。但因武进聋哑学校创办人戴目的多次诚邀，他在经过艰难的选择后，最终决定返回家乡，出任常州市聋哑学校校长之职。一个有着美好前程的画坛新秀，为了家乡的聋人教育事业而毅然结束了自己的职业画家生涯，也令时人为之惋惜不已。虽然他的绘画生涯出现了"断流"或"拐点"，但作为民国海派画坛上的一个传奇个例，却有着研究民国绘画史的学术"标本"价值。同时，他也为那个时代和自己增添了另外一种的荣耀。

投身特教　创办新校

常州市聋哑学校最初前身为1944年10月创办的武进县立民众教育馆附设的聋哑教育班，创办者为戴目、杜家瑞、费耀奇，他们三人均为聋人，带头人是戴目。

戴目（1925—2018），原名戴天赞，江苏武进人。自幼随父寓居上海，8岁患脑膜炎致聋。1941年毕业于上海福哑学校。1945年投奔新四军，曾在新华社苏中二分社、华东分社电台从事译电工作。1949年在新华社上海分社任编辑。1956年起任上海市聋哑青年技术学校副校长、校长至离休。曾任中国残疾人联合会副主席、中国聋人协会主席。戴目曾和宋鹏程合编《梦圆·忆当年》、和闻大敏合编《百年沧桑话聋人》、与他人合著《中国手语浅谈》《汉语成语手势图解》等。

杜家瑞（1921—2013），江苏武进人。13岁患脑膜炎致聋。曾师从常州名画家戴元俊学画，擅长花鸟，兼能旧体诗词。热心公益事业，创办武进聋校出力甚多。1945年任武进县立聋哑学校总务主任，1964年离校。

费耀奇，江苏武进人。父亲为木商，家境富裕。1941年毕业于上海福哑学校，1945年任武进县立聋哑学校校长，社会活动能力强。1949年常州解放，因是国民党员被迫离开常州聋校，后任华东建筑设计院水利工程师。

《中国特殊教育史资料选·费耀奇回忆》载："本邑戴天赞、费耀奇等自毕业于上海福哑学校后，分别往沪、杭、锡各地哑校执教。因念乡里同病甚众，久受失学痛苦，其情甚怜，爰于民国三十二年七月返里，筹创武进聋哑学校，藉为桑梓同病造福，予以再改造，使之残而不废。首先调查确实人数，暂设武进聋哑教育班，以作启教张本，经费一则则委请地方善士募捐维持。"

戴目、杜家瑞、费耀奇看到家乡聋人无法求学、就业而生活困苦，便商量一起创办聋校、造福桑梓。1943年他们开始筹办聋校，未得到武进县政府的支持，转而向社会呼吁援助。

办学需要支持：他们积极活动，通过各方面的社会关系，聘请了一些社会名人或贤达担任校董，如钱小山先生就是其中的一位校董。钱小山为晚清进士钱名山长子，诗词书法享誉常州，颇有影响力。

办学需要经费：他们除了从各自家中筹集、亲友劝募外，只能向社会求援，家乡的一些聋人也热心参与社会募捐活动，社会上也有人认为聋人办学其志可嘉，予以出手捐助。

办学需要师资：他们邀请上海福哑学校教师蔡润祥来武进聋哑学校担任教务长。蔡润祥（1917—1999），因崇拜乐毅大将军，又名蔡毅，祖籍广东中山，生于上海。8岁入私塾，13岁患脑膜炎致聋，16岁入上海福哑学校，家贫辍学。曾师从沪上雕塑家江小鹣学艺，后受聘为上海福哑学校教师，1949年定居上海，在上海第三聋哑学校任教。自幼好学，能诗善文，博学多才。著有《创校缘启》等。

经过一年的努力，他们终于迫使县政府同意办学，但答复只能办一个聋哑教育班，作为武进县立民众教育馆的附属部分，且县政府不支出经费。

为了让家乡的聋哑儿童早日摆脱失学痛苦，他们也只能让步。1944年10月22日，武进县立民众教育馆聋哑教育班挂牌，从此常州这座历史文化名城开启了特殊教育的篇章。

最初的聋哑教育班校舍，只是民众教育馆内的一间侧厢房，非常简陋。据教育班首届学生庄景安在《忆母校》中的一段回忆：

> 聋哑教育班开学时，我是第一个报名入学的学生。聋教班第一次招收新生就有18人分两个班级，预备班10名，一年级8名。我当时在一年级就读。聋教班由戴目担任主任，费耀奇、杜家瑞、蔡润祥为教师。由于经费困难，班里只供戴、蔡两人全膳，费半膳，除供膳外没有工资，零花钱都要向家里去拿。戴目说，乡下母亲曾说他是"吃西北风，穿纸糊衣裳"。戴目只好一笑了之。于此可见，这几个老师生活实在太清苦了。

1945年5月，戴目、杜家瑞、费耀奇等人联络了沪常两地聋人画家在武进公园举办了一次书画展览会，大力宣传聋人教育的社会意义，并进行书画义卖，收入充作办学经费，其中即有谢伯子去年上海个人画展的几幅捐赠作品。这是常州历史上第一次聋人画展，引起了社会较大的反响，对争取社会支持兴办家乡聋校起到了有力推动的作用。

1945年8月，抗战胜利。戴目投笔从戎，进入苏北新四军，聋哑教育班主任由费耀奇接任。时蔡润祥读戴目诗《愤世》："救国奇男岂苟生，从军此去请长缨。英雄自古择明主，万众竞奔北斗星。"有感，酬答一首《丹阳月下怀天赞》："又趁南风作小游，行装愧未佩吴钩。羡君戎马投笔去，身在边疆斩贼头。"

当时的武进县伪政府已被国民党接收，费耀奇等人呈文申请聋哑教育班收归县政府，经批准，归属武进县教育局。1946年，费耀奇为扩建校舍多次奔走有关部门，经县政府和《中山日报》社的帮助解决，以常州庙河沿5号贾氏宗祠（今《常州日报》社社址）为新校舍。经修缮整理，分成四间教室、四间宿舍、三间膳厅厨房和一间办公室，其余为走廊、院落，属储藏、游戏之所。办学经费由武进县政府支配，校名定为"武进县立聋哑学校"，校长费耀奇，教务长蔡润祥，总务长杜家瑞。

　　1949年初，随军南下上海的戴目虽然从事新闻编辑工作，但他内心却始终牵挂着家乡的聋哑学校。时武进县立聋哑学校校长费耀奇是国民党员，已不合适继续担任校长了。于是，戴目找到谢伯子，并再三请求谢伯子回常州主持聋哑学校。而谢伯子正在上海光震聋哑学校任教，在上海的绘画事业也蓬勃发展，虽说常州是家乡，但自从抗战开始离开至上海避难已十二年了，父母早已离世，兄弟姐妹也天各一方，相比之下常州的亲人还不如上海的亲人多，如果回常州就要一切从头开始，重开一方天地。谢伯子说："我真的不想做校长，我更爱我的绘画！"戴目承诺，谢伯子先做临时的"代理校长"，等物色到合适的人选再把他换下来。戴目申明利弊，语重心长地说："我是武进人，武进聋哑学校是我给家乡的回报，现在没有公众信任的人担任校长，就会影响学校的开学，学校将面临关闭。你也是武进人，你不心疼啊？我可心疼！"谢伯子经过反复思考，决意为了家乡的聋哑学校，为了造福桑梓，放弃上海已经拥有的一切，接受了戴目的请求。

1949年的谢伯子

　　1949年4月，常州解放。5月，武进县立聋哑学校由常州市人民政府接管，更名为常州市聋哑学校，谢伯子出任新中国常州市聋哑学校首任校长。

　　经过战火洗劫的常州百废待兴，聋哑教育更是如此。当时的常州市聋哑学校面积小，教学设施简陋，学生人数不多，教职员工则更少。年轻的谢校长一到学校，就带领着全校师生对校舍、课桌、厨房、办公室、师生寝室、游戏活动所、劳作工具室等进行清理和改造，发动师生想办法、找途径，扩展了学校的面积，解决了师生的教学、住宿和活动场所，不到一年，学校便旧貌换了新颜。

增强体质　培育人才

聋生在未上学时，生活单调，体质孱弱，举止迟钝。所以聋哑学校必须要有体育设施、活动场所，让聋生能够安心读书、体育锻炼，从而增长知识，增强体质，健全四肢与头脑。为此，谢伯子在局促的校园里利用教室与宿舍之间的空地，平整出可以开展体育活动的场所，并组建了学校篮球队、乒乓球队。校园里尽管没有书声琅琅，但经常开展游戏，举办体操活动，进行篮球、乒乓比赛，小小的校园充满了活泼的气氛，洋溢着生命欢动的气息，促进了聋生热爱生活、热爱运动的良好习惯的养成。

聋人接受教育尤其要获取一定的职业技能，才能踏上社会自立自强。聋生听不见声音，但他们对实物的观察力比一般同龄人敏锐，由于视觉活动的思维作用，记忆力、想象力非常丰富，特别是先天失聪的聋人，学习绘画和设计是一种发挥潜能的有效方式。1949年9月，谢伯子担任校长后第一项重要教学改革便是创办聋校工艺科，让常州市聋哑学校六年级毕业生继续升学深造，着手培养工艺专门人才。

工艺科学制三年，课程除了文化课外，另有手工、素描、水彩、图案、设计、国画、美术史等。谢伯子除负责学校行政管理工作外，亲自担任国画、美术史的教学，他特地从上海聘请沈祖诒、吴铭均两位聋人画家来校承担素描、水彩、图案、设计的教学工作。

沈祖诒、吴铭均毕业于上海福哑学校。沈祖诒是杭州人，曾师从著名雕塑家张充仁学画六年，擅长水彩、油画。张充仁一心想留他在身边担任助手，但沈祖诒觉得聋人接受教育不容易，他更愿意接受谢伯子的聘请从事聋人美术教育。吴铭均是无锡人，福哑学校毕业后考入上海新华艺术专科学校，先后师从唐云、汪亚尘、刘海粟、来楚生等大家，到常州聋校后，担任图案、设计课程教师。

教师学识丰富，底蕴深厚，同为聋人，针对性教学的经验丰富。尽管他们无法言教，但他们身教垂范，行无言之教，深受聋生们喜爱。

据当年的聋生庄景安《忆母校》一文记载，工艺科师资水平高，引起了上海等地聋哑学子的注意，慕名而来常州求学者不少。因此，工艺科在当时也办得成绩斐然，有两事记忆犹新。第一件事是1950年4月工艺科学生庄景安、杨津德参加了常州市学生联合会代表大会，大会推选庄景安为市学联执委、学艺部副部长，负责宣传方面的工作。这时正值全国掀起抗美援朝热潮，常州学生举行了几次声势浩大的反美援朝示威游行。市学联分配给常州聋校工艺科的任务是绘制大型宣传画。每次示威游行，工艺科师生不仅送去自己创作的大型宣传画，并且还参与全市学生的游行。由于学校参与社会活动，扩大了社会影响，受到了社会各界人士的高度重视和赞扬，学校的知名度也大为提高了。

另一件事是工艺科编印半月刊《聋哑学锋》，宗旨为宣传党的路线方针政策，宣讲国内外形势，培养聋人爱国思想，鼓励学生积极写作，学好工艺专业，并每期刊登部分学生的工艺作品。刊名"聋哑学锋"由钱小山（谢伯子舅父）题写，意为聋哑人要做学习的先锋。钱小山的儿子钱薛之和钱律之兄弟也在工艺科读书，薛之写得一手好字，负责刻钢板油印；律之擅长绘画，负责画刊物插图。《聋哑学锋》办得风生水起，赫赫有名，成为聋生们交流思想的阵地、展示作品的平台，也成为聋校对外交流的一个窗口。从这两件事可以看出，工艺科虽然只有一个班十几名同学，但大家学习积极，社会活动也活跃，同学师生之间团结友爱。

常州聋校工艺班

常州聋校篮球比赛

谢伯子回忆起那段教学经历时写道：

> 起初的具体难处在于，如何使工作得到顺利开展，面对那些反复出现的问题，如何能一次、一次解决之？其中包括师生之间的问题；行政与职工之间的问题；学生与学生之间在思想及行动方面都需要指导，文化上的困难很多，聋哑人文理不顺通很常见……我当时尚能够任劳任怨，往往放弃休息，竭尽力量，认真去做。

1951年常州聋校第二届毕业生留影，前排左一谢伯子，后排左一宋兰芳

> 身为校长，在与学生家长的沟通上，曾有过难处。当年学生家长以工农出身为主，我伸纸笔谈，发现他们看不懂笔谈中的文言字词，烦来烦去，浪费光阴。只好请来健全教师来代理或翻译，很是费力。于是我开始发愤看读有关白话文的书籍以及报纸杂志，经过一段时间努力，我很快学会了用白话文与家长们打交道。从此以后与家长之间的联系便畅快明晓了。外来宾客也不例外，笔谈时都使用白话，逐渐得到大家欢迎。看来我赶上了文化生活大众化，后来家长素质也不断提升，此后我的工作便能轻松胜任了。

1952年，工艺科首届学生毕业。在谢伯子校长的周密安排下，这些学生因师资精良、自身努力而个个成才，庄景安在《忆母校》中列举了各位同学的毕业去向：

庄景安、钱律之、顾荣盈：担任安徽芜湖市聋哑学校教师。不久，庄景安出任学校教导主任，钱律之评为安徽省优秀教师。

宋兰芳：担任无锡市聋哑学校教师。

沈克镇、钱薛之：分别担任常州市和平影剧院、新华电影院美工。
顾教大：担任华侨商厦美工，后评为设计师。
杨津德：上海人，担任西安市聋哑学校教师。
贾曾荫：上海人，担任上海第二毛巾厂设计员。
温培涌：上海人，担任上海市广告公司设计员。
陈佩华：随丈夫到兰州，担任兰州聋哑学校美术教师。

这一届学生不仅自食其力，更是在不同的岗位发挥出各自的特长和作用，充分证明了常州市聋哑学校创办工艺科方向是正确的，办学方法是先进的，也是有成绩的。一时间，常州市聋哑学校成为沪宁线上聋哑学校学习的样板，各地聋哑学校也纷纷效仿。

"聋于耳不聋于心，哑于口不哑于手"，常州聋校工艺科毕业生的心灵手巧，也以事实证明聋哑教育与技能培训是启发聋哑人智慧、提升聋哑人技能与文化的重要途径。此后，聋哑人的技能培训尤为受到各社会阶层关注和关心，常州市聋哑学校一时闻名大江南北。

美满家庭　艰难岁月

这段难忘的办学经历，同时也使谢伯子赢得了爱情，成了他回忆常州聋校的美好时光。

宋兰芳（1932—2018），生于江苏宜兴县城的一户殷实人家。从小娇生惯养，爱吃荤菜，8岁上离家三里路的堰头乡小学时，每天有家里的长工接送。12岁患脑膜炎，经乡医生徐慕思多次中药治疗，才保住了生命，致聋而不哑。16岁随表哥任志新去苏州大学在无锡举办的电影器材班学习时，入无锡市聋哑学校（原私立惠喑聋哑学校，1940年3月建校）。翌年又随乡亲常州市芳晖女中教师转学到常州市聋哑学校。1952年毕业时，因无锡市聋哑学校校长许廷荣的夫人龚淡如美术老师脚骨折住院无法上课，宋兰芳被招去临时担任美术代课教师一年。其间，得到了谢伯子的关心和照顾。宋兰芳聪敏伶俐，手脚灵活，心地善良，表达能力强。

宜兴，位于江苏南部，太湖西岸，自古以来被称为江南的鱼米之乡，素有"陶的古都，洞的世界，茶的绿洲，竹的海洋"之称。宜兴人杰地灵、人文荟萃，在宋明清间出过4位状元、10位宰相、385位进士；民国后又出过几十名院士、百余名大学校长、千余名教授，有"校长之乡""教授之乡"之誉。宜兴以山水秀丽名扬天下，苏东坡在宜兴时曾留下"买田阳羡吾将老，从初只为溪山好"的名句。

堰头乡位于宜兴西部与溧阳交界，乡内有一条屋溪河，像一条摇头摆尾的长龙，横贯乡村，自西向东注入西氿。乡里有一条扁担街横卧在溪河之北，当地村民勤劳，民风淳朴，民间刻纸尤闻名天下。

1951年假日的一天，夕阳收起了它最后的微笑，暮霭轻轻地飘落下来，夏夜的翅膀温柔地覆盖着大地，一切都静悄悄的，只有堰头桥的河水在哗啦哗啦地流着。一位青年经过大半天的旅途奔波，风尘仆仆，又意气奋发找到了堰头乡水西村的宋家。当时宋兰芳的嫂子任秀安正在里屋洗碗，听到厅堂传来橐橐的脚步声觉得甚是奇怪，抬头望去，只见一位陌生的男子身穿灰色的西服，脚着黑色的皮鞋，手里拿着一卷画向她走来。原来这位俊朗的男子是常州市聋哑学校校长谢伯子先生，他今天专程从常州来拜见宋兰芳的父母。谢伯子拜见后，提出想与兰芳女士结为琴瑟之好的意愿。兰芳的父母之前已了然谢伯子的情况，得悉女儿与谢伯子自由恋爱、情投意合，也就爽快地同意了。为了表达对兰芳娘家的抬爱，兰芳又属猴，谢伯子特意选了一幅1942年的代表作《松猿图》作为定亲之礼。

1952年的金秋十月，谢伯子先生与宋兰芳小姐在常州聋校结为百年之好。据宋兰芳回忆，结婚仪式按当时的风气虽颇为简单，也就是办了两桌酒，登了报，聋校教师合送了一面"美满家庭"旌旗，上有署款："伯子仁兄、兰芳小姐结婚纪念。蔡毅、黄世海、杜家瑞、徐福荣、郑贤才、徐进业全贺。"

宋兰芳的父亲宋如玉（1896—1978），宜兴堰头乡人，与徐悲鸿是表兄弟，读私塾时曾与徐悲鸿同坐一凳听先生讲课，两人关系极为亲密。宋如玉南京林业大学法律专科毕业后，先在常熟县城挂牌做律师，后到宜兴县城经商。1938年日寇占领宜兴县城，部分新四军和中共地下党正在堰头乡的烟林中学开会，突然遭到日军的搜查，走投无路闯进了宋如玉家的院宅，宋如玉引导他们从后院门逃离了现场，摆脱了日军的追捕。1946年，宋如玉长子宋开荣与师范生任秀安结婚时，徐悲鸿特意画了一大幅彩墨《八骏图》作为结婚贺礼。每逢大年三十，宋开荣、任秀安夫妇都要小心翼翼地把《八骏图》挂在厅堂，直到正月十五后又小心翼翼收起来，极为珍惜。"文化大革命"期间，宜兴蒲墅中学校长吴洪清力劝宋开荣教师把《八骏图》上交红卫兵"造反派"，以免查出来吃苦头，胆小的宋开荣就上交了。宋开荣儿子、儿媳至今仍耿耿于怀，《八骏图》亦下落不明。

20世纪40年代，宋如玉被当地乡人称为"大先生"。1950年全国实行"土地改革"，宋如玉被评为地主，没收了房屋、田产。"土改"期间，有一天乡里召开土地工作会议，宋如玉担心会上挨批斗，就躲在家中阁楼不去开会。工作组负责人上门对宋如玉劝说："你发家靠的是善于经营与勤俭治家，与其他的地主不同，没有剥削穷人，不必多虑；你是文化人，我们还是称呼你为大先生的。"会上，宋如玉虽评为地主，但还是受到些礼遇，分得自己房屋、田产中的三间房、三亩田。而同乡的宋如玉堂弟宋彬怀嗜抽大烟，好吃懒做，不仅变卖了房产，家中仅剩下的几亩良田也卖给了宋如玉。宋彬怀的儿子宋伯虎因为不满父亲的所作所为投奔了新四军，后来做了官。土改时宋彬怀一贫如洗，结果被评为贫农。

1970年前后，笔者曾多次随外婆谢惠珍从常州西瀛里码头坐一整夜轮船赴堰头乡水西村探望外公宋如玉，并在外公的自留地上学会了种菜、种瓜，乡里的村民对外公、外婆亦颇为有礼，至今仍记忆犹新。宋如玉于1978年12月17日仙逝，享年83岁。宋如玉先生一生勤俭治家、淡泊名利、谦逊待人，受到当地乡人和宋、谢两家后代的敬仰。

宋兰芳的母亲谢惠珍（1905—2004）出生于宜兴县大蒲乡地主家庭，虽识

20世纪50年代的谢伯子

字不多，但明白事理，善于持家。与宋如玉成亲后，添置地产，广结人缘，家业兴旺。宋兰芳耳聋后，谢惠珍不求为女儿多作陪嫁，却想尽办法供她读书，权作将来谋生之计。为了照顾独生女宋兰芳的家庭，1955年起谢惠珍一直与宋兰芳一家生活在一起，三个外孙儿女均由其带养长大，直到2004年3月30日（生日3月29日）百岁仙逝。谢惠珍老夫人一生勤俭持家、克己谦让的美德一直得到乡邻和谢、宋两家后代的颂扬，亦印证了"仁者寿"的千古名言。

让我们重新回到关于常州市聋哑学校工艺科的话题。首届工艺科学生毕业与就业后，学生才艺得到了不同工作岗位的实践与检验，社会反响颇佳，原本工艺科要继续办下去。1953年，上海市第一聋哑学校（今上海市聋哑青年技术学校）仿效常州市聋哑学校开设"技术班"，沈祖诒、吴铭均被召回上海，受聘为"技术班"教师；时常州聋校教务长蔡润祥的未婚妻陈希聪是浙江温州人，与蔡润祥是上海福哑学校同学，正在创办温州聋哑学校，她迫切需要蔡润祥去温州结婚，共同主持温州聋校；又加上当年常州市教育局主张聋哑教育办学方向应该是基础教育，常州聋校鉴于当时状况，停办了工艺科，回到了原点。特别是1956年全国关于聋哑学校的教育观念发生了重大转变，多年来聋哑学校一直沿用的手语教学法遭到了否定与废弃，全部强行改为"以口语教学为主"的教学法。"以口语教学为主"的政策背景是当时国际上聋哑教学方法以口语教学的潮流下形成的，其中，受到苏联聋哑教育思想的影响尤甚。可是这样一来，那些擅长用形象、生动、直观的手语来进行教学的聋人教师在聋哑学校就失去了用武之地，甚至受到歧视。譬如：工艺科毕业生庄景安、顾荣盈被迫从芜湖市聋哑学校退职，钱律之不再担任教师，改为普通工作人员。

此外，聋哑学校历届毕业生也由国家统一分配进入专门为残疾人开设的福利工厂，表面上看是对聋人的关心，实际上隔断了聋人与健全人相互学习、相互融合的通道。当年这些教育制度的变化导致的直接后果是聋人教师在聋哑学校地位下降，甚至遭到清退。

聋教育和聋教学必须以"聋"为中心，离不开聋人教师的参与。可以说，如果没有聋人教师就没有客观的和完整的聋人教育研究环境，没有一流的聋人聋教育研究者就没有一流的聋教育研究。新中国成立前，全国70%以上的聋哑学校校长是由聋人担任的，而改为口语教育法之后，许多人觉得聋人担任校长不合适了，聋人教师也是越少越好，于是一批聋人教师或校长只好忍痛离开聋哑学校。

1959年，戴目在《聋哑教育通讯》上发表文章《调动聋人积极因素，培养聋人教师》。他说，在口语教学普遍开展的情况下，口语教学不断科学化、规范化，聋哑人从事教育、教学是有一定困难的，但是这些困难是可以克服的。聋哑人从事聋哑教育，只要求懂得口语教学的原理与原则，掌握视话技巧，师生之间是可以通过彼此的视觉来交流语言和思想感情的。特别是高年级的体育、美术、职业劳动等教学工作，由聋哑人来担任完全是可以胜任的。

谢伯子对聋哑教育中出现的这些问题是明确表示反对的。他认为与其花费大量时间精力去教聋人说健全人难于听懂、聋人彼此基本不需要的所谓口语，不如让聋人掌握手语，让他们自信、自立、自强。把聋人集中安排就业，往往不利于聋人融入社会发挥作用。

聋人教育家宋鹏程的观点比较客观，他说："平心而论，把聋哑学生培养成才，教学方法只是一个诱因（外因），重要的是调动学生的积极性和主动性（内因）。只有培养聋哑学生的求知欲和艰苦进取的精神，克服由于听力语言障碍带来的困难，才能学有所成。不然手语法也好，口语法也好，作用有限，成才的可能性就不大。这一点，也是我们聋哑教师的经验之谈。"（宋鹏程《梦圆忆当年·艰辛的办学历程》第56页）

手语是聋哑人的母语，凭手起言，心手相应。聋哑人之间，聋哑人与正常人均可以通过手语来进行生活工作、思想学习的交流；手语是一种视觉语言，它通过面部表情、体态语言、视觉空间等，以眼睛和手势的互动来完成耳朵和嘴巴的交流。当今著名舞蹈演员邰丽华是聋哑人，但通过手语，她能感知音乐的节律，演出的节奏，舞蹈的动作，甚至情感的表现。正是编导对演员便捷明晰的手语提示，使得邰丽华在无声的世界里，仍然表现出舞蹈动作与音乐节律的完美结合，她领舞的《千手观音》可谓征服了全世界的观众。

1971年4月30日，周恩来总理陪同柬埔寨王国西哈努克亲王视察北京市第三聋哑学校，他亲自听了该校口语教学的课，睿智敏感、洞察秋毫的他听完课后，留下了两句话："聋哑教育人数不多，影响较大，花钱不多，意义深远，各方支持，认真办好。""聋哑学生要有一技之长。"后一句话的正确解读应该是对当年摒弃手语教学、唯重口语教学，强调知识教育、忽视技能教育的一种提醒、警示和告诫。

谢伯子当年的这些想法与周恩来总理的看法可谓不谋而合。今天我们回顾聋哑教育的发展历程，证明了谢伯子当年的想法、做法是正确的，当今国际重要会议电视直播往往配有手语同步翻译，2008年北京奥运会开幕式与2021年中国共产党百年华诞电视直播更是如此。

回到1958年，常州聋校在全国聋哑人教育实行口语教学的方针指导下，已全面实行口语教学，学校基本结束了以聋人教师为主的局面，形成了以健全人教师为主的教学队伍。随着聋哑儿童入学人数逐年增多，又必须贯彻聋哑人教育与生产劳动相结合的政策，学校增设了缝纫和木工两门职业教学课程。当时学校庙河沿校舍实在拥挤，只能在附近租赁私房，进行复式教学，这就严重影响到常州聋哑教育事业的发展。

1959年常州聋人协会成立，谢伯子担任副主席。每周四晚上，谢伯子都会赶到聋人俱乐部开展时政讲座，从国际形势、法制教育、天文地理说到柴米油盐，聋协的活动一度火爆，有一阵子聋协没去处了，谢伯子就把活动地点设在自己的家中。

1962年，常州聋校搬迁到小火弄56号（原民益麻纺厂），经过改造、整修，教学师生用房基本齐全，房后一块空地辟为操场，学校始初具规模。1966年6月，学校开始"文化大革命"，学生停课闹"革命"，组织红卫兵、教师办学习班，部分领导和教师受到批判。1968年，"军宣队"进驻学校，宣传大联合、三结合，成立学校革委会。经常州市军管会批准，副校长刘载阳为革委会主任，校长谢伯子为副主任，教师、学生代表包玉凤、包向党、程清清为委员，革委会在"军宣队"领导下负责学校日常工作，学校也改名为常州市红卫工读聋校。之后，在"工人阶级领导一切"的口号下，"工宣队"又进驻学校，直到1977年才撤走，校名又恢复原名。

20世纪60年代的宋兰芳 　　20世纪60年代的谢伯子

20世纪60年代初谢伯子（后排右一）与戴目（后排中）、沈祖诒（后排左一）在上海

"文化大革命"期间，笔者上小学前后，回想起来印象深刻的有三件事：

一、常州聋校经常有师生来谢家向谢伯子校长反映学校混乱、师生愤愤不平的情况。每逢星期日下午，谢家客厅都坐满了聋校师生。此时的谢伯子校长已权力旁落，受到了排挤，也无可奈何，只能做一些师生的思想工作。

二、书画艺术是资产阶级的产物，全国已经不存在专业画家的岗位，一切美术必须"为无产阶级服务"。谢伯子担心绘画技艺荒废，就随身携带速写薄，几十本速写簿上记录着聋校师生、家人、朋友以及各种家禽、动物、花卉的白描稿，为后来的书画创作提供了下笔飞驰、落笔有致的素材。

三、1970年2月，常州市"革委会"组织每批100位老中青三结合教师干部队伍开赴常州茅山煤矿劳动三个月，美其名为常州市教育系统的"五七干校"。谢伯子担任其中一班的副班长，起初上山挑石块，因走路晃动，经常有石块脱落箩筐。谢伯子用三根绳子做成一个"络子"套在箩筐上，这样走起路来既不会晃动，又不会石块脱落，这一办法在干校得到了推广，受到了表扬。有一天，轮到谢伯子值班留守，他一早起床即忙于在工地上速写，一时忘记了负责挑水，导致全班早起没水洗涮、烧饭，他主动要求自罚，继续劳动一个月。

20世纪70年代的谢伯子

1973年10月26日，时常州聋校教务主任郑贤才有诗《奉赠谢伯子同志》：

> 伯子谢兄，人中之龙。江苏画家，兰陵英雄。
> 擅长丹青，师法古宗。挥毫如神，画艺精通。
> 巍巍山水，漠漠苍穹。窈窕淑女，苍虬青松。
> 优哉游哉，卧游其中。达官贵人，尽为所崇。
> 霹雳一声，春雷震动。笔法一转，面向工农。
> 炼钢炉边，炉火通红。荷锄戴笠，劳动田中。
> 枕戈待旦，杀敌建功。推陈出新，古为今用。
> 继续革命，一心为公。缁而不涅，永世无穷。

这首古风，不仅朗朗上口，也反映了"文化大革命"期间谢伯子对"笔墨当随时代"之诠释和在聋校师生中之威望。

谢伯子在"文化大革命"初期作为校长也遭受到迫害，常州聋校几位师生的"大字报"甚至贴到了谢家的外墙壁上，学校也几近瘫痪。但谢伯子坚信教聋生学文化、长才干，让聋生自立自强、自食其力，永远不会错。1973年3月邓小平复出，生性坚强的谢伯子毅然瞒着家人，悄悄写信给邓小平副总理，希望中央能够关心几乎瘫痪的聋人教育事业。据《常州市聋哑学校校史》记载，1973年12月23日，由国务院办公室副主任苏林带领的三人调查小组来常州，在常州市委书记纪国会等陪同下到常州聋校调研，但一直到"文化大革命"结束，常州聋校也迟迟不见实质性改善。

"文化大革命"前的常州市聋哑学校已发展成为沪宁线上的一所欣欣向荣的模范聋哑学校，谢伯子先后于1960年5月和1964年7月代表常州聋人出席了在北京召开的第一届、第二届全国盲人聋人代表会议，受到了党和国家领导人的亲切接见并合影留念。当时江苏省民政厅发与常州市民政局有函：

> 接中国盲人聋哑人协会通知，第二届全国盲人聋哑人代表会议定于七月七日在北京（前门饭店）召开，会期八天。
>
> 我省出席第二届全国盲人聋哑人代表会议代表定于七月五日由南京乘十四次京沪快车去京（十四次快车在宁开车时间十九点），车票由我厅统一代购，请你局通知谢伯子代表在七月四日晚（最迟不得超过五日上午）到我厅集中。出席会议的代表自带粮票十斤，自备日用品，路费向原单位报销。盲人代表携带盲文记录用具，对盲人代表生活由明眼人代表照顾，不得另带照护人员。一九六四年六

第一届全国盲人聋哑人代表会议全体代表合影

月廿五日，江苏省民政厅。

"十年动乱"（1966—1976），是一个混乱不堪、荒唐怪诞的年代，即便是常州聋校同样也遭受劫难。俗话说"祸从口出"，谢伯子口不能言，按说可以远离祸害，但谢伯子作为校长，又是解放前便已成名的画家，且是"背叛祖国、资产阶级大画家"张大千的弟子，那便是"资产阶级当权派、反动学术权威"，自然在劫难逃。好在是非功过自在人心，尽管聋生听不见、说不出，但他们明见心知学校校长是一位将一切都献给聋哑学校学生的教育家，学生家长、社会各界更是对谢伯子的人格魅力、才华修养充满信任与敬佩，这一切多少给谢伯子带来了些许安慰。

改革开放的十年，全国聋哑学校蓬勃发展。1989年，常州市聋哑学校也迎来了第十个春天，学校迁至常州丽华新村。新校区占地28亩，已成为一所融3年学前教育、9年义务教育、3年综合职业高中于一体的现代化特殊教育学校。

1992年1月21日，中共中央总书记、国家主席江泽民到常州考察时，曾到常州市聋哑学校视察，他对学校办学水平、办学质量、办学业绩给予高度评价，并亲笔题词"特殊教育，造福后代"。这不仅是

第一届全国盲人聋哑人代表会议，谢伯子(右)与洪雪立（中）、戴目（左）

第一届全国盲人聋哑人代表会议，谢伯子(右)与洪雪立（中）、赵铮（左）

第一届全国盲人聋哑人代表会议期间，谢伯子在前门饭店前留影

第二届全国盲人聋哑人代表会议休息期间，谢伯子（右一）与部分代表交流

对常州聋校的褒奖和勉励，也是对全国聋校的期待和鞭策。国家主席到聋哑学校视察并题词褒奖，这还是中华人民共和国成立以来的第一次，这不仅是常州市聋哑学校的光荣，也是全国聋哑学校的光荣。此后，乔石、李岚清等中央领导人先后来过常州聋校视察、指导，国内外来宾参观、交流者更是络绎不绝。

师法自然 行程万里

20世纪80年代，书画艺术越来越受到国家与社会的重视，各地政府也允许书画作品进入市场销售。谢伯子退休后，一边在常州市政协主办的老干部书画学习班授课，一边频频参加国内外书画作品展览。同时，谢伯子的国画作品在上海朵云轩、上海文物商店、上海友谊商店、南京友谊商店、常州江南春宾馆等均有公开标价出售。可以说，当时的谢伯子退而不休，正忙于书画艺术的创作与传播。

在翻阅谢伯子20世纪80年代初的速写画稿时，发现有些速写稿上都有短语，摘录几条：

一、忆在沪临摹大风堂摄印的渐江画照片，觉得笔墨简雅不凡。

二、忆张大千常常在我先父家画山水，而我从旁见之。琢磨、临摹，得其神似，直至青年时在沪几次举行画展，几百幅画一售而空，尤其是用大千笔法画的。当时世人称我是大千第二，然而我后来已脱尽窠臼，自成一格，然仍愿将大千艺术风格加以发展，传之于后世。

三、忆少年时曾用大小斧劈法学画山石。这次在南京石洞寺四周观察群山，发现有些大小斧劈，觉得十分亲切，重新握笔照画，觉得有意义，雅趣又油然兴起了，再不像当初学画形同盲目，趣味索然。可惜现代画家几乎不用此皴法，连黄山华山等名山都没有用来明显出真人面目及其神髓（黄山、华山等名山有大多大小斧劈法），我

谢伯子速写稿，1980年冬

则一定尽力而为，用大小斧皴法去显出这些名山的神髓，俾使古代国画艺术传统不致被湮没以尽。谢弥坚慨然题句，一九八〇年冬。

四、畴昔我在沪，又获见张善孖几幅虎画真迹，欣赏不已。另还看了两本善孖虎画集，虽然琢磨过，但又没有动笔临摹，倏忽四十余载。鉴于目前善画虎的人寥寥无几，觉得十分痛悔。于是决心开始学画，虽无师可承，而靠己勤奋，争取早日把驰名中外的虎画大师善孖的"三昧"学到家。弥坚题于一九八〇年冬至。

谢伯子当时有笔名"弥坚"，可见其对画艺的决心了。

一九八三年，大千师在台北逝世，我心痛欲碎，不能前去祭奠，只能在常州家中挂上他的遗像每天瞻拜，以寄哀思。后来海内举行张大千师生画展（先后在上海、成都展出），我也有作品参加，又曾去四川参加纪念活动，拜谒大千故居。得遇张嘉德、张心瑞、张心智、张心俭、张心义以及段安庆、萧建初等，伸纸笔谈，相见恨晚。他们有的说在少年时曾见过我父亲，想起两代友情，大家不禁黯然神伤。此情此景，实难尽述。（谢伯子《永恒的记忆》）

1983年4月2日，张大千先生病逝于台北荣民总医院，享年85岁。消息传至大陆，谢伯子悲恸不已，不能赴台北祭奠，只能在家中挂上大千师遗像叩拜、默哀，以寄哀思。

1986年5月17日，为缅怀先师张大千，并纪念张大千先生逝世3周年，大风堂门人在四川美术馆举办了规模盛大的张大千先生师生书画展览，全国各地的大风堂门人来到了成都入住新华宾馆（原成都军区招待所），参加了开幕式。谢伯子有两幅作品《黄山天下雄》《墨荷》参展，并与众门人亲切交流、合影留念。谢伯子的作品简介："谢伯子，江苏常州人，现年六十三岁，系大千先生契友谢玉岑先生长子，一直精心临摹学习大千先生旧作，颇得神髓。四十年代即在上海举办个人画展，解放以后，也有作品多次参加省和全国展出。"在展览开幕式后的笔会上，谢伯子在速写簿上写有这句话：

通过这次参观大千师生画展，感慨之余又并发雅趣，命笔兴画。既可以笔在意先，亦可以意在笔先，相辅而成，毫不相悖。5月17日偶题于灯下。

5月21日，谢伯子与张大千弟子刘侃生等游览了武侯祠、杜甫草堂、都江堰，领略了历史人物的风流倜傥和古代灌溉文明的创造杰作。5月25日、26日，谢伯子和部分大风堂门人重游了青城山和峨眉山。

青城山，离成都市区约百里，坐落于举世闻名的中国古代大型水利工程都江堰的附近。青城山终年

1986年5月，大风堂同门合影于四川成都

绿树掩映,四季常青,葱翠欲滴,秀色参天,诸峰环绕,状如城郭,故名"青城"。青城山为道教名山,自古以来有"泰山天下雄,黄山天下奇,华山天下险,峨眉天下秀,青城天下幽"之说,青城山幽丽的自然景色,由此可见。

20世纪40年代,张大千曾寓居青城山上清宫,寻幽探胜,作画逾千幅。60年代,张大千在远隔重洋的巴西圣保罗侨居时,画了巨幅《青城山全图》,表达了对家乡的眷恋之情。青城山也是谢伯子一生喜爱的山水画创作的重要题材之一。

谢伯子少年时学画,是为了谋生;青年时绘画,是为了争做"张大千第二";现在他的目标更高,眼光更远,志向也更大,不仅要传承弘扬大千先生的画风,也要在中国画坛上树起自己的旗帜。

历代绘画史证明,画家有了自己的画风,独擅风流,才能称得上是一位真正的画家。唐代画家张璪在《绘境》中提出了"外师造化,中得心源"之说,对后世的影响极大。这一观点主要是告诫画人必须要了解和体察绘画对象,勤于写生,以自然为师,同时将自然形象进行艺术概括与构思,加以提炼,使之变为主客观高度和谐统一的艺术形象并反映出来。用今天的俗话说,艺术作品必须要来自生活,又高于生活。

张大千在《画说》中也有说:"古人所谓'读万卷书,行万里路',这是什么意思呢?因为见闻广博,要从实地观察得来,不只单靠书本,两者是要相辅而行的。名山大川熟于心中,胸中有了丘壑,下笔自然有所依据。要经历的多才有所获,山水如此,其他花卉、人物、禽兽也都是一样。"谢伯子从历代画史、画论中懂得,师法造化,更是画家提高自己而必须要走的第二步,他

谢伯子速写稿

谢伯子速写——迎客松　　　　　　　　谢伯子黄山写生

在《绘事简言·谈师古，师造化与师古心》中有言："师造化，师不必受其役，而应役造化，使造化随我左右，以至美化自然，美化人类。"

投身特殊教育以来，谢伯子对祖国的名山大川，虽然去过一些地方，但他觉得不完全、不深入、不尽心，直到20世纪80年代退休后，才有时间去践行石涛的"搜尽奇峰打草稿"与"笔墨当随时代"，他要为祖国的大好河山绘图立传。

黄山是清初山水画坛的重镇，许多明末遗民画家登临黄山，置身云海之间，造就出一批杰出的"黄山画家"，如石涛、渐江、梅清、戴本孝等。张大千一生与黄山结缘，曾四次（1927年5月、1931年9月、1935年9月、1936年3月）登上黄山，所作黄山图亦硕果累累，有"黄山画派最后的集大成者"之美誉。因此，1984年6月，谢伯子开始有计划地远足采风写生，第一站即选择了黄山。

"五岳归来不看山，黄山归来不看岳"，徐霞客的名句令多少游客神魂颠倒。黄山是我国东南名山之一，历代诗人画士在此留下了许多诗画。李白曾登黄山凌歊台，饮酒赋诗，留下了"太白洗杯泉"。黄山更是历代画家争相描摹的题材，在山水画方面，形成了一个黄山画派，其中的石涛画过许多黄山图，张大千、徐悲鸿、谢稚柳等曾多次上过黄山，谢伯子自然亦向往黄山。

6月13日，谢伯子与儿子谢建新到了黄山，在导游的引导下，入黄山门，从汤口向半山寺走去。时值芒种，一路野花烂漫，奇卉清香。清奇古瘦的劲松，嶙峋突兀的怪石，还有流水、岚气、鸟语，到处有诗、有书、有画，令人灵感丛生。黄山气候无常，突然下起小雨来，谢伯子无准备，冒雨向上爬。这一段山路艰险，至文殊院方可休息，好在已经不远，翻过一个小山崖，终于抵达文殊院。

文殊院背倚玉屏峰，院前山崖上的松树姿态特异，像张着羽翼般的双臂迎接客人，人称迎客松。凡登上黄山的人，没有不为黄山松称绝的；凡是画家到黄山，没有不画黄山迎客松的。怪石、奇松、云海、飞瀑，构成了黄山独特的四大景观。

不知不觉，山风把衣裤吹干了，雨也停了，谢伯子又依着栏杆看风景。但见天都峰如插天之剑，旁有鼠状山峰向着天都跳跃；莲花峰若巨型莲瓣，在雾里摇曳；七十二峰也都在云海里，飘动着秀发。黄山最险处为天都峰，大凡勇敢的游客都是冲着它而来。时间向晚，天都路遥且险，他们只好暂宿一宵。

翌日清晨，湿漉漉的山石、松树发出清香，谢伯子已经爬行在登天都峰的峭壁之上。鲫鱼背是天都峰的险绝处，如鲫鱼的背脊，窄得只能容一人通过，两边是万丈深渊，山高风巨，挟人欲飞，望之令人丧胆。谢伯子在导游的帮助下，终于走了过去。从天都峰下来，经玉屏登莲花峰，上面有蒲团松，石涛曾画蒲团松，谢伯子一见即振奋起来，攀上去坐在松下照了影。午后的云海，在落日的余晖中，翻滚着橘红色的万顷波涛，壮观极了。

这次黄山之游，谢伯子受到很多的启示：从黄山山体的劈地摩天，石峰峥嵘，阳刚劲露，他获得了一种雄浑峻峭的意境；黄山松倚势而长，与山石相映成趣，他感受到一种奇崛的墨趣；云海是黄山的生命力所在，如果黄山失去了云海，那些山峰便僵硬了；正是在云涛的流动中，黄山才忽隐忽现，尤其在红日出海之际，白云、红日、青峰，何等瑰丽壮观。谢伯子认识到大自然的美，是艺术家的乳汁，它与现实生活构成艺术生命的源头。谢伯子决意要绘出别具一格的黄山图，他的速写簿上记录着当时的情景：

6月13日，在半山寺里对峰泉写生。黄山始信峰上，写生于6月14日上午。冒雨在始信峰顶写生于6月14日，时在上午7时45分钟。始信峰下的黑虎松，6月14日。玉屏峰下的"蒲团松"，写生于6月14日风雨中。我俩于6月14日清早，从玉屏峰走出去，上了更一层峰，即莲花峰。此峰海拔1860公尺，是最高度的峰，比天都峰光明顶还高。纵观群峰，心胸宽敞，其乐无穷！我俩在莲花峰顶，写生于1984年6月14日的大风雨中。皮蓬，清代的雪装和尚曾在黄山皮蓬峰幽居三十多年，作黄山图四十二帧……6月15日记。

从黄山归来后，面对山峰奇崛、云海缭绕、苍松如涛的黄山，谢伯子作诗《颂苍松》：

龙骨蛟筋冲九霄，苍针怒发响如涛。
任凭雪压雷霆击，气节昂然千丈高。

可见黄山留给谢伯子的印象之深。之后，谢伯子的二舅钱仲易有诗赞：

壁间峦岳起愁眠，拔取天都变眼前。
造化在胸真宰泣，髯张神髓独薪传。

诗后跋语："宝树绘黄山天都峰饷予，笔势峭拔。学大千者众矣，形似已难，况神似乎？"诗赞谢伯子画作《黄山天都峰》，雄奇奔放，不仅形似大千画风，更独得大千画之神髓。

此后，分别于1985年5月、1986年4月、1989年7月、2008年11月，谢伯子又四次登上黄山，可见他对黄山的青睐有加。

笔者在整理谢伯子的黄山照片时，发现其中有一张莲花峰的特写照片，谢伯子在反面写上："一九八九年七月二十一日三上黄山，当上莲花峰时，顿感心神恍惚，思潮起伏，因此峰是父母名字和精灵的化身。于是，默默怀念一会即缓缓走下去。伯子敬记！"可见他对先父玉岑、先母素蕖的感情之深。

1989年7月，谢伯子三上黄山后有诗："闭门临仿似牢笼，纸上峰岚避苟同。三上黄山情未已，一挥彩笔意无穷。"有感："四年来，三上黄山绝顶，既师又友，与共呼吸。七十二峰之中始信峰奇秀非凡，最足心驰神往，流连忘返。今偶忆及，欣然命笔，尚不自知已尽丘壑美否？已尽黄山奇否？尤冀今后有慧眼对斯图作评论也。一九八九年七月二十日第三次上黄山有感。"可见他对黄山的印象之深。

1985年10月，谢伯子在谢建新的陪同下，第二站远足采风写生选定恩师张大千的故乡——四川。

自古以来，由秦岭入四川，须经太白山、青泥岭。太白山只有鸟儿能从低凹处飞过，没有人行的道路；青泥岭"连峰去天不盈尺，枯松倒挂倚绝壁"，那都是不可逾越的险阻，这也是李白所嗟叹的蜀道。由秦岭入蜀有古栈道，它是在山岩间凿石架木建成，路面狭窄，山上树木葱郁，枝叶婆娑，由上覆盖下来，把逶迤、高峻、崎岖的栈道笼罩着，成语"明修栈道，暗渡陈仓"，就是指这个地方。

谢伯子从川陕公路入川，蜀道已不似古时难行，但仍艰险，汽车经过蜀中要塞剑门。"一夫当关，万夫莫开"，历史上"剑门天下雄"，以此天

谢伯子在四川写生　　　　　　　谢伯子速写稿

险称王者不乏其人。在大剑山和小剑山之间有一条三十里长的栈道，群峰如剑，连山耸立，峭壁中断如门，形成天然要塞。公路两旁，古柏森森，连绵三百里，浓荫蔽天。距剑门几十里七曲山上的"金脸关公"关帝庙，重楼复阁，雕栏飞檐，壮其雄伟。该庙环抱在修松茂柏、翠山重叠之中。有清泉从松间流出，清冽可鉴，松风泉韵，谢伯子顿觉平生热念，涮除殆尽，陶醉在大自然中。剑门的雄奇险峻，沿途的奇山异水，为谢伯子以后的创作，开拓了奇崛峭拔的艺术境界。

入四川不到峨眉，正如到了黄山不上天都峰，谢伯子从成都南下，直奔中国的名山——峨眉山。

汽车至五津镇，渡过号称"走遍天下路，难过五津镇"的三洞水，抵对岸邓公场，然后经彭山到了眉州。眉州是苏东坡的故乡，建有纪念苏氏父子的"三苏祠"。庙堂深深，小桥曲曲，绿水弯弯。三苏祠后，翠竹萧萧，令人想见三苏遗风。谢伯子站在苏东坡塑像前，念及他的翰墨风流，旷代才华，不知想说点什么，又觉与这位诗人似曾相识，诗情画意，一时俱在心中荡漾。

翌日，谢伯子到了乐山。乐山大佛是世界第一大佛，倚山凌云的山崖凿成，大佛脚背上可以安放四张大方桌。大佛脚下为岷江、大渡河汇合处，水域宽阔，汹涌浩荡。江与河的水色不一，犹如三峡的大宁河到长江入口处，长江水黄，大宁河水清；岷江水清，大渡河水黄。上游不远处为青衣江，从大佛岩过一条小溪为乌尤寺，有许多名人碑刻，亦为名胜古迹。乐山大佛之山水，给谢伯子留下了深刻的印象。

汽车由嘉州往峨眉，沿途游报国寺、伏虎寺、白龙江、洪椿坪、九老洞、洗象池，最后经接引殿到达峨眉金顶。

沿途云杉迤逦，猴子成群。伏虎寺的残破禅房，蝙蝠绕梁，硕大如鸽，令人生畏。洗象池的夜晚，常有松鼠偷窥于窗台，闻人声倏尔而逝。傍晚，山峰托着弦月，山岚飘拂，宛若仙境。面对这样迷人的夜色，谢伯子思绪万千，不禁想起李白的《峨眉山月歌》："峨眉山月半轮秋，影入平羌江水流。夜发清溪向三峡，思君不见下渝州。"

谢伯子写生稿　　　　　　　　　　　　　　　　谢伯子写生稿

虽是秋天，金顶上已生火盆。下午四点钟，太阳在云海中奔涌，佛光倒映在云海上，秀甲天下的峨眉，顿时无比壮观。从下面看峨眉山，像个秀丽绝伦的美女；在金顶上，却一片开阔，极伟壮，像充满阳刚之气的英伟壮士。游览过峨眉山的人大抵都知道，峨眉山金顶有殊负盛名的四大自然奇观：日出、云海、佛光、圣灯。其中，尤以"金顶佛光"的出现最是难得。

当时，谢伯子及陪同人正心境澄澈地并立于摄身岩下，看着岩下白白的云层，像流水似的走过。突然，云层中跃起了一个七色光环。光环犹如一只暖色玉盆，中央虚明如镜，他们情不自禁随同在场的观光客，一起发出了赞叹的欢呼。

雄视天下、烟云缭绕的峨嵋金顶给了谢伯子创作的灵感，在后来的作品中，峨眉金顶也是他永不厌倦的创作题材之一。

天府之国的美景，青城山的清幽，乐山大佛的雄姿，峨眉山的秀美，令谢伯子目不暇接，同时又依依不舍。接着他又东下重庆，饱览了山城的景色，大足石刻的独特，洪崖洞的风情，嘉陵的花月，山城的夜景，令其流连忘返。三天后，谢伯子、谢建新父子从朝天门码头乘游轮来到湖北宜昌，途中遇到的长江三峡，刀削绝壁，奇峰插天，滚滚江水，引起了他俩极大的震撼。谢伯子在速写簿上勾画了多幅三峡的轮廓，并在各图旁分别写有：

三游洞，写生于85年10月19日下午风雨中。10月20日写生于巫峡游舸中。10月21日早晨，在巫山县秀峰区码头写生。10月22日中午乘七号轮船从巫峡出发赴奉节，码头下船，时已下午三点半左右。

谢伯子途中回想起西陵峡的湍急，巫峡的狭长，瞿塘峡的险峻，层层如画，曲曲如屏，心中全是难忘的图景。往日的人生，宛如雾中行船；而今，拨开云雾，心中依恋的便是那两岸的连山，汹涌的江流，巫山上舞动着轻纱的窈窕神女，还有屈原的故乡秭归，明妃的村庄香溪，彩云间的白帝城猿啼，以及那千百年来流传的许多神话故事。

10月23日清晨，谢伯子坐车直奔湖南张家界。张家界国家森林公园以峰称奇，如人如兽，如器如物；以谷显幽，峰间峡谷，溪流潺潺；以林见秀，浓荫蔽日，直插云天，有"三千奇峰，八百秀水"之美称。黄龙洞，以"洞中有洞，洞中有山，山中有洞，洞中有河"之奇称，有"世界溶洞奇观"之美誉。面对大自然的鬼斧神工、天然杰作，谢伯子不禁为之折服。

10月25日，谢伯子又来到武汉，写生于珞珈山、东湖、黄鹤楼等地，流连于归元寺、昙华林、博物馆。26日夜宿于18号大轮船上，从武汉向南京起航。

这次历经半个多月的壮游写生，看到的山山水水，领略的风光景色，皆成为谢伯子画笔的灵感和素材，他写下了大量的速写，在以后的漫忆旧游中，他绘出了《蜀中山水》《松风云瀑》《青城天下幽》《峨眉金顶》《峨眉晨曦》《青岩山》《大江东去》等图，蕴含着对蜀中风物、山城之夜、武陵源景、长江之水的深深怀念。

1988年5月17日，谢伯子在他上海光震聋哑学校学生、摄影爱好者黄世海的陪同下，踏上了第三站远足西北采风写生的旅途。

20世纪40年代初，张大千与谢稚柳曾在敦煌莫高窟研究中国历代壁画，并有著作《敦煌艺术叙录》出版。这件事，一直影响着谢伯子对古代壁画的向往。

谢伯子与黄世海先到甘肃，领略了塞北的风光，感受了"边庭飘摇那可度，绝域苍茫更何有"的大沙漠的壮观；而"葡萄美酒夜光杯，欲饮琵琶马上催。醉卧沙场君莫笑，古来征战几人回"就是指的那带地方。谢伯子兴致勃勃地在大沙漠畅游了一天，并饶有兴趣地骑上了骆驼，留下了身影。

翌日，谢伯子又徘徊于敦煌莫高窟。望着壁画中人物的千姿百态，以及摇曳的霓裳，开合的云霞，他仿佛置身于一个无与伦比的崇高世界；端详着每个塑像的安详、宁静、超脱的气概，他不复感觉自己的存在，只是感到永恒的宁静；面对敦煌莫高窟，他感到不仅自己的心灵，而且自己的整个生命都和敦煌艺术结为一体了。大千师面壁千佛洞三年后，人物画风为之大变，谢伯子为那些顾盼生姿的壁画与彩塑所倾倒，为莫高窟的艺术所震撼，为大千师所绘的敦煌人物而叹服。

1988年5月，谢伯子在敦煌莫高窟

6月2日，谢伯子抵达华山之莎罗坪，土旷而夷，莎罗庵踞其西，庵内有莎罗树。莎罗即菩提树，关于莎罗——菩提树的偈语：神秀说"身是菩提树，心如明镜台。时时勤拂拭，莫使惹尘埃"；慧能则说"菩提本无树，明镜亦非台。佛性常清静，何处有尘埃"。神秀说的是老生常谈，慧能说的倒是玄妙深刻，慧能终于得传祖师衣钵，当之无愧。不过，在这些菩提树面前，谢伯子既无神秀的"渐悟"，也无慧能的"顿悟"，他则是五岳觅画。此刻他的心境，有如菩提树的恬淡、纯净、明洁，系着他画笔之魂的是那蓬蓬勃勃的无限生机。

入华山二十余里，外环巨壑，众峰俱隔，只有苍龙岭一线可通。岭为山脊，数里长，两旁壁削，宽仅二尺，悬临下仞，深不见底。沿脊石栏，古人行过此，须骑岭抽身，蛇伏揉行以进。昔唐人韩愈游此不能下视其险，心惊目眩，痛哭投书，示以永诀。幸经华阴县丞多方设计，用厚毡包裹，长索垂之以下，始信"华山天下险"之说，后于龙口崖石，刻"韩退之投书处"。谢伯子濒临如此绝境，心中虽有所动，但毕竟经过像黄山天都峰那样危险的道路，这里也就不觉惊悸。那苍龙岭是从云台峰通往玉女、朝阳、莲花、落雁诸峰的一条险境，远远望去，像一条直冲云霄的行龙，游动在两山之间，山背突兀，高插云表，隐约天际，两边都是深谷，顿生高山仰止之情。落雁峰为最高峰，峰顶上的历代摩崖题字真是玲琅满目，应接不暇。唐人冯贽在《云仙杂记》中有记，李白登上落雁峰叹曰："此山最高，呼吸之气想通天帝座矣！"明人王履有《华山图》册页闻名画史，并有句"背无一仞宽，旁有万丈垂"，可见其险峻了。

谢伯子在遍览了华山名胜后，还找到了大千师于1934年在苍龙岭道旁凿下的"张善孖大千兄弟来游"的大字石刻，并在一旁摄影留念，表达了他对两位前辈的追慕、思念与敬仰之情。

1988年6月，谢伯子在西安大雁塔

1988年6月，谢伯子在华山

华山当然也是谢伯子图画中的题材。早在1957年，他的《华山苍龙岭》和《华山南峰》就是他中年山水画的代表之作。

6月5日，谢伯子和黄世海来到西安，在碑林、大雁塔、兵马俑、古城墙、博物馆等地留下了他俩的足迹。

6月9日，谢伯子重游成都、青城山和内江等地，探望了张大千的女儿张心庆，侄子张嘉德、张心俭、张心瑞等，并当场挥毫了一批书画作品赠与大千师的子侄。

1988年5月17日至6月17日，谢伯子的西北之行历时一个月，行程主要为敦煌莫高窟、华山、西安、成都、青城山、内江等地，顺利地实现了采

1995年9月，谢伯子在桂林漓江写生

风写生和探访亲友的计划。

1995年8月，谢伯子接受广西壮族自治区文联的邀请，赴广西采风写生并举办个人写生画展。笔者陪同父亲谢伯子一起去广西，协助他实现第四次远足西南旅途的采风写生。

9月8日，谢伯子和笔者从上海虹桥机场出发，第一站到达桂林。广西文联非常重视，特意安排了廖旺然主任和广西老干部刘燮先生全程陪同，并携带各站负责的接待函。

桂林，画卷般的迷人城市，有"桂林山水甲天下"之誉。古往今来，多少画家描绘了她那娟秀、妩媚的容姿；多少作家写下了赞颂她的美妙篇章。谢伯子和笔者因为都是第一次踏上桂林的土地，一迈出机场，就远远看到了桂林的青山，不免有点抑制不住的兴奋，笔者赶紧掏出相机，拍下了第一张桂林青山秀美的照片。

10日上午，谢伯子在风景如画的桂林七星公园写生，邂逅了广西《沿海画报》的记者蔡长勇。蔡记者特别钦佩谢伯子的画艺，有文《谢伯子——无声世界里的笔墨风雷》发表在《沿海画报》（1996年第5期）上，其中说：

> 那是一个喑哑的永恒沉寂的世界。然而阳光如瀑布一样自半空倾泻而下，山岳在沉默中千苦低诵，花朵的开放有如呢喃，流水有如诗韵。用心倾听世界的人，总是听到万籁的声音。
>
> ……笔者就是在去岁中秋佳节时，在风景如画的桂林市七星公园巧遇谢老先生，得以结识并与其书信往来的。谢老时年七十有三，身体犹健，走路健步如飞，每见佳木奇峰，必停步观察，对照写生。

12日早晨，铅色的天空布满乌云，如丝的细雨轻轻飘洒。谢伯子等从桂林去阳朔，水路行舟需要一天，即租了一条带篷的船。中年的船家夫妇说着当地的方言，憨厚而朴实地微笑着。

船夫撑起长长的竹竿，船身便向江心缓缓移动。漓江两岸沉浸在烟雾般的雨幕里，透过雨幕，只看见两岸拔地而起的一座座峰峦，披着碧绿的轻装，如同无数窈窕妩媚的仙女，以各种不同的姿态伫立在江边，倒影映在清澈如镜的江水中，现出迷人的诗情画意，真是"群峰倒映山浮水，无水无山不入神"，"舟行碧波上，人在画中游"。

两岸的山在慢慢地移动，漓江的水漾漾地流着，直流得人内心空旷。水墨的山峰，水墨的云朵，水墨的鸬鹚叼着一尾水墨的鱼，几只白鹅不问岁月悠然自得地游着，让人想起"王羲之书《黄庭》换白鹅"的故事。

谢伯子若有所思地观赏了一会儿眼前的景色，便坐在篷舱里，拿出速写簿写生起来。看着他那专注的神情，同船人不忍，亦无暇去打扰他，只顾放眼观赏漓江两岸的风景。周围十分安静，只有船桨泼水的声音有节奏地在耳边回响。

雨终于停了。低垂在头上的乌云已逐渐消散，一抹温暖的阳光快活地照射在船上。这时，谢伯子放下了速写簿，走到船头。美丽的漓江在船面前一直伸展开去，水静静地流着，那清澈透明的水面上，微波一个追着一个地向前荡去，灿烂的阳光将两岸林立的峰峦染得更加青翠欲滴，远处是辽阔的田畴，可以望见三三两两的农民在田间劳作。

一群大雁从船顶上掠过，它们排成整齐的人字形，向辽阔的天际飞去。远处农庄升起缕缕的炊烟，蓝色的天空染上了一片金灿灿的彩霞，船迅速地向岸边划去。前面是一片密密的房舍，那就是风景秀丽的兴坪，船要在那里靠岸，时间也到了晌午时分。

饭庄夫妇端来香喷喷的芋头羹和绿油油的青菜，加上当地的土鸡和水鱼，都富有田园风味。谢伯子等边吃边聊，笑语盈盈，十分愉快。饭后，他们在江边农庄散步，踩着那被雨水打湿的松软土地，闻着树木散发出来的清香，有心旷神怡之感。

谢伯子等上船后，蓝湛湛的天空上，光芒四射的阳光欢笑着洒向大地，流水轻轻地唱着歌，两岸数不尽的峰峦轻快地向后闪去。日入时分，小船到了阳朔，早已在阳朔码头等待的阳朔县长植日焕等迎接了他们。

阳朔在山环水绕中显得朴实、恬静、优雅，是一幅美丽得令人惊叹的天然画卷。谢伯子在植县长的陪同下，走进了一座锈漆斑驳大门的院宅，门上端悬挂着一块由郭沫若题写的"徐悲鸿故居"的门额。

在徐悲鸿故居，那天令人印象最深的是，故居院内有一大株白玉兰，显得强壮、朴实、苍劲，那粗大、挺拔的树干像铁臂似的伸向天空，纵横交错的枝丫在碧净的蓝天下，犹如一位功力颇深的画家用泼墨绘成的巨幅画卷。听故居负责人讲解，这株白玉兰树原来是徐悲鸿先生1937年亲手所植。当看到繁华落尽，满地枯萎的白玉兰树叶时，令人颇有"看玉兰之春光，知人生之短暂"与"树犹如此，人何以堪"的感叹。

谢伯子（左三）与刘燮（左一）、植日焕（左二）、笔者（左四）在阳朔徐悲鸿故居

谢伯子写生稿

谢伯子对徐悲鸿大师一向钦佩，当场挥毫，创作出几幅山水作品，献给了徐悲鸿故居。值得一提的是，其中一幅水墨《兴坪风光》，是依据当天在船上的速写稿绘成。山中有水，水中有山，山水融为一体；人与船线条洗练，寥寥数笔，形神兼备。这幅图不仅有水墨交融的淋漓气象，营造出了一个生机盎然、清幽迷幻的漓江世界，且有题画诗一首："水天一色明如镜，翠绿青蓝相照映。妙引诗人梦里游，恍如酣醉来仙境。"可以说，《兴坪风光》与徐悲鸿1937年

创作的《漓江春雨》相匹，有异曲同工之妙。

对谢伯子的慷慨举措，植日焕县长有诗赞："奇山秀水自天工，妙手丹青竞师从。古稀圆得儿时梦，此心长留碧莲中。"故居负责人对谢伯子的情谊、画艺赞不绝口，而对廖静雯先生却颇有微辞，认为她对阳朔徐悲鸿故居不够关心，也许是廖先生当年鞭长莫及吧。

翌日，在植县长和当地工商银行朱行长的安排下，谢伯子等乘船游览了不对外开放的月亮湾。据说，月亮湾景区只对国家领导人和国外元首临时开放。比如，1972年尼克松总统访问中国时，周恩来总理曾陪同游览了该景区的月亮湾。月亮湾的宁静、秀美、妩媚，胜过人间的仙境，但美中不足的是，见不到游客，听不见鸟的歌唱，闻不着人间的炊饮。

13日、14日谢伯子等游览了阳朔的西街、遇龙河、大榕树、月亮山和世外桃源等。谢伯子画了许多速写，笔者也拍了许多照片，以便为谢伯子日后的创作提供素材。"桂林山水甲天下，阳朔山水甲桂林"，这不仅是对阳朔山水的赞美，也是对阳朔人民的肯定吧！

离开桂林的当天晚上，谢伯子作诗《游桂林、泛漓江》《游阳朔》，以表达对桂林山水、阳朔胜景的由衷赞赏：

果然山水甲天下，天教诗人尽折腰。
自是天公才力大，挥毫泼墨洒云霄。

万朵莲花如碧玉，千湾清水汇清江。
今来胜景心神醉，画意诗情两激昂。

青罗碧玉映苍天，宛如天堂在眼前。
梦寐寻求过半世，今朝喜极似登仙。

巍峨倒影波中媚，历代诗篇迷梦寐。
一日游终意若何，潜心面壁自韬晦。

15日傍晚，谢伯子等乘车顺利地抵达了柳州，入住柳州市国宾馆。翌日上午虽然没有安排活动，谢伯子却早早起床了。谢伯子和笔者来到国宾馆附近的柳州公园，拜谒了柳侯祠，并与祠前的柳宗元巨型石雕合影留念，随后谢伯子开始写生。一会儿，谢伯子身边聚集了多位老人，看着飞快的笔触、流畅的线条、巧妙的布局，都为谢伯子精湛的画艺而倾倒。谢伯子偶尔抬头看他们一眼，微微一笑，就埋头继续作画。顷刻之间，一幅连带周边景象写入其中，画中甚至还有几位正在围观的白描老人，栩栩如生，呼之欲出，确是一幅即兴之作。

在公园行走的路上，谢伯子看到许多的老人，有的在遛鸟，有的在闲聊，有的在玩扑克……谢伯子郑重地告诉笔者，他不愿过那样的生活。从谢伯子炯炯的眼神里，笔者读懂了他的精神、他的志愿，当时心中就涌起无限的感慨和思考。

谢伯子（左）、黄独峰（中）、笔者（右）

在随后的两天里，谢伯子在国宾馆为广西文联、广西老干部局、柳州市国宾馆绘画了几幅作品，作为酬答之礼。

18日，谢伯子等来到南宁，当天就拜访了张大千弟子黄独峰教授，并与他合影留念。黄教授是著名国画家，尤善画神仙鱼，是岭南画派的杰出代表人物，他将一本新出版的《黄独峰艺术生涯》赠与谢伯子。后来，谢伯子在二人合影的照片反面写上：

谢伯子在柳侯祠外柳宗元石像旁

> 我在广西南宁时往谒黄独峰教授，合影于黄府，时在一九九五年九月十八日。黄教授为大千门人（时在香港拜大千为师），今年八十三岁，半身瘫痪，微看、微听。伯子记。

19日下午，谢伯子等在北海银沙滩畅游，他一直在岸上观赏、写生直到一起返回酒店。21日，谢伯子和笔者从南宁机场飞回上海，结束了为期14天的广西采风写生之行。

从花甲之年到八十春秋，谢伯子四上黄山，三攀峨眉，二登九华，陟华山，入庐山，游青城，览雁荡，渡三峡，赴敦煌，泛漓江，行海南，随后又去了烟台、蓬莱等地。谢伯子一路写生，一路思考，他写道："祖国的这些奇山秀水，最能激起我的爱美之心。是哪些山水最让我常常动笔作画呢？那就是四川的峨眉山，陕西的华山，安徽的黄山，其他还有江苏、浙江、广东、广西等地的山川。八十春秋以来，这些名胜之地，屡有我的精心画作。"

谢伯子身体好，从花甲之年到八十春秋，整整20年，他走遍了中国东西部的名山胜水，积累了无数的素材，也丰富了对不同山水的众多体验。不断地写生，不断地创作，直到他生命的最后，正如他在《永恒的记忆》中写道：

> 为了追寻大千师的踪迹，更受其遗风的熏陶，十年来，我先后三上黄山，二登九华，渡三峡，游青城，上华山，赴敦煌，观雁荡，去桂林，泛漓江，入庐山……大量采风写生。先后两次在沪开个人画展，多次参加海内外美展，博得中外行家和观众的好评，我算是实现了先父的厚望，也不负先师教诲之情。

七十画展 大风传承

1992年5月9日，正是春暖花开、流萤飞舞的季节，常州市文联、常州市美术家协会、常州中国画研究会、常州市民政局，在上海美术馆联合主办谢

谢伯子与史绍熙（左一）、苏杰（左二）、吴青霞（右二）、吴盘兴（右一）

谢伯子与谢春彦（左一）、乐美勤（左二）、顾念祖（左三）、戴目（左四）等

伯子画展。来自全国各地谢伯子的亲朋好友、弟子、学生等济济一堂，纷纷祝贺谢伯子的书画艺术成就。

谢稚柳题写"谢伯子画展"并送来花篮，上海市文联、上海市美协、上海美术馆、上海文物商店、沪港大风堂研究会、中国聋人协会，以及谢月眉、陈佩秋偕子女等送来花篮表示祝贺。著名美术评论家谢春彦主持画展开幕式，上海市美协秘书长乐美勤致辞，上海、常州的老艺术家代表徐伯清、钱悦诗、吴青霞、顾念祖、史绍熙、苏杰、缪宏、吴盘兴等出席了开幕式并剪彩。画展前言云：

> 常州谢伯子先生为已故著名江南词人谢玉岑之子，当代国画大师谢稚柳之侄，晚清书家学者钱名山之外孙。生于名门，早亲风雅，虽病聋哑，夙擅丹青，曾先后拜艺坛巨匠张大千、著名画家郑午昌为师，既得真传，更创新意。
>
> 先生在长期艺术实践中逐步形成自己独特风格，或潇洒俊逸，或典雅凝重，或幽邃雄奇，尊重传统而又并不泥古；取法自然，而又得其神韵；反映生活，而又书写心灵；张扬个性，而又弥满时代精神与气息。
>
> 其画虽以山水为主，而人物、花卉、飞禽、走兽无不兼备，足见其神之凝与才之全。

此次展出作品共136幅，其中少数如《春云晓霭图》《晓山云树图》等四十年代早期之作，均曾在上海展出，获当时创作奖，其余大多数为八十年代乃至近年所作，如《大千神游图》《名山老人挥毫赈灾图》等，创作时间跨度达半个世纪，由此可略观其艺术发展道路与最新境界。

著名学者苏渊雷为画展题诗："谢家宝树亲风雅，艺苑新星分外明。气足神完天趣在，钱门越世见高情。"诗后署款："壬申夏为伯子大兄画展作，苏渊雷年八十又五。"龙城女史吴青霞题诗："渊源家学冠江南，书画诗词幼讨探。不似寻常争旦夕，笔精墨妙最深湛。"诗后署款："伯子书画诗词展览开幕，一九九二年五月九日吴青霞书贺，年八十又三。"钱名山弟子虞逸夫诗赞："江左风流属谢家，芝兰玉树自甚夸。大千门下多龙象，伯子毫端放彩霞。"诗后落款："伯子画家两正，天遗老人。"钱名山二子钱仲易题词："大风弟子为时杰，青山草堂以画传。"钱名山小女、大风堂门人钱悦诗题诗："满目琼瑶彩墨香，五洲四海重篇章。先师衣钵传神手，云树山峦各擅场。"常州诗人书家叶鹏飞题诗："好山异水眼前浮，碧野如涛笔下流。造化神奇观不尽，大风堂又说常州。"诗后注："谢先生早年即拜张大千、郑午昌为师，虽失听，然诗文书画驰名艺坛。一九九二年五月于常州觅句轩。"中国残联副主席戴目题诗："兰陵钱谢姻亲长，三代衣冠翰墨香。更有聋翁名宝树，风流独步大风堂。"等等。另有廖静文、徐庆平、慕凌飞、王永年、刘佩乙、蒋孝游、李永翘、李镇瀛等发来贺电。

画展展期5天，观众踊跃，大风堂同门、鹿胎仙馆门人伏文彦、糜耕云、王康乐、郑孝廉、陈石濑、潘季华、史良骜、尤冰如等以及恩师郑午昌之子郑孝同，聋人教育家戴目、沈祖诒、吴铭钧、冒怀苏亦来画展祝贺与交流，谢伯子光震聋校的学生肖牧、陆官春也送来了花篮。《新民晚报》《解放日报》《文汇报》《文学报》《中国书画报》和上海电视台等媒体对画展盛况均有报道。5月14日，谢春彦在《文学报》发表《化缺陷为完美的聋哑画家》：

常州聋哑画家"谢伯子画展"日前在上海美术馆开幕，他那些深具传统功力的山水、人物、花鸟画，教许多观众和同行惊讶不止。剧作家乐美勤颇为动情地赞道："伯子先生是用他毕生的艺术把缺陷化作了完美。"

　　谢伯子，原名宝树，是常州名儒谢玉岑先生的长子，他虽先天聋哑，又痛失怙恃。自5岁起便跟随姑妈月眉和叔父稚柳先生苦练丹青，兼在外祖父钱名山先生的指导下学习诗文。12岁时拜在父执张大千先生名下进一步深造，其后又师事郑午昌先生，用功甚勤，雅韵遂自笔底流出。四十年代在上海举办个人画展时，即名重一时。这次在上海的个展，是事隔半世纪后的又一次展示，恰属其70华诞，老人的激动自不待言。画展中有一大幅大千先生的肖像，长松之下，素袍鼓风，美髯潇洒，眉目清远，人们不难看出他技巧之外的情怀。笔者只能与他作纸上之谈，他疾书曰："想起六十年前在大风堂初拜大千先生的旧事，真是世事如走马，但是我毕竟艰难地走过来了。大千、午昌二师俱已不在，叔叔稚柳先生又远赴美国去开董其昌的会了，我的画展也算对他们的回报吧……"

　　伯子先生已名列《中国残疾名人辞典》，聋哑而无损于性，无损于志，他的努力与成功当给我们以可贵的启示。

5月25日，西飏在《上海侨报》发表《在无声和有声的世界之间——记画家谢伯子》：

　　48年前，年仅22岁的聋哑画家谢伯子就在上海的青年会举办了首次个人展，展出的作品有200多幅。那次个展吸引了大批观众，并颇受好评，在不到两天的时间内作品即已被全部售完，可谓创了小小的奇迹。如今，半个世纪过去了，今年届70的画家带着毕生的作品又回到了上海，再度举办个人展，站立在又一批观众面前，在轰鸣的掌声和簇拥着的鲜花前，画家谢伯子显得无比欣慰，却又依然保持着那独属于他的沉静。展厅里有画家的新老朋友，有他远道赶来的乡亲，也有许多慕名而来的陌生观众。人群包围在画家四周，或者说，画家在人群中来回穿梭着。这是一片喧闹同一小片孤独的寂静的相遇，此时它们已从邂逅晋入了融合，这一切均是由于有了挂满展厅的一幅幅的画作。

来自常州的谢伯子先生先天失聪，所幸的是他生活在江南的书香之家，使他自幼便受到了传统文化的熏陶。谢伯子的父亲谢玉岑是国画大师张大千的挚友，年幼时的谢伯子常常看见父亲翻箱倒柜取出收藏的字画，展挂在厅堂上默默地欣赏，从父亲面对张大千的画凝神注目的神态，谢伯子渐渐也耳濡目染，终于有一天，谢伯子在常州的家中向张大千当面跪拜，成为张大千的入室弟子。从此以后，谢伯子便悉心学画，张大千不仅将自己的百余幅画与谢伯子临摹，而且常当着他的面作画。虽然无法言传，但谢伯子聚精会神地看着大千师挥臂运腕及笔墨的方法，便默默记于心中，得到了莫大的启迪。所以，谢伯子的画作，不仅被旁人认为酷似张大千，而且张大千本人也表示首肯。谢伯子早年还在上海向著名国画家郑午昌求教，并经常去郑办的"鹿胎仙馆"学习，亦得其真传。

画家50年的苦苦探索中，其作品包涵了中国画的各个领域，其山水画气魄雄伟，人物画神韵隽逸，花鸟秀色清雅。站在谢伯子的作品前，人们所能感受到的往往是丰富的而不是单一的。谢伯子晚年曾三上黄山，二上九华，渡三峡、游长城、攀峨嵋、登华山，所以他的不少大幅的作品多以群山峻岭为对象。这些关于山的风景画大多以山、树、溪流组成，但这些画作无论是秀丽的还是险峻的，很多都会出现一个精致的亭榭，其间又常常人影绰约，这可能就是画家自身在画中的投影吧！这些亭榭透露着一股儒雅的情趣，这与历代的文人骚客遍游名山大川、感受广阔世界的心境相通的。尤其是在看到那些画中，那些岩石或横向重叠，或纵向挤压，一种紧迫的节奏跃然纸上，这便是此时无声胜有声了。

使人感兴趣的还有谢伯子另一些尺寸稍小的百余幅小画，它们不似山水画那般气势恢宏，却十分恬静并充满浓厚的书卷气。这些被称为"小菜"的画因为数量太多而无法在这次个展中全部露面，但笔者却有幸在小的场合里传阅。谢伯子因得其外祖钱名山指点，从小便克服残疾而写诗词，所以这些"小菜"上每每题一短诗。那天，观者忽然对一幅有着一叶轻帆正飘然远去的画产生兴趣，恰好画家走近，他拿出笔来，在纸上写曰："陶渊明弃官而去。"再看画，虽不见陶公，但那份扬长而去的潇洒却已在淡淡的水墨之中。

这几年，谢伯子的作品不仅多次参加全国和省、市美术书画展，另外，他的作品还远涉重洋在日本和美国洛杉矶展出，受到海内外行家称赞。

我们透过喧哗去品味画家谢伯子向我们显现的寂静，而他的画则存在于这有声和那无声的世界之间，这是一种沟通，也是一种感受的分享。

1992年5月，钱璱之在《翠苑》发表《用志不分，乃凝于神——谢伯子其人其画》，其中说：

"用志不分，乃凝于神。"这是《庄子》中对善于捕蝉的"佝偻丈人"的评语。此外，对那位"藐姑仙子"，书中同样用了"其神凝"这句话。看来，不论是神仙，是凡人，是技艺的成功，是神通的广被，这"凝神"都是至关重要的。因此，苏东坡在对他的表兄文与可（北宋大画家，善于画竹。那"胸有成竹"的成语便是由他而来）的画作评价时也说："……其身与竹化，无穷出清新。庄周世无有，谁知此凝神？"

不敢妄自尊大，乱加比附，但当我想对我的表兄谢伯子其人其画写些什么时，首先找到的正是这两个字：凝神。

有人也许认为："凝神"一词普通得很，既不新鲜，也没什么精微奥妙。其实不然，特别是对一个艺术家，一个画家来说。请读杜少陵的《丹青引·赠曹霸》："丹青不知老将至，富贵于我如浮云。"试问，没有对艺术的无比执着，全神贯注，以至"与身俱化"，能做到这点吗？何况对谢伯子来说，"凝神"更有其特殊的意义。

很多世人亦已知道：谢伯子天生聋哑，却以国画艺术闻名于海内外，以国画艺术表达和实现他自己。但这就够了吗？我以为是远远不够的——特别是在"谁知此凝神"这一点上。

他画山水，画人物，画花卉虫鱼、飞禽走兽，路子是较宽的，他重视临摹，但早跳出临摹，走向自然。八十年代以来，他以垂老之年，三上黄山，二登九华，渡三峡，游青城，攀峨嵋，上西岳，赴敦煌……有意重寻张大千的游踪。近年更游天台、雁荡、富春、建德……缅怀他父亲早年永嘉、瓯江一带的行旅。每到一处，他除为一些宾馆泼墨作画外，留下大量的素描和摄影。最近，他还将在上海美术馆举行个人画展。他展出的画，凝聚的是"神"啊！

我到过他的"青山画室"，那真是狭小，简陋，拥挤得可以，然而满壁、满案甚至满座都是画稿，使人仿佛置身于千山万壑、烟云蓊郁、松涛泉响之中。我忽然想到儿时在一起学习、嬉戏的情景。而现在，他的成就与造诣，比我想象的要大得多了；比起我，要有作为得多了。他凭着这种"用志不分"的"凝神"，化不利因素为有利因素，化"缺陷"为充实和完满，又岂止是"绌于此而伸于彼"呢！他还给我看他写的《绘事简言》（残卷，一本很有艺术独到见解的书）和他的诗词（他写旧体的格律诗，要掌握声韵，比一般人不知要艰难多少倍）。他年届古稀，却还是那么倔强犹昔，壮心不已，我不禁想：他真不愧是个奇人啊！

谢伯子21岁在上海青年会馆成功举办个人画展后，历经了半个世纪的风雨兼程，再次在上海美术馆举办70岁回顾画展，并又取得圆满成功，体现了谢伯子的艺术之树长青。

1992年5月、7月，谢伯子收到鹿胎仙馆同门刘佩乙的两信札，信上说：

伯子师兄：您寄予画展请柬、《绘事简言》均已收到，谢谢师兄盛情。1982、1983年上海、杭州两次师门画展，师兄因远在常州，平时未通音讯，未能参加，弟始终认为谢师兄是郑门高手，不参加是最大遗憾。前几年我写信也不知师兄住址，考虑您的声望，去信常州市文联不会不知道。以后得庆龄（丁庆龄）师兄来函云，见了你不认识了，说是壮年人，谅师兄身体十分康健，为此欣喜。去年我门下弟子去北京办事，在荣宝斋举办聋哑人画展，见到您的大作，赞誉备至，认为有您这样的师伯，十分荣幸。

我非常想见见师兄近年画作，以资学习。可惜远距千里之外，不能目睹佳作，且拙荆年老多病，届时难以亲赴展厅祝贺，当以电贺代之。以后有机会当去常州造府拜谒。师兄画作如有彩照，以后能寄一两张来，以作观摩。

师兄现在很忙，以后去沪见佩秋（陈佩秋）师姐代言问候。月眉老人年界九旬，不知身体如何，弟青年时曾得见老人，老人对我多加勉励，如月眉老人仍健在，也请代弟向老人问安。弟几十年从事工业技术工作，绘事成就不大，今日思之，愧对郑师，也愧对月眉老人期望。

读了大作《绘事简言》与诗词，感慨甚深。郑师门下精于诗词者不多，吕哲民、张大容通于此道，惜均已先后去世，目前师兄弟恐怕精于诗词仅你一人而已。《绘事简言》，言简意深，非精研绘事四五十年，难得其中真谛如是。

祝画展成功。弟刘佩乙，1992年4月28日。

伯子师兄：来函及相片收到，谢谢！观赏之下，不胜感慨，忆当年兄至吾家，真是英俊青年，今已白发苍苍，如无照片，见面亦不相识。弟年少时不仅钦佩师兄画艺，亦仰慕师兄学识广博、毅力超人。照片中诸师兄亦均健康长寿。庆龄师兄已届九旬高龄，吾戏称之为老寿星。寄来画作照片，看出师兄写生之勤，自有心得，青年时入石涛、大千居士功力甚深，今格调更是清新脱俗，笔端锋芒自具。

弟在学校学工建，出校即以服从分配，北上进入工厂从事工程师工作。1987年退休，在工作阶段无暇执笔，只是偶然作画，功力自然衰退。1983年郑门师生画展才又振奋精神，再执画笔，画艺有所恢复，以后亦四出写生，进展并不理想，在山西省画的声誉尚可。去年被聘为山西省文史研究馆馆员，然而山西改革开放步子缓慢，风气闭塞，画难以出去。为此想恳求师兄鼎力相助，能否在深圳、珠海等地推荐一下，将弟的画作通过师兄关系传出去一试，获些海外观众信息，以利于画艺提高。今寄上近照与画作照片望予指教。

此谨夏安。弟刘佩乙，1992年7月18日。

同年5月前后，谢伯子收到鹿胎仙馆同门蒋孝游（曾任《中国美术年鉴·1947》第一副主编）多通信札和明信片，其中说：

伯子师弟青睐：四十多年未通信。去年安徽芜湖市庆祝政协建立四十周年的展览会后，我收到目录，看到你的名字与我排在很近，非常高兴，也非常怀念，但仍不知地址，无法通信。最近你到上海后，郑孝廉师弟转来令尊玉岑公诗词集，读到小山先生和你的回忆文章，益增思念。

我自先师午昌公逝世后，于1952年去安徽合肥市工作了三十多年，1982年退休回家乡海宁市硖石镇。我在安徽从事新闻、文化、美术工作，五十年代就参加了民主党派（中国民主同盟）。所以我在合肥市担任了政协常委，回家以后继续安排为嘉兴政协委员、海宁政协常委。我在合肥一直参加美术创作，回家后仍然美术活动作为终身兴趣。今年已经八十岁了，毕竟老了，但仍挂上文联政协的空衔，实际是不做什么工作，也不上班办公，不拿津贴，无非是挂个名头。我因退休早，经济生活是中等而精神生活很愉快。平时在家不活动，几年不去上海、杭州。今天从孝廉弟处问到你的地址，值此春节将临先向你拜个年，祝你新春愉快，全家幸福。请向小山先生、月眉姑问好！因年终太忙，以后再告各种情况，以慰双方远念。

兄蒋孝游，一月廿一日。

我在上海时，曾多次到桃源坊拜谒名山公请教诗词，所以我也算是名山公的学生（但后来很少作诗了）。解放初我还到四明村，后来我去安徽，便与月眉姑不通讯了。

拜读画展前言、简介和《绘事简言》，非常敬佩您的成就。回忆你住在上海月眉姑处时，每日临绘大千先生画稿，功力已经超过我们了。

久未问候，遥想一切佳胜。我年已八十二，渐感衰老，已多年未去上海，昔日同学亦少联系。今年是午昌先师逝世四十周年，明年是先师诞生一百周年，上海同学心不齐，没有决定如何纪念。兹托人在上海发表一小文，表示心意，但我没有力量组织同学共办展览，也没有力量在上海、杭州有名的报纸上发表，剪奉看看。便中向月眉姑问安。

20世纪八九十年代，大风堂、鹿胎仙馆门人大多闲赋在家，颐养天年，或想重操画笔，又力不从心，与当年风华正茂的年代相比，求艺之心已渐行渐远了。

1992年8月，谢伯子收到蔡润祥信说：

老谢：得小冒（冒苏怀，上海福哑学校毕业生，版画家）兄告，知你们两人将在九月去郑州、西安、成都、重庆等地开画展，在此预祝你们成功。

近得一小诗，亟录上请正，如有趣，也请和作一首，何如？

西风又报一年秋，天末怀人感昔游。

休笑寄书无别语，几多离合在心头。

兰芳同学代问好！祝大安！弟润祥，1992年8月18日。

谢伯子有诗《和蔡毅诗韵》，诗云：

执教违心三十秋，一朝洒脱纵情游。

千山万水无声语，多少酸甜在念头。

这年10月，谢伯子有诗《隐居海上，潜心创作》，诗曰：

彩笔舞破千张纸，翰墨横流万里山。

七十春秋嫌不足，三年面壁必冲天。

1994年春，谢伯子受邀为海南电视台电视剧《张学良将军》剧组、江苏宜兴大浦陶瓷厂创作9幅白描组画《天下为公》《临危受命》《光荣易帜》《家仇国恨》《西安兵谏》《溪口伴读》《湘西壮别》《老友欢聚》《盼望统一》，涉及主要人物张学良、周恩来、蒋介石、杨虎城、蒋经国、张大千、张群、王新衡、宋美龄、于凤至、赵一荻等。描稿匠心独运，重绘历

《张学良将军》巨型紫砂浮雕壁画

谢伯子在中国行政学院作画　　　　　　　谢伯子在中国行政学院作画

谢伯子与张志和　　　　　　　　　　　　谢伯子与启功笔谈

史，再现了张学良将军一生各个重要历史时期的风姿；巨型紫砂浮雕壁画长12米，高3米，重3600公斤，采用独特的紫砂泥制作，纯手工精雕细刻塑制而成，色泽自然、庄重、高雅。

整部作品构图华美独创，制艺精湛，熔传统艺术风格与现代新颖设计于一炉，极富历史、艺术鉴赏价值，并以其厚重恢宏凝为传世之作。

1997年3月，谢伯子经《中国冶金报》资深记者米祯祥和国家行政学院教授、书家张志和的推荐，应邀赴北京为新落成的国家行政学院总理贵宾室创作巨幅浅绛山水图。历时一个月，谢伯子绘成了《峨眉晨曦》《春江帆影》《五彩荷花》《黄山松云》，既有浅绛山水，也有彩墨写意。其中《峨眉晨曦》长4米，宽1米多，取材于号称"天下秀"的峨眉山水，于恢宏气势中渗透处秀润之气，堪称巨制。得到了国家行政学院的高度赞赏，并获荣誉证书和金质奖章。

在国家行政学院作画期间的4月20日，谢伯子由张志和陪同拜访了启功先生。当时的会晤情景颇为有趣,启功坚持要谢伯子坐在他的书案椅上,自己反而坐在书案前的来宾椅子,他对谢伯子风趣地说:"您是奇人,您来探望我,应该坐我的椅子。"

谢伯子晚年接受中国特殊教育博物馆特约记者蓝蔚蔚采访时有这样的对话,正好补充说明了当时的情景:

蓝蔚蔚:1997年4月20日,您在启功先生公寓与之会谈,留下合影。谈到会心处,启功先生莞尔而笑。你们当时谈到什么?

谢伯子:在启功处谈到会心处,莞尔而笑,不光是一次,还是三笑了。第一次伸纸笔谈,启功边注目边听便人翻译(便人,启功弟子、张志和博士陪我赴启功公寓,让我与他碰头受教,而张博士稍会手语,又亲为二人拍影,又予我互赠书画,至今友好如初)。当时我们谈到名山老人。名山老人的发型一直是螺结着的道士式,晚年他挥毫落墨,摇头摆脑,头际鬓发脱落。谈及此,启功莞尔而笑。又谈到名山老人振起精神,猛力挥毫,擦伤腕边,流出血来,差些流入纸面,被人眼快救出纸外,并及时拿来棉球糊上伤口,随即他继续挥毫而就,观者在旁无不感动,启功此时又一发笑。与我互看,传睛示情……又默然不久,即向我似乎探问:"你知不知道你叔父(稚柳)生肖属何物?"我答道:"马。"启功一看,偶然发笑(此第三笑),我睹看其状,不禁惊诧,问其何故而笑?他犹豫沉思一时,之后道:"你叔父生肖属狗。"我想不到竟然如此,悄悄分析一刻,猛然回忆自己幼童倔强,痛恨"狗豸",因幼时惊看狗咬伤人,印象太深。姑母叔父当时都尽知。年幼无知的我当面一见叔父,曾问叔父生肖属何物?俄而叔父默然,对正在旁的姑母(月眉)轻轻互用眼神传说,姑母随即向我答说,叔父属"马",叔父笑而不语。我就喜欢走近叔父,往往随之左右,无不求学求教(见习绘画和诗词)。恍惚过了数十年之久,至此,一看启功如实说出,让我大吃一惊，宛如游戏似的被蒙在鼓里茫然无知。一旦知此，受惊欲跳。熬住一刻，当即对启功说："谢谢您，待我去上海探看叔父、姑母，悄悄追究即知。"启功连忙阻止了之。我后来几次与叔父姑母会晤，几次与叔父叔母的子女即是我堂弟妹见面，也从未闲谈及此，一直至今。如今我才深知启功先生德高望重，以书法杰出驰名天下，每一回忆及此，不禁肃然起敬。恍惚过了数年，叔父十多年前病逝，后又惊悉启功溘然而逝，两年前又惊悉虞逸夫先生去世，三杰寿终正寝，飞上归天。上述三杰，连已故的诸多人杰各具千秋，在此不多谈了。

5月11日，张志和与谢伯子的信礼：

  伯子先生：近安。来信拜悉。先生来京一月有余，相处欢洽，且使我受益匪浅，更使学院的藏画室，不胜感荷。唯因种种原因，先生在京期间多有照顾不周之处，且学院仅酬薄礼，以示留念，使我深感不安。种种情况，望能谅解。所作《峨眉金顶》图，现已装裱上墙，很为学院增色。随后如有机会拍照，再当奉寄。他日如有机会南去，当登门造访，再聆教诲。

  余言不尽，望多保重。即颂，张志和上。

谢伯子从北京返家后，与他的女儿谢建平偶然谈起在北京期间作画一事：一天，为国家行政学院作画的一位北京画家来谢伯子的画室观画交流，当看到谢伯子的创作作品时露出钦佩之意，尤为绘成作品速度之快，甚为惊奇。待谢伯子回访他时，当看到他的画室凌乱不堪，满地丢弃的废纸和草稿，则尤为浪费而痛惜。

晚年的谢伯子每当回忆起民国时期在上海习画练字的似水流年，颇有感慨：为生活所迫，每天习画至深夜；每当身体疲惫不堪时，就喝几口白开水，用冷水洗脸后继续作画，直到画完作品；为了节省用电，就借助户外的路灯光用镜子折射的原理来读书，或在旧报纸上练书法。从此，养成了一生勤俭节约的习惯。

1998年11月10日，95岁的谢月眉女史在上海仙逝，她的骨灰魂归故里，安葬在常州烈士陵园。之后，常州谢氏后人每逢清明去扫墓、祭拜。

谢月眉是笔者的三姑婆，笔者回想起20世纪八九十年代曾多次赴上海探望她，一些往事至今回忆仍然记忆犹新。

1981年11月，上海美协、上海博物馆在上海展览中心联合举办谢稚柳、陈佩秋书画展览，笔者随同谢伯子前往上海探望姑婆谢月眉和叔公谢稚柳。当时谢月眉、谢稚柳、陈佩秋寓居乌鲁木齐南路176号的一幢法式红房子公寓顶层，据说公寓是郭沫若批准的。从电梯上去，因为觉得谢伯子有点严肃，笔者就显得有些紧张。进入谢氏公寓，笔者看到有许多的房间，谢稚柳的画斋里一顶标明唐、宋、元、明、清的大书橱特别引人注目，书橱上端悬有斋额"壮暮堂"，书橱旁木架摆设上有一只色彩斑斓、栩栩如生的金鸡标本，在连着画室的阳台上一位50岁左右的花匠正在清理盆景、鸟笼。

谢月眉、谢稚柳对笔者讲的都是常州话，笔者才释然起来。拜望后，谢伯子与笔者就去参观画展了，笔者走出公寓的第一感受是艺术大家的工作生活环境不同凡人。后来，笔者有多次机会看望谢月眉姑婆、谢稚柳叔公，也就渐渐地与他俩熟悉起来。1991年笔者结婚，谢稚柳得知后，特意为笔者寄来了落双款的《梅花》和《竹石》作为贺礼。

20世纪80年代，谢月眉、谢稚柳与谢伯子联系主要方式是信札，引录三通，管中窥豹：

宝树：你的几次来信都先后收到，叔叔尚未回来。关于常州书画研究会，要请他当名誉顾问，聘书尽可发来，他不会拒绝的，反正他的顾问名义有一二十个，多一个无所谓。可是他是从来不顾不问的。

天气一直阴雨，今天算晴了。恐怕明天又得下雨，常州怎样？

你们都好吗？兰芳缝纫是很忙么？

问近好。月眉，三月卅一日。

宝树：上月底给你一复，想已收到，昨又接三十号来信并文稿（《永恒的记忆》），叔叔尚未回来，你又这样急，故仍寄还。我看了一下写得很不错，就是你父亲和大千同年龄，是大千稍大。大千是四月初十生日，你父亲是七月廿七生日，题画和信札上称为吾兄、老长兄，是谦虚敬重而已。你父亲称他季公，公也是同辈尊称，因大千名季爱。你母亲死时你是十岁，父亲死时你是十三岁，这两句略改。你还有一个名字叫枝珊，在你父亲遗集上有一首词，题目"珊儿弥月，寄素君"就是你生下满月他在上海作的，顺告知。郑重写你叔父和大千关系，较真实可靠。

草复即问近好。月眉，八月二日。

宝树：寄来的钱早收到，因卧病十多天所以迟复，想在盼望了。以后万勿再寄钱来，我生活很好。你们想都好。建红何时结婚？春渠姨夫八月八日去世，并非谣传，他们没有通知亲友，我们也是在报上看到的。

上海天气还是很热，常州怎样？叔叔又去重庆等地作鉴定工作了，大概又要两三个月，年底方能回来。

不多写了，祝阖家好。月眉，九月廿六日。

1992年，笔者在常州外资企业工作，经常到上海出差。受朋友几次委托为常州的企业以及笔者的工作单位请谢稚柳题写招牌，或求墨宝，谢稚柳都慷慨允诺，当场挥毫。笔者站在谢稚柳的身旁，看着他运笔书写，一气呵成，钦佩得五体投地。谢月眉会与笔者谈起一些常州家乡的旧事，笔者知道她喜欢读美国作家赫尔曼·沃克的《战争风云》、台湾作家琼瑶的言情小说等。笔者当时因为新婚不久，就给了谢月眉一张结婚合影照片和一张名片，她却用常州话说："照片你留下，名片你带走，我还不认识你啊。"

1994年至1996年，笔者在上海工作，曾代表谢伯子看望过谢月眉和谢稚柳几次，受到了他俩的欢迎。1996年底，笔者调回常州前，特地去巨鹿路谢稚柳的寓所（1985年从乌鲁木齐南路迁至巨鹿路）告辞。谢稚柳为笔者当场书写了两幅墨宝"高山流水""宁静致远"。从那以后，笔者就留意收藏书画名家的"高山流水""宁静致远""澹泊明志"的书字，至今已有二十多幅。

谢伯子为了纪念先父谢玉岑、恩师张大千100周年诞辰，回顾治艺60年的历程，表达"誓为大风扬艺帆"的决心，1999年9月，上海书画出版社出版发行大型画册《谢伯子画集》，画集收入1942年至1999年不同时期山水、人物、花鸟、走兽的118幅作品，并附录谢伯子的散文《永恒的记忆》和《青山画斋诗稿》。谢稚柳题签"谢伯子画集"，启功题诗、刘旦宅题句，冯其庸作序《山川钟灵秀 素手把芙蓉——读谢伯子先生画》。

启功诗云："池塘青草谢家春，绘苑传承奕世珍。妙诣稚翁归小阮，披图结念似前尘。"诗后款识："伯子先生画册，启功题颂。"

诗首句借谢灵运"池塘生春草，园柳变鸣禽"的名句化用以赞谢伯子才艺。二、三句是说稚翁（谢稚柳）的绘画妙艺传给了他的侄子谢伯子，就如晋代的阮籍与其侄小阮（阮咸）同为"竹林七贤"一样，谢氏叔侄皆精于绘事，也会被传为佳话。末句则是说打开谢伯子的画册，很自然勾起了对老友谢稚柳的怀念之情。这首题诗隶事用典之妙，声律粘对之精，让人叹为一绝；诗人与诗中叔侄两人情谊之真，亦足令人为之感动。

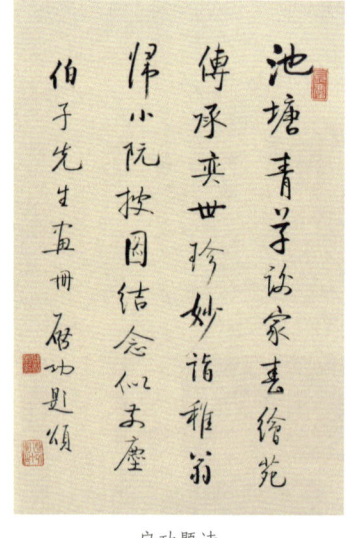

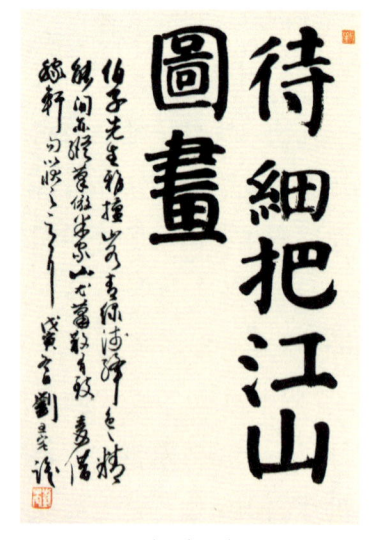

启功题诗　　　　　　　　刘旦宅题句

冯其庸序中曰:"予读伯子先生画而重有感焉。伯子先天聋哑,人皆以为病,病固然也。然事物固相反而相成者,伯子先天之聋哑,岂造物之欲成其奇才乎?且画,固无声诗也,画既无声,声哑何害?即非聋非哑,又岂能听画问画哉!昔人云:'听有音之言者聋。'由是观之,则吾辈皆聋,而伯子独聪也!"

自然界的声音各式各样,是因为各种生物发声的方式各不相同,有发出的是有声之音,有发出的却是无声之音。聪明人能够把视觉、听觉、触觉和嗅觉彼此打通,听出那些"无声之音""弦外之音",这在修辞学上称之为"通感"或"感觉挪移",老子《道德经》有言"知者不言,言者不知",就是这个道理。

《谢伯子画集》出版前,为了请刘旦宅先生为画集题词,笔者、谢建新由常州画家史秋鹜的引荐,赴上海拜见了刘旦宅。旦宅先生读了谢伯子的几幅作品后,题句并识:"待细把江山图画。伯子先生雅擅山水,青绿浅绛色之精能,间亦纵笔仿米家山,尤萧散有致,爰借稼轩句以状之耳。戊寅冬日刘旦宅识。"旦宅先生尤对谢伯子1942年的作品《松猿图》赞赏不已,笔者至今还记得他当时说的话:"侬爹爹19岁就能画出如此老道的笔墨,这幅作品已可见其当时的笔墨功夫,今上海滩也没有几人能画得出这样的笔墨。如果当年侬爹爹不离开上海,至今的作品价值不可估量。"

《谢伯子画集》出版后,钱璎之填词一首《水龙吟·漫题宝树兄谢伯子画集》:"此生虽慕清游,佳山胜水难都到。诗人说梦,云霓明灭,终嫌缥缈。画里欣逢,九华三峡,青城琼岛。更莲峰金顶,匡庐雁荡,姿观赏,开怀抱。　　亦见幽溪曲港,石桥边,有人闲眺。无名山水,多情风景,堪同吟啸。不用乘槎,何须蜡屐,神游差好。纵春池草长,澄江练静,让丹青妙。"钱璎之读《谢伯子画集》的感悟,尽在词中。

2002年12月,谢伯子收到大风堂门人伏文彦信札,信上说:

伯子师兄如握:

一别十数载,时在念中。间接由悦诗师姊处得知兄之消息,知出过一本画册,希能睹为快,弟前几年亦有一本画册,亦当奉上请教。

前兄赠我一册令尊诗集为友人借去不还,如若有,可否再给弟一本,则不胜感激,谢谢!弟11月24日由旧金山来沪,现居襄阳南路351号,电话:021-54669196,不知兄之电话号码可告知否?年老后极怕写信,费时费神,实感困难。弟此次来沪是为参观上博之国宝画展,不知兄可有可能来参观否?弟在沪,在12月21日返美。

祝阖府均吉,弟伏文彦上。2002年11月30日

原来1989年,谢伯子接到伏文彦来信说:"我于去年六月廿六日去旧金山定居,因受泛太平洋集团企业之聘,于本月十一日返沪,月底(初五)即返回美国。因时间仓促也未敢惊动诸位,不料接奉寄下《谢玉岑诗词集》一册,实在感谢之至。"

同年3月,大风堂门人糜耕云致信谢伯子说:

伯子吾兄如晤:接到来信第二天,令戚钱悦诗即来舍间,但我出外就医,未遇。弟近来视力不到0.1,每日去医院。令尊遗作册页一张,与大千师合作一柄折扇,因需两旁打灯光,只有照相

馆可办，所以都是照片。最后一张照片是先师所藏唐六如《苇渚醉渔图》，有令尊和吴湖帆、叶恭绰三家题词，最后大千师让归于我（此照片名贵，不要外传），又加题跋。四大名家合题，不能分摄，所以又拍了一张6寸照片，一共拍了四张照片，共代付费用29.90元。最后一张6寸今日刚去拍，需隔三天可取，兹先将发票附上，请即将29.90元汇下为盼，照片将来用挂号信寄上。李君要材料后，我直接寄川。匆复，即行撰祉。弟糜耕云，89年3月7日。

翌年2月，大风堂门人王永年致信谢伯子说：

伯子学长兄：蒙赠玉岑老伯诗词集，不胜感激！捧读诗词，如见其人。更忆岑翁与张夫子情谊徒增怀念。我虽晚入大风堂，无幸瞻仰岑翁，但从张夫子口中已熟识风范。今又得诗词集朝夕研读，无异重聆前辈教诲，实幸之又幸！无以相报，谨寄拙作一纸请教，望乞笑纳！

大风堂门人之交谊，可见一斑。

2000年5月28日，江南文化名城常州，首次以个人名字题名的画廊——谢伯子画廊，在听松大厦的大厅里举行开业仪式。当主持人将白发苍苍的老画家介绍与前来参加剪彩仪式的来宾，这位老人站在话筒前，双手抱拳，向众多的书画界朋友和来宾致意，他的三个孙儿女围在老人的身边，老人拉着孩子们的手，眼睛里闪烁着幸福的泪花，这位老人，就是著名画家谢伯子先生。

谢伯子画廊创办至今已有二十多年，其间几次迁移地点，画廊规模亦随之扩大，出版过多种谢、钱家族诗文书画图书，已成为常州地区名家书画的一大亮点，亦为推进谢钱文化世家风雅的传承和发展起到了一定的作用。

2004年，钱名山先生逝世60周年。常州文化界有人建议举行纪念活动，有人建议写本传记，有人建议编撰年谱等。钱谢两家后人认为："最好的纪念还是研究，研究名山先生的生命价值和存在意义，研究名山先生的特殊贡献和历史地位,这比一般的纪念更有意义,也比偏重感情的文学传记更有科学价值一些。"(钱璱之语)因此,钱谢两家合力编印《钱名山研究资料集》(中国广播电视出版社出版,谢伯子画廊编,2003年10月版)。

这本书的资料来自20世纪到21世纪初海内外的学者文人,或来自寄园弟子以及钱谢两家后人。资料集中分设生平介绍、学艺评述、题赠缅怀、编著书目、集外遗篇、书画手迹等栏目,内容丰富,既有文献性、学术性,也有可读性、可赏性。谢伯子以寄园求学时的亲身感受,用笔墨来谨志他对名山先生的缅怀之情,为该书封面绘《寄园图》,并在图上端题识:"寄园图。幼随名山外公在寄园读书,至今历历在目,依恋之,余兴而作此。甲申元宵,伯子。"

《寄园图》(今常州博物馆藏品)为横幅全景式构图,以写意笔法将园景作了较为写实的描绘,以便读画者能形象地了解寄园的概貌。所绘园墙外运河中帆樯往来;园内快雪轩、望杏楼等诸景分布阁中,又有书屋一楹,屋内书案前名山老人正在开卷读书,使庭院尤增清逸之气,儒雅之风。画中的线条,不管是长在水边近岸的嫩草,还是墙边顽强生长的小树,都那么生机勃勃,充满了生命的张力。其笔墨的力量源自作者的内心,包含着报答名山老人之恩,成就一番事业的力量。《寄园图》旨在反映名山老人的学者本色,

《寄园图》

以及其平生不好功名利禄、好善尚义的品格，称得上是一幅充满追昔思情的诗情画意图。时钱璱之有词《浣溪沙·题寄园图》唱和："八十春秋气未衰，烟云满纸足忘机，精神矍铄笔淋漓。　　竹院石多寻蟋蟀，荷池水浅看蜻蜓，寄园风物画中思。（年来兄所赠画，有墨竹，有红荷，皆为寄园旧时风物）"

2005年，作家米祯祥在《人民日报》发表《心灵的对话——谢伯子先生国画艺术探微》一文中有说：

> 谢伯子先生喜欢画荷花，积70余年时日而情思不减，是因为他割舍不去对母亲钱素蕖的眷恋。
>
> 伯子先生于荷花及其他花鸟画中的情感表现，往往集中在浓墨重彩、写工结合的变化处理上。他的母亲钱素蕖是大家闺秀，早逝时伯子年方9岁。因她的不幸早逝，大千先生曾应玉岑先生之请为之计划写荷百幅，给谢氏供奉以悼亡。伯子喜画荷花由此开始，而且自然是多画白荷以应"素蕖"之意，且多工精，于莽苍叶水草中超然而出。他创作的白莲形象代表着一种曾经存在过的美丽形象，一种无法追踪的圣洁的母爱，也渗透着伯子先生那种常人难以体味的专注的"恋母情结"。

荷花，又名莲花，含苞待放的称菡萏，花瓣舒展的叫芙蕖。她"出淤泥而不染，濯清涟而不妖"的高尚品格几乎尽人皆知。荷花是花中君子，她不媚不俗，亭亭净植而一身美德，是志洁行廉者心中的十字架，早已成为古今诗人吟咏、画家描绘的对象。在我国的绘画史上，有不少画荷名家，如像陈老莲、八大山人、张大千、谢稚柳等。谢伯子爱画荷花并不足为奇，奇的则是他笔端的荷花与众不同。常见的荷花图，或红艳流丹，或玲珑娟秀，或残荷堪怜，大都不离秀逸与清高。可出自谢伯子手笔的荷花却不一样：荷梗粗壮，荷叶肥硕，花蕊金黄，荷瓣勾朱丝络，即便白荷也不素面朝天，甚至于红荷白莲外还有黄、蓝诸色；一律高大灵性，精神抖擞，充满了华丽想象和浪漫色彩。她们不仅有着欲与群芳试比高的传神，更是从谢伯子心田里开出千百的圣洁之花。

就花鸟而论，谢伯子所绘荷花数量最多：《莲塘清晓》《荷塘清趣》《荷净纳凉》《水珮风裳》《白荷吐艳》《荷花翠鸟》《红荷翠鸟》《泼彩荷花图》《大千·爱荷图》等各种图式，写出了荷花的出水风姿，窈窕清绝，轻绡掩雾，薄罗障烟，以及出污泥而皤然不淬的品情；对荷叶尽情晕染，绘出了满池的清香，更衬出了荷花高洁俊雅的品性。

谢伯子的荷花虽出自张大千，但亦有不同。如果以人喻花，八大山人的荷花是水墨清华武夷山的少女，墨泽中透露出美感；张大千的荷花是雍容华贵的杨贵妃，有着"春风拂槛露华浓"的美艳；谢伯子的荷花则是清丽典雅的红娘，有着明慧俏丽的风姿。美丽虽同，风韵有别。谢伯子笔下的荷花，正如他诗中所写：

《荷塘清趣》

> 丹烟白雪伴青霞，玉立清池胜百花。
> 纵出污泥还不染，香风送来未须夸。

2007年8月，《百美图·当代文艺家自画像》由山东画报出版社出版发行，编著者是著名作家包立民先生，其中有文《画家谢伯子》写道：

> 我与南闽画家沈冰山并无一面之缘，而与常州画家谢伯子则早就相识。相识的原因，倒不光是同乡关系，更主要是张大千艺术圈中的人都是我的写作对象。张氏与谢氏兄弟是至交，关于他们交往的事迹，当然更要细加搜集，谢伯子就成了我咨询人之一。

我请谢伯子先生画自己像，从上世纪九十年代至今，将近十来年，他总是谦让推辞，最近因回乡之便，将增补本即将付印之事告之，希望他能入围，他点头同意，画了这幅自画像，并请表弟钱璱之题诗寄我。璱之先生精通文史，善诗词，不负所托，在他的画像上题了一首《浣溪沙》，词中写道："画里韶光信可追，耳聋免听杜鹃啼，东流溪水尚能西。　君把丹青留晚照，我将诗句绊余晖，人生再少复奚疑。"

谢伯子自画像

好个"人生再少复奚疑"，苏东坡当年的豪言壮语，应在了今日谢伯子的身上。他年已八十又四，却童颜鹤发，红光满面。与二十年前相比，他显得更年轻了。他赶上了书画欣欣向荣的好时候，他的青绿山水已放异彩，走出了常州，走向了全国。

之后，包立民在《常州日报》发表文《三代情缘》，其中说："我与伯子先生的交谊也日益加深，每次回乡探亲访友，必去他家走访，互赠著作画册，交流画坛见闻。值得一提的是，八十年前，伯子的外祖父（钱名山先生）应包氏友人的请求，慨然为《毗陵横山包氏族谱》作序；八十年后，他闻讯包氏后人重修族谱，资金上有些困难，又慨然作画，以画换钱，捐赠给包氏族谱编委会，以助其成。祖孙两代人为包氏族谱作出的功德，作为包氏后人的我，是没齿难忘的。"

10月12日，谢伯子收到老友吴铭均及其女儿的来信：

伯子吾兄：您好！今拜托复之（钱复之，钱小山三子）同志带上三册画集，其一尊师的早年画集后面又有佳士得供稿后期作品小照，真使我百看不厌。去年已告吾兄隔年必赠吾兄研究。其中后页为张大千用秀润、清和、恬静的，主要用淡墨画成的山水，真有黄公望《富春山居图》的风韵。记得今年温家宝总理访问钱学森老人时，老人誉以科学家也要有中国文化人的感情，懂得中国画。其后文汇报上有前人民文学出版社长范老（范用）的文章，说文化人应有欣赏《富春山居图》的能力。弟虽年少于吾兄，但近来体力不好，喜欣赏如大千老人早年清淡、恬静的山水画，可惜今已不能握笔临画，从信上字迹不正可见之。希望吾兄能临下赠弟，去裱好挂在墙上天天欣赏为幸！！另一册为《沈周画传》，从中可见沈老全面的作品，也可见到他传奇的一生，所幸活了九十岁。另一册为《吴冠中》，画展看后买的，供另一种欣赏。他的画今年在北京拍卖场一幅《黄土高原》拍得一千八百七十万元天价，真是匪夷所思。印刷好可与原作一样，等于参观了画展，外地艺人有来沪参观的，因展期有一个月（九月九日至十月八日）。

  谢谢见赏《钱谢两家亲友画集》，曾带到银发大厦之校会茶会，都说想不到有如许书画家，难怪吾兄有此成就。望有加珍重，少吃肉，多吃鱼虾，尤其是蔬菜，思想上有如沈周达观长寿也。

  此祝秋安！弟铭均谨上。2005年秋末。

  谢先生：您好！我是吴铭均的女儿。父亲因近来患有帕金森病，因此书写不便，他让我把三册画册给您寄去，望查收，不知您近来身体可好，父亲很惦念。他现在已不能写信，把两年前的一信给您寄去，因为他一直没寄出，现在我昨天把画册寄去了。他现在行走也不便，基本上不出门，在家看报，看看以前的画，您以前题字的画作，拍卖得了好几万，父亲很感激您，转达谢意。

  祝身体健康！生活愉快！吴薇薇，10月11日。

笔者在谢伯子的书柜中果然找到了《沈周画传》，其扉页写道：

> 《唐伯虎画传》先获阅于儿子从上图借来的书，后在05年上书展上没有买到，于05年10月15日参观画展时于上海美术馆买到此册，而《唐伯虎画传》已售完矣。伯子道兄惠存。2005年10月，铭均敬赠。

这二信三书说明了两件事，一是吴铭均与谢伯子保持着半个多世纪的往来，二是谢伯子曾赠与吴铭均题双款画作，经拍卖变现了好几万。至于20世纪50年代初谢伯子曾为常州聋校聘请的另一位美术教师沈祖诒，两人亦有联系，晚年的谢伯子亦有画册页赠与他。

大风堂门人遍布中华大地，乃至世界诸多地方，诚如叶浅予诗句："大风门下士，画迹遍寰中。"他们心仪张善孖、张大千先生，以弘扬大风堂技艺和精神为己任，游踪黄山，钟情黄山，歌吟黄山，深信黄山万千奇景不仅孕育了璀璨的黄山历史文化，更成就了古今一批旗帜性的丹青妙手与黄山画派一大宗。为此，张大千女儿张心庆，门人谢伯子、孙家勤、王永年，以及再传门人等于2008年11月24日再上黄山，追踪前贤，寻迹先师；步烟霞，踏峰海，抚琴泉，对语天地，放纵情怀，丹青黄山，并参加张大千大风堂黄山会馆开馆揭牌仪式活动。活动内容丰富，有门人交流、笔会创作、畅游黄山等，组织人汪毅有诗云："登高放眼玉屏楼，松石云瀑一望收。三十六峰诗意满，纷说大风美神州。"

2008年12月29日，张心庆致信谢伯子说：

> 伯子世兄：新年好！昨天收到您寄来的画册及一张画，我非常激动，十分感谢。我看了一次又一次，翻了一遍又一遍，真是爱不释手，还有您写的那篇《永恒的记忆》触动了我的心灵深处，仿佛把我带到半个多世纪前，我们父辈们那种情同手足的深深的情谊，不觉泪水夺眶而出。很多年前我就听父亲说过，谢伯伯（谢玉岑）有个儿子非常聪明、勤奋，画画时悟性很强，但我又不是学画的，又因当年太小，没有与您见过面，这次在黄山见面，我很兴奋，很

喜欢您这位世兄的画。真的，您画的画，有爸爸那股神韵。我还很敬重您的人品，没有世俗那种污染的味，对人真挚热情，有机会我会在有生之年前来看您这位兄长的。

2009年5月30日，张心庆致信谢伯子女儿谢建平：

建平：我想就这样称呼，似乎更亲热，我们之间走得更近些。收到你寄来的照片，还有那简短真情的话语，真的我好开心，久久不能平静，瞬间给我的感受"2009.5.10"凝固冻结。在那里我们有多辛福、多快乐，这是我们父辈们那真挚的情谊在延伸，祝愿它世代传下去。

我虽然没见过你的祖父谢玉岑伯伯，但我也略知一点谢伯伯和爸爸那种诗情画意，相互之间的默契、情真意切，也是许多人所不能理解的。因此当我第一次见到你爸爸谢世兄（谢伯子），我就很敬重他，画好人品高，的确是令人钦佩的。又见到你那朴实真挚的待人，我从心底很喜欢谢伯伯的一家三代人。我们是世交，我没有从父亲学画是一生的遗憾，但我特别爱我的爸爸，他给予留下了许多"珍贵的遗产"。我应该做怎样的人，"对父母，对朋友，对我接触过的人都应以宽大的胸怀，去理解，去爱他们"。

我在养老院过得还比较快乐，我正在写父亲的回忆，写得不好，不知北京中华书局是否接纳我的稿件，如果能当然很好；不行，我则另想办法。以后我还打算写我这一辈子，我不能画画，总得做点其他事，不能站着不动吧。

希望我们以后有机会能再见面，我们的相识是一种缘分，对吗？问候你爸爸谢世兄好！

再见！亲切握手！十一娘心庆，2009年5月30日。

信中提及"我正在写父亲的回忆"，2010年3月，《我的父亲张大千》由

谢伯子与张大千长女张心庆笔谈　　　　　　　谢伯子出席张大千诞辰110周年活动

中华书局出版发行。张心庆受邀参加谢伯子九十华诞酒会时，持赠该书，并在扉页写道："伯子世兄：首先祝贺您生日快乐，健康长寿！见到您特别的高兴，我们父辈的友谊、手足之情铭记在心，世代往下传。让我们共同缅怀远去的东方绘画大师，中华民族龙的传人——大千先师，我的先父。十一世妹，心庆，2012年4月30日。"

2009年4月28日，谢伯子、宋兰芳夫妇由女儿谢建平陪同赴成都出席纪念张大千先生110周年诞辰暨《张大千的世界》《张大千的世界研究》首发仪式并学术研讨会，谢伯子与苏慎在会上交流合著论文《试论张大千学与大风堂画派》。会议活动期间，谢伯子夫妇和女儿参观了四川博物院的张大千书画馆。

这天，谢伯子一进入张大千书画馆，神色就严肃起来。面对大千师的作品，谢伯子宛似面对恩师，既显得毕恭毕敬，又感到无比亲切。虽然是边走边看，但他的目光却注视着展窗内的每一件作品，看得那样聚精会神，仿佛在与恩师默默对话。有时他会停下来，低头在手掌上写些什么，似乎回到了当年向大千师潜心学习的日子。谢伯子凝视着张大千的一幅《墨荷》，图上有谢玉岑诗一首："一花一叶西来意，大涤当年识得无。我欲移家花里住，只愁秋思动江湖。"驻足良久，不舍离去。

不知不觉，闭馆的时间到了，谢伯子恋恋不舍地频频回头，似乎是要把大千师的作品都牢记在心中。

从博物院出来，谢伯子对陪同来的《张大千传》作者李永翘写道："今天能够到大千师的书画馆拜观，看到那么多老师的作品，这是我多年来梦寐以求的，也是我今天最高兴、也最激动的事情。"饮水思源，不忘师恩，在谢伯子的身上体现出这样的自然与彻底。

5月，谢伯子由谢建平、笔者陪同出席在上海举办的"纪念张大千110周年诞辰暨大风堂师生书画展览"活动，并向大会主办方捐赠作品《山水有清音》《三上黄山图》。

10月29日，谢伯子来到美丽西子湖畔新落成的浙江美术馆，出席"大风再起·孙家勤画展"。在画展期间，经大风堂门人曹大铁之子曹公度推荐，谢伯子接纳了一位新弟子顾晓东。晓东系江苏常熟一位卓有成就的青年企业家，从小喜欢绘画，是常熟菱花馆艺文社的副秘书长，他崇拜谢伯子的德艺，一心要拜谢伯子先生为师。拜师仪式在杭州五洋宾馆举行，由上海名家艺术研究协会会长曹公度主持。当顾晓东按照大风堂的拜师规矩，向谢伯子先生恭恭敬敬地磕头献茶后，在场者都热烈鼓起了掌，谢伯子也笑容满面地端起茶来一饮而尽。参加拜师仪式的还有谢建平、包立民、李永翘、茹建敏、曹公度、罗宗

谢伯子参观张大千书画馆

左起：谢建平、谢伯子、李永翘、宋兰芳、王亚法

良、缪传道、曹剑方等。拜师帖写上：

> 恭贺谢伯子大师收新弟子顾晓东，愿大风堂艺术代代相传，永葆青春与活力。公元二零零九年十月廿九日于杭州五洋宾馆，李永翘记。

翌年，谢伯子在顾晓东绘作《霜林访友图》上题识：

> 斯图为顾晓东精心之作，观其画，笔墨、运色、构图皆妙，可见晓东深得中国绘画之三昧，而又具个人之新意，尤为难得。谢伯子观题，庚寅年（2010）秋。

谢伯子在耄耋之年仍然纳徒，谆谆指导学生，就是为了有更多的人来将大风堂艺术发扬光大，"为汉画之整个宏伟成就计！"（张大千语）

12月，谢伯子收到伏文彦先生从美国寄来的信：

> 伯子师兄：祝新年好，身体健康，万事如意，合府均吉。我虽与兄远隔重洋，但无时不在念中，并从多方面得知兄的情况都很好，甚感欣慰。转眼间，除旧迎新，弟也成了九十老人了，有神的保佑至今还能作书画为乐，亦可告慰。平时甚不轻写信，多用电话或用电脑，我不知兄电话号，或告诉我请人听了为我俩间传达，或用Fax（传真）给我，我的传真号为415-6214807，我希望能直接和兄联系。祝好，弟文彦上，12/15/2009。

2010年3月，钱璎之为《谢伯子速写集》作序，序《搜尽奇

前排左起：李永翘、谢伯子、包立民、罗宗良
后排：曹公度（左一）、谢建平（左四）、顾晓东（左五）

峰打草稿——题谢伯子速写集》中说：

记得上世纪的90年代初，伯子表兄在上海美术馆举行"回顾画展"前，我曾写过一篇文章，题为《用志不分，乃凝于神——记谢伯子其人其画》。这正题是用《庄子》里的话，而副题的"其人其画"，本应是"奇人奇画"，当时为了避免炒作、吹捧之嫌，把带有鉴赏、赞美色彩的"奇"字换成了比较客观的"其"字。

时间过了近二十载，伯子表兄的各种画展又在全国举行多次；他的画集，也以各种版本陆续出版。最近谢伯子画廊又将出一本他的《速写集》，并要我再写篇短文。我既义不容辞，又觉确实有话要说，我想主要就是一个"奇"字。这决不是溢美，而是归真，题目就是《搜尽奇峰打草稿》。

这原是石涛的名言，也是张大千的准则。众所周知：谢伯子的画师法张大千，极似张大千。这似乎还不足为奇，奇在他能进而师法大自然，以祖国的奇峰异境、佳山胜水作为画本，从而自成一格：既似张大千，又是谢伯子。这岂不是"奇人奇画"吗？我从这本《速写集》里看到他自己的话："忆张大千常在我先父处画山水，而我从旁见习琢磨、临摹得其神似。直到青年时在沪，几次举行画展，几百幅画一售而空，尤其是用大千笔法画的，当时人称我是大千第二，然而我后来已脱尽窠臼，自成一格。"但他还说："仍愿将大千艺术风格加以发展，传之于后。"从而"报答其教诲、造就之恩情"。他从学张大千的画，进而学张大千其人，进入"大千世界"。这本《速写集》（系选了一些速写精品，包括画黄山、青城山、峨眉山、乐山、天目山、长江三峡和张家界等速写稿）虽是一些"画本"与"草稿"，并非"成品"与"精品"，但我看了却不仅开眼界，而且悟出真诠——认识到伯子表兄既用志不分，凝神于画；又艺踪不倦，搜尽奇峰。真的无愧于奇人与奇画。

挑战病魔 倾心谈艺

2010年5月，谢伯子出席由常州博物馆举办的"纪念谢稚柳诞辰100周年书画精品展"开幕式。谢伯子与谢稚柳子女合影后，即由夫人宋兰芳、女儿谢建平陪同赴宜兴太湖黑龙江省疗养院作画与休养20天。谢伯子在疗养院体检身体时，发现血液指标比正常偏高。其间，笔者与夫人顾茜曾去疗养院探望谢伯子夫妇。

7月31日凌晨1点左右，谢伯子感到喉部痰液淤结不适，起床到卫生间吐痰，发现痰液有血，就叫醒夫人宋兰芳。宋兰芳查看后，发现床单上已有一摊血迹，即通知女儿谢建平将谢伯子送往常州一院就诊。

当时，笔者正在宁夏银川负责商业地产项目开发，得知谢伯子病情后，就立刻赶回常州探视。常州一院经过切片检查，做出了谢伯子胃部恶性肿瘤已达3厘米×2厘米，且位置在贲门上端的诊断。如果不及时对肿瘤进行手术切除，待肿瘤继续长大就会覆盖贲门进而危及生命。经谢伯子夫人、子女与住院医生商量后，常州一院准备请上海中山医院肝肠胃科专家孙继红教授来主持开刀手术。当时，谢伯子虽不清楚自己病情的严重性，但他积极同意开刀手术。

三天后，孙继红教授来到常州一院与谢伯子见面。因为五年前，笔者曾在上海中山医院动过手术，手术非常成功，所以见到孙教授时，感到很是欣慰。当孙教授了解了手术情况、手术病人是著名画家谢伯子时，他好像想起了什么，就问笔者："上海的谢稚柳先生与您的父亲有无关系？早在1997年初，谢老的儿子曾咨询我谢老的病情，谢老是得了胃癌。"笔者回答："谢老是我父亲的叔父，也是我的叔公。"孙教授沉思一会儿后对笔者说："您父亲做手术有风险，主要是年龄88岁已偏高，一般在这种情况下，我们医生的第一建议是不动手术为好，采取化疗或保守疗法。但问题是病人的肿瘤位于贲门口，如不及时切除，肿瘤扩大后病人就无法进食，病人也就谈不上生活的质量了，甚至危及生命。"笔者问道："如果我父亲不手术，不化疗，而采取保守疗法，他的生命时间估计有多久？"孙教授脱口而出："大概半年左右吧！"笔者顿时沉默，一时无语，空气顷刻凝固。孙教授看着笔者，缓缓地说："只要您父亲的心脏功能能够承受手术过程，手术是可以完成的。手术的主要风险在手术台上或手术后一两天内可能有突变反应。我的建议是，如果要做手术，最好到上海大医院去做，因为医疗条件、术后护理要更全面一些。"

做，还是不做，一时难以决定。谢伯子子女经过权衡利弊，并将谢伯子的病情报告专程送往上海请有关专家会诊后，才最终决定由上海长海医院周颖奇教授主持手术。

8月16日，谢伯子子女为谢伯子办理好转上海长海医院的手续。这一天谢伯子转院时，坚持要看转院报告，当他看到报告上写有"入院诊断：贲门——胃癌伴出血"时，一切都明白了。此时此刻，谢伯子显得异常镇静，反而安慰子女，他能够战胜癌症，他有信心。

翌日，谢伯子在子女、医生和常州一院救护车的护送下直达上海长海医院住院部。

8月20日，手术进行了一天。上午10点谢伯子被送进手术室，他的子女在紧张和不安中度过。中午，笔者和谢建平在医院附近的面馆匆匆吃了碗面条就返回手术室门前等待消息。下午2点，谢伯子被推出手术室。周教授告诉笔者，谢伯子很坚强，胃虽然切除了三分之二，但手术很成功。

"青青子衿，悠悠我心"，谢伯子的愿望还没有完全实现，上苍怎么会让他轻易离世呢，更何况他对艺术尚壮心不已。

12月7日，《常州日报》刊登了记者钱月航《画家千里拜师到常州，大风堂门人寥若晨星》一文，其中写道：

> 2010年12月3日，四川画家漆千一千里迢迢赶到常州，拜大风堂门人谢伯子先生为师，并按大风堂门规行弟子礼，恭恭敬敬给老师下跪、叩首、奉茶。谢伯子先生感其热爱大风堂精神可嘉，为弘扬大风堂艺术，壮阔大风堂门墙，欣然抱病收下这位关门弟子，并回赠笔、画册、画礼品和发表收徒讲话："漆千一热爱大风堂艺术，而

且有追求，他的花鸟、人物画颇有造诣。多年来，他能如此静心修炼，为当今中年画家之难得人才。今得汪毅先生的大力推荐，又感漆千一艺术追求的志诚决心，以为大风堂书画艺术后继人事业发达兴旺。今特高兴接受漆千一的拜师，使其成为大风堂再传弟子。"

为了弘扬、传承大风堂的艺术和精神，谢伯子就是这样身体力行的。

汪毅（四川省地方志学会原副会长，曾任内江市张大千纪念馆首任馆长）在《文史杂志》（2014年第3期）发表《谢伯子的张大千情结》，其中说：

> 屈指算来，我与谢伯子先生交谊忽忽已20年，"两地书"竟达数十封，并持续至今。有幸的是，我尚保存有谢伯子先生的近40封信札，仅1996年的就达13封，最长的一封信札长达9页。这些信札，既是漂亮的硬笔书法，又是情感的纸质记录，更是交谊的真实见证。藏有如此量的信札，除与谢伯子先生交流只能展纸笔谈的客观原因外，更重要的是彼此视为心灵知己。
>
> 认识谢伯子先生，我是1994年从编发他寄来的诗开始的。那时，我在张大千纪念馆馆长任上并主编《大风堂报》。谢伯子先生《忆大千师》组诗，倾吐了对恩师张大千的高山仰止之情，非常人所能及，包括大风堂的若干门人。尤其是读到谢伯子先生寄来的《忆父亲玉岑先生和张大千师的交谊》（又名《永恒的记忆》）长文，让我体验到他生命里涌动的对张大千的诚挚情感有日出喷薄的力量，那灼热似可以将生命融化。
>
> 后来，我们不断互通信札，遥寄贺年祝福卡，赋诗唱和和砥砺，视为心灵知己。再到后来，我似乎步入了他的心灵世界，感到他的文化苦旅非凡，感到他抓铁留痕的毅力非凡，感到他为艺术壮士断腕的决心非凡，感到他硕大的张大千情结非凡，感到他"艺不惊人死不休"的宣言和行为非凡，感到他好像穿上了红菱鞋在艺术舞台上魔跳不止，感到他的确是"天降斯人，委予大

任"——为诗文书画"四艺"而来到这个世界。

谢伯子先生有强烈的感恩意识。除了对父母的养育之恩，他一生最敬重的有两人，诚如其诗云："永怀钱老，不忘张髯。"（《自题》1997年冬）诗中所说的"钱老"，即指其外祖父钱名山；所说的"张髯"，即指恩师张大千。可见张大千在谢伯子心中形象巍峨，宛如矗立的人文珠穆朗玛峰，遂使他一生常怀"悠悠我心"，从而写下抒情散文《永恒的记忆》。

谢伯子先生感恩张大千的情愫和具体行为数不胜数，仿佛是天上美丽的星星。有幸在彼此相系20年的"两地书"中，保存着他的一部分信札。这些信札言为心声，堪称原汁原味的"生态"，没有矫情和造作，勿需加工提炼便可以体验到谢伯子先生心灵深处对张大千（大风堂）情感的井喷。这些信札，让我每每读来浮想联翩，心潮跌宕。我深信，感动我的信札亦会感动读者，故情不自禁做一次"文摘公"，将其摘录于下：

1995年7月1日（72岁）

接到《大风堂报》，拜读多遍，十分兴奋，十分兴趣，又恍如置身大风堂流连忘返，不禁回忆大千先师当年与我父亲交谊之深，对我的谆谆教诲和奖掖之情，顿时感慨系之，久久难以平静。激动之余，附上一幅拙作当作贵报补壁之用，希一哂收之。

另已汇出人民币五百元正，当作"助报金"寄贵社。我今后在可能范围下，将继续捐款捐物，聊示怀念先师恩情之心。

1995年8月16日

今后当竭力为张大千纪念馆、大千艺术研究院、大风堂报社效劳。

从敬告书得悉，张大千纪念馆第二期工程项目及总造价1577.85万元人民币。看来该工程是何等巨大，该费用是何等可观。我今后决心继续捐款和捐画，当作上述造价数字的一部分。如嫌不足的话，我决心打算在成都市或内江开个人义卖画展（一百幅左右）。如出售赚下的款全部当作"捐资",以补第二期工程费用之不足。我虽然上了年纪,而身体粗健,精力充沛照常,能力可以胜任。其目的在于:一、报答大千师的恩情。二、进一步弘扬大千艺术风流。建国前后,在沪、常两地教过的学生中培育出来的"大千画派"约有十几人。我意在国内逐步发展大千画派,让大千艺术风度千秋不衰。

1996年9月8日（73岁）

说的"圆满"二字的意思,是说我如能拜谒(摩耶精舍)纪念馆,向灵厝默念致哀,为自己成为大千师业的忠诚继承人,以及自己亲手栽培出来的好几个大千再传弟子,成为"常州大千派"来安慰大千师的灵魂,也让大千师为我以上述功绩当作忠诚继承人而掀髯含笑于九泉。这样,我的夙愿就可以得其遂了。"遂"就是"圆满"。

1996年11月25日

先师铜像得之喜极欲狂,悬于画台右侧。每日视之犹如其人一样宽慰怀念,顿忘"尺牍劳形"之苦。

1999年11月1日（76岁）

《张大千名迹》拜读多回,高兴异常。

2004年9月20日（81岁）

我正在抽暇,写信或出外物色大风堂第三代门人(指我前后在沪、常两地所教过的学生、学员、弟子近两千名)……我现已初步选定三四名。

2004年12月15日

数十年来,一直所擅长的只在书画,极少在诗词,加上年龄渐上,文才渐下,久懒作文。

2004年12月22日

增强了"共为大风壮艺帆"的信心和决心。

绘画水平仍能与日俱进,不知老之所至。主因在于自幼爱书画成性,以此为生命自强不息一直至今,故先以画为主,不得不将文诗置于其次。

恕我大言不惭：我活到82，还活多少年？争取活到120岁（必须有健康、知识，时刻注意保重，尽量避免痛于"无知"，死于"无知"）。

2009年6月2日（86岁）

此次先后在西安（参加"王永年书画展"）、成都（参加《张大千的世界》《张大千的世界研究》首发式暨研讨会）、上海（参加"大风堂画展"）纪念活动，均感受大风堂精神和魅力这么深刻啊。至于多少令人激动的情节也是一言难尽。

……

"青青子衿，悠悠我心"。其实谢伯子先生"悠悠我心"最能体现的，还在于他对台北张大千摩耶精舍——台北张大千先生纪念馆的万般怀想。他虽然未去过台北张大千摩耶精舍，但已不知神牵梦萦多少次，喃喃对语多少回。

2012年2月18日，为了替谢伯子实现对"摩耶精舍——台北张大千先生纪念馆"的万般怀想，笔者随"大风堂大陆后裔代表团"首次踏上了宝岛台湾，开始了为期七天的台湾岛之旅。

2月19日上午，代表团第一站活动就拜谒了台北张大千先生纪念馆。纪念馆隶属台北故宫博物院，是一个著名的观光旅游景点。按规定，参观是要预约且观众要达到一定数量才能进行的，因为代表团事先已有约定，所以抵达外双溪至善路二段342弄2号时，已经有人在等候。哦！这便是谢伯子思慕很久的台北张大千先生纪念馆！由此，代表团拉开了拜谒活动的序幕。

细细瞻仰，纪念馆融入了江南民居、北京四合院等特色，颇具民族风格及民族气派。正门额上刻有"摩耶精舍"，系大千先生好友台静农先生所题。"摩耶"缘自佛经典故，指释迦摩尼母亲摩耶腹中有三千大千世界。大千名爰，字季爰，号大千；大千敬佛，从其号"大千"联想到三千大千世界，便可感知其住宅命名"摩耶精舍"所蕴含的深意了。大千仙逝百日后，家属遵其遗言捐出摩耶精舍，归属台北故宫博物院并成立纪念馆，由此，门右侧挂有严家淦的"张大千先生纪念馆"木刻题名。

进大门，沿着蜿蜒行廊，踱出中庭通道，便抵后庭院。后庭院建于双溪畔，面积大于摩耶精舍的主体建筑，所筑的长堤取代了围墙。双溪在此分流，一道内，一道外。溪涧怪石嶙峋，溪水冲击怪石发出或潺潺、或淙淙、或哗哗的声音，美妙似天籁。后庭院地面略显起伏变化，使园林装点得疏密有致。从前、中、后庭院的递进而言，前庭院只是摩耶精舍这部交响乐的序曲，中庭院是交响乐的一个乐章，而后庭院则是整部交响乐的辉煌。

后庭院杂花生树，怪石千姿，古梅、海棠、银杏、木棉、棕榈、印度芭蕉、四季花、含笑花、南天竹、芙蓉等珍贵卉木生机盎然。整个园林极显创意，富有艺术嬗变以及神工所致的和谐。富有传神色彩的梅丘石矗立其中，这实在是卓荦一笔，使精雅的园林平添立体感，显示崇高之美。

梅丘石重达五吨，大千曾耗重金从美国运来，其势雄伟，如同大千屹然风骨。石面刻有大千手书"梅丘"，讲述着大千情寄此石，长眠于斯，直达"独自成千古，悠然寄一丘"的一个传承传统文化的故事。梅丘石前斜嵌的黑色大理石上刻有大千老友张群书题"张大千先生灵厝"。梅丘石右侧竖有一块石碑，上面刻有大千书诗"片石峨峨亦自尊，远从海国得归根。余生余事无余憾，死作梅花树下魂"，以及台北故宫博物院院长秦孝仪手书记石文。

笔者轻步来到梅丘石前，生怕惊扰了长眠于斯的大千先生。在梅丘前代表谢伯子以及本人深深鞠躬，祈祷大千先生安息，并把一本《谢伯子画集》轻轻地放置在梅丘石下。笔者心中默默地说："大千先生，您一定记得与您'交好乃过骨肉生死之间'的谢玉岑先生。当然，您也不会忘却曾三度叩拜您门下并被您誉为'你的画很像我'的弟子

《谢伯子画集》呈献与张大千墓前

谢伯子，他们父子俩与您情谊似海。我今天作为晚辈，代表父亲谢伯子来祭拜您，并把父亲足可展示大风堂遗风的《谢伯子画集》呈献与您。大风堂艺术薪火相传，我想，大千先生您在梅丘下一定会掀髯自得，并赞叹'吾门有传人也！'"其后笔者又默默地对谢伯子说："父亲，今天我代表您来祭拜您的恩师，大千先生对您的艺术成就和弘扬、传承大风堂的艺术精神甚是满意。同时，我代表您向您的恩师行了礼，鞠了躬，为您实行了您心中的一桩夙愿。"（2015年11月8日，笔者参加温州泰顺县举办的方介堪方去疾美术馆开馆活动时，曾委托前来参加开馆仪式的台北张大千先生纪念馆负责人全文经先生带回《九秩初度·谢伯子先生谈艺录》《谢伯子研究》转赠与台北张大千先生纪念馆图书室。）

几分钟后，笔者回到队伍中。在梅丘前，大风堂后裔代表团排成两排开始了祭祀大千先生的仪式活动。

行毕庄严的祭祀，穿过曲直的走廊，便抵中庭。中庭其实是一个天井，它呈现的不是一个单调的方块，而是峰回路转的美丽世界。中庭四周系四合院式建筑。一楼西面是客厅，紧邻客厅是大千的大画室。画室里塑有大千的蜡像，神形逼似，使观者复见大风堂主人永无止境追求画艺的风采。

观罢一楼登二楼，笔者款步来到大千的裱画室和小画室。裱画室内陈列有全套裱画工具与数方奇石。画室挂钟指针停在上午8点15分，此为纪念大千辞世之时刻。

拜谒毕二楼，笔者信步登上屋顶。屋顶是一座美丽的花园，地面铺着人工草坪，呈一片绿意；草坪上架设有绿荫棚，一排排盆景或斜干，或虬曲，或垂悬，形之美、态之雅，让笔者感慨如潮。屋顶花园东面笼养着大千喜爱的长臂猿，猿啼声声，使静态的园艺生气盎然。

临近中午，大风堂大陆后裔代表团才走出摩耶精舍的大门。"挥手自兹去，依依满别情"。再见，摩耶精舍；再见，台北张大千先生纪念馆。

因为"大风堂大陆后裔代表团"首次访台，有着促进两岸文化发展、艺术交流的意义。台湾郁慕明先生（他的五个姐姐均为大风堂门人）、台北故宫博物院研究员傅申夫妇、台北历史博物馆展览部主任巴东先生等,于当天下午6点在酒店宴请代表团成员。双方在友好的氛围中互赠礼品和发言,为两岸弘扬、发展大风堂的艺术和精神开创了一个良好的局面。

翌日,代表团参观了台北故宫博物院和台北历史博物馆,受到了博物院院长周功鑫、博物馆主任巴东的热情接待,并欣赏了精妙绝伦的中国古代艺术珍品和张大千先生捐赠的历代书画名人真迹,以及他本人不同时期的书画作品等。笔者在博物院礼品部买了几件心仪的文房四宝和一本《张大千书画集》(第四册)。

随后的三天里,代表团游览了台中、台南等地,领略了宝岛台湾风光秀丽的山山水水和风土人情。留给代表团印象深刻的是:街道、商店虽已陈旧,却很干净;政府大楼仅为几层楼房,且陈旧;商人、服务员对游客友善、礼貌等。

在香港机场转机的空暇,笔者在机场免税专卖店特为谢伯子购买了一块玫瑰金的百达翡丽表作为寿礼,以庆祝他父亲即将到来的九十寿辰。

回到谢伯子身边后,笔者向他汇报了台湾之旅的点点滴滴,尤其祭拜张大千先生纪念馆的全过程(百余张照片),并带给谢伯子三件礼品:《张大千书画集》、台湾乌金木猪(谢伯子生肖猪)、一块表。谢伯子一定要给笔者旅费,说:"你是代表我去完成我的夙愿,你的旅费当然应该由我承担!"噢!谢伯子是从来不用子女经费的,这是他的规矩,笔者亦只好乖乖收下。

2011年7月,大型画册《谢伯子画集》(二)由人民美术出版社出版发行。该画册收入谢伯子不同时期创作的作品138幅及谢伯子师友亲故书画选18幅,由谢定琦(谢稚柳三子)题笺,钱璎之作序。钱璎之《青山艺苑播芳馨——新版谢伯子画集小序》说:

> 宝树表兄今年年臻双八,已临九秩之寿,谢伯子画廊特编其新版画集并让我写篇小引。我于是想到了这样的题目《青山艺苑播芳馨》,由此说些心里的话。
>
> 宝树表兄在很多画幅上自称"青山居士",或者盖上"青山画斋"

的印。我想，这是标志着谢家的传统。不说古代"谢朓青山"的典故，单是其先父玉岑先生即有过《青山草堂图》和《青山草堂鬻书图》，其先祖仁卿先生则有《青山草堂诗钞》和《青山草堂词钞》。而现今的谢伯子画廊，正位于青山桥边的关河路上，岂非天缘巧合？我为此写过一副对联，语取玉岑大舅生前的忘年交朱祖谋先生（彊村，近代词学大师）词中两句："烛花红换人间世，山色青回梦里家。"我想宝树表兄会喜欢的。

关于这本《谢伯子画集》，我称之为"新版"。是因为上一世纪末1999年已有同名的初版本（上海书画出版社印行，中有冯其庸先生的专文《山川钟灵秀，素手把芙蓉——读谢伯子先生画》）。这初版本除有其118幅代表作品外，还有其《永恒的记忆》（散文）和《青山画斋诗稿》（15首）。从新世纪的2000年到2011年来，画廊又出版了十余种同名的《谢伯子画集》，而这一新版本，堪称搜集精纯，别开生面，新味盎然。我认为它更能显示一种"青山风韵"，更能体现一种独特的文化传承和艺术发展的境界和品位，也更能代表宝树表兄的高龄妙诣及其在特殊氛围中形成的风姿和气韵。

这部新版画集所收的都属于谢伯子画廊所藏的珍品，包括作者早年到晚年的力作。从风格上看，包括其前期主要体现了"大千神韵"的山水画，和其后期"混元归一"的独特的"谢伯子画"（语本冯其庸文）。从形式上说，包括山水、人物、花卉、鸟兽的中堂、扇面、长卷、小品……可谓千姿百态，情景交融，不愧为"多面手"。我还进而特别注意到好多幅"画荷"：凌波吐红，临风展翠，既有张大千、谢稚柳等的影响，又分明与怀念亡母"素蕖"有关，因此画得格外地美！另外还有"画竹"，直节虚怀，潇洒自在，看来除有苏东坡、郑板桥的影响外，与名山老人的晚年画竹，气息相通……总之，我以为这也体现了"青山风韵"。正如集中名山老人《为谢宝树题画》一诗所云"六法天开别有门，谢家玉树茁灵根"啊！我不禁又想起名山老人晚年有一首词，咏自己的画竹，其中有这么几句："文苏墨迹原无价。我岂胸有成竹，自矜宗派？只是天机随处发，无复四旁上下，却也是名山心画。"宝树表兄这幅《直节凌霄》，又何尝不可以说是"青山心画"呢？

再说，新版《谢伯子画集》还增加了一个"附件"，是宝树表兄生平师友亲故们的一些书画作品，是从谢伯子画廊珍贵藏品中选辑出来的（其中有张大千、郑午昌、启功等先生的作品，有名山老人、玉岑先生、小山先生的作品，有谢月眉、谢稚柳、陈佩秋等先生的作品……），我以为这也是一种独特的展示，其实也是上述"青山风韵"的体现。因为这些书画与宝树表兄各个时期的绘画作品蕴含着一种相通、相照、辉映成趣的作用——这也许亦是我撰写本文的"青山情思"吧！在此我干脆来借花献佛，用两句名言"老夫喜作黄昏颂，满目青山夕照明"（叶剑英诗），作为我们共同的心声，也算是这篇序言的小结。

2011年的春天，中央电视台《中国当代画家》主编杨晓明看到谢伯子的作品后，经朋友引荐上门拜访了谢伯子。从此，杨晓明与谢伯子开启了多次的访谈，访谈的对话内容和谢伯子诗词、散文、绘事简言等集成一册《九十初度·谢伯子先生谈艺录》，于2012年4月，由环球文化出版有限公司出版发行。

"访谈谢伯子"截稿时，正赶上谢伯子九十寿辰。笔者为了尽快出版"访谈谢伯子"内容作为献给父亲的一份贺礼，曾专程赴中央电视台《中国当代画家》编辑部协商出版事宜。在不到一个月的时间里，经过双方努力，终于在谢伯子寿辰之际，如期出版发行了由"学术对话""绘事简言""名家述评""作品欣赏"四部分合成的《九十初度·谢伯子先生谈艺录》。杨晓明在该书的前言《青山依旧人未老》写道：

慧心独运画天成，江南名宿谢伯子。
去年春天，我经友人引荐，在常州牡丹公寓拜访了画坛著名前辈谢伯子先生。也许是刚动过大手术的缘故吧，先生显得有些清瘦，但依旧神态矍铄、心情开朗，额前的几缕银丝，越发彰显出道骨仙风、遗世独立的精神品格。

先生因先天失聪又病喑，故我们的交谈只能由笔做媒，展开一场无声的心灵对话。由两宋画院到清初僧四家，再到影响了当代画坛的张大千、齐白石、黄宾虹、徐悲鸿、郑午昌、谢玉岑、谢稚柳、谢月眉等诸多大家，先生如数家珍，犹见高论妙语。他还非常感恩外祖父钱名山对他的启蒙教育，感恩父亲谢玉岑对他以画为人生目标的艺术定位，感恩张大千、郑午昌、谢稚柳、谢月眉对他画技的悉心指导与培养。先生认为，他之所以能够在艺术上取得今天的建树，与他们的辛苦栽培是密不可分的，诚然是"名师出高徒"。谢老虽有与生俱来的失聪与喑言伴其左右，却能在绘画与诗词方面取得如此高妙的成就，可以说是创造了人间的奇迹！其间的艰辛与求索过程，恐非常人所及。《易》曰："天行健，君子以自强不息。"可谓先生一生勤奋学习之写照。

纵观谢先生的绘画艺术成就，我以为可用"立意超迈，境界自开"论之。他于山水、人物、花鸟诸多题材无不涉猎，不作自然意义上的描摹，而赋予物象超然于外的诉求。他将人生体悟、思想修为、艺术趣味等人文因素，借助绘画为载体而酣畅淋漓地表达了出来，故而感动了自己，更感动了他人。观者在欣赏其作品的过程中，在潜意识中提升了思想境界、感受到美的真谛。先生及其作品，有着古人所云"画者，文之极也"的境界。潘天寿曾云："有至大、至刚、至中、至正之气，蕴蓄于胸中。为学必尽其极，为事必得其全，旁及艺事，不求工而自能登峰造极。"谢先生之画可谓与潘老主张不谋而合矣。

自去年春天访问谢老以后，我与他有约：将为先生出版一本《谢伯子对话录》。如今，一年已然过去，谢伯子对话录也即将呈现于观众面前。在此，无须我多作赘言，相信观者在阅读此对话的过程中，自然会对谢老充满传奇的人生增添无限的敬意，对他的书画求艺过程、诗文思想境界、人生态度及积极入世的儒家情怀，禁不住发出由衷的赞叹。

早在魏晋时期，作为山水诗派开山鼻祖的谢家先祖谢灵运，以其洒脱清新的诗风为疲软的南朝文坛注入了一针强心剂，在热衷于宣传教化的时代氛围里，犹如缕缕清风拂面而过，令人徜徉在山水的清凉世界里忘其所归……谢伯子先生秉承了这股诗风文脉，不仅热爱青山、吟咏青山、图画青山，而且以"青山居士"为号，以"青山画斋"自居，可谓与"青山"有着不解天缘。在谢伯子先生即将迎来九十初度的时刻，我不禁联想起诗云："青山依旧在，几度夕阳红。"我们深深地祝福这位鹤发红颜的老人：愿在之后的日子里，谢先生的新作更上层楼，带给我们更多的惊喜和无限的愉悦！

该书出版发行后，尽管得到了社会各界的认同和赞誉，但笔者认为，此书篇幅有限，并没有全面反映出谢伯子从事艺术近80年、教育60余年的艺术成就和教育成果，尤其是针对谢伯子从事特殊教育的30多年，缺乏应有的总结和评述。为此，笔者一直心存遗憾。

九秩初度　手写千秋

2012年4月25日，《常州日报》刊登记者周逸敏的长篇通讯《江山万古兰陵笔——记常州九旬画家谢伯子》，该文概括地介绍了谢伯子先生近80年的艺术生涯和30多年的特教成就。

壬辰年，阳春三月的江南常州正是满城飞花、樱红柳绿的季节。在常州大酒店的宴会厅里，一位清癯睿智的老人正从容地接受着海内外各方宾客的祝福，这位老人就是著名画家谢伯子，这天是他的九十寿辰（纪录片《谢伯子》的开头解说词）。

2012年4月30日上午11点，常州大酒店的宴会厅里开始举行《九十初度·谢伯子先生谈艺录》图书首发式、中央电视台专题纪录片《谢伯子》开机仪式暨谢伯子先生九十华诞酒会。来自全国各地的亲朋好友、艺界同仁、政府领导、弟子、家属等聚集一堂，共同祝贺谢伯子先生九十寿辰。常州市副市长居丽琴、杨晓明主编、张心庆女士、吴伯瑜、汪毅、李永翘、屠际春、叶鹏飞等纷纷上台讲话恭贺谢伯子先生九十寿辰。笔者代表谢伯子向来宾作答谢词，谢伯子孙女谢玉书上台宣读了她13岁时的作文《一个值得我敬佩的人》：

左起：谢伯子外孙王振、谢伯子、长孙谢梦依、孙女谢玉书

> 提起值得敬佩的人，人们总是很容易联想到孔子、盲女作家海伦·凯勒等，他们堪称万世师表，英名与良将贤相共存，永垂史册。而默默地在精神原野上耕耘了一辈子的一个人，一个我身边的人，似乎同样甚至更值得我敬佩与骄傲，他就是我的爷爷谢伯子。
>
> 我爷爷谢伯子，先天失聪，自幼就跟随他的父亲谢玉岑、外祖父钱名山学习诗文，少年即拜张大千、郑午昌为师，学习书画。
>
> 我的爷爷是一个历经沧桑、人生坎坷的失聪老人。他生下

谢伯子九十华诞酒会现场

谢伯子九十华诞酒会现场

那天起，就没有听到过这个世界的一丝声音，也没有发出过心灵深处的呐喊，尽管他拜的是一代大师，可大师境界再高，造诣再深，他却一句也听不见他的教诲。上苍尽管没有给他"耳朵"和"嘴"，却给了他一双灵性的眼睛。童年的时候，他总是用他那双特具灵慧的眼睛仔细观察，在那瞬间，他似乎从大师的画里听到了大千世界的神籁和天地间的呼吸，感受到了大自然最原始的气息和生命的搏动。大千师的每一次探望都给他一次次心灵震撼。大师和他超越了生死之上的师生情，使他看到了人世间最美丽的纯洁的情感。他顿悟：绘画是艺术家用生命在礼赞大自然，那落上宣纸的每一滴墨，都是从艺术家心灵深处流淌出来的感情原汁。经过爷爷的不懈努力和顽强毅力以及不服输的性格，让他终于"站"了起来，成为了当今著名的书画家。他没有因为身体残疾而气馁，而是变得比常人更刻苦，更坚强。当他的作品陈列时，参加画展的画界人士无不称赞他的作品里有大千师的遗风和墨韵，更有他自己独特的风格。

我深深被爷爷这种不屈不挠的精神所感动与震撼，他一生坎坷，历经磨难，可他坚持不懈，用了比常人更多的努力去学习，终于有所成就，他是一个值得我敬佩的人。今天我以爷爷为荣，明天爷爷将以我为荣。

5月2日，《常州日报》《武进日报》、常州电视台、各网站等媒体纷纷刊登通讯，报道了这一活动内容，其中《常州日报》说：

> 今年4月30日是我市著名画家谢伯子先生的90诞辰，《九十初度·谢伯子先生谈艺录》图书首发，中央电视台大型专题纪录片《谢伯子》开机。市领导居丽琴、张晓霞，张大千之女张心庆，以及谢氏亲朋、市书画界名家等近200人出席……
>
> 此次首发的《九十初度·谢伯子先生谈艺录》，由中央电视台

《中国当代画家》杨晓明主编，环球文化出版社今年4月出版。

该书以谢伯子的艺术对话为主，通过对中国画笔墨技法、风格流派、审美境界等的讨论，并结合其经典作品、老照片、学者友人评论等全面表现画家的艺术观点。

谢伯子先生先天失聪，对话靠笔谈完成。

据杨晓明介绍，此次开拍的《谢伯子》专题纪录片，将全方位展现谢伯子从其童年到90高龄传承大风堂的书画人生，并将剪辑为30分钟在央视《中国当代画家》栏目播出。

2012年5月，谢伯子收到张心庆的来信说：

这次来常州为世兄九十寿辰祝贺，感触很深。第一，世兄这一生中的绘画成就很辉煌、勤奋、大有作为，特别是您赐给我的那幅画，上面的两位老者身着衣衫的线条，有一种立体感，真的像先父（您的老师）画出的韵味精神，我喜欢极了，给我带来许多美好的回忆。我心底很羞愧，什么也不会，什么也不懂。第二，世兄世姐的为人气度各方面我都十分敬佩。第三，我看见您们的三位子女都成长得很好，有出息，这都是兄嫂教育有方，我真的很羡慕。

这次我见到了兄嫂是那么的真诚热情，使我联想到父辈们谢伯伯和我父亲的那种感情，亲如弟兄的手足之情，是现世社会中很难有的，愿我们两家的世交之情世代传下去。

2012年9月，正在筹建中的中国特殊教育博物馆馆长马建强教授专程来常州拜访了谢伯子，并提出适当时候特教博物馆会派专人来采访谢伯子。

马建强在拜访90岁的谢伯子后说："从健全人的角度看来，谢伯子先天失聪，自然是生也不幸，长也困厄。但相比人的意志、精神、品质、性格，身体的残疾在内心强大的人面前不仅不是残疾与障碍，反而是动力与优势。我生也晚，知道谢伯子先生更晚，迄今只匆匆见过几面，不能言谈，'宾主以案，想通以笔'，手谈片刻。但我认为，谢伯子先生虽然聋哑，但他内心

无比强大，相比残疾人，他是强人；相比健全人，他是个胜者。"（马建强《中国特殊教育史话》，第192页）

2013年3月13日、14日，中国特殊教育博物馆特约记者蓝蔚蔚女士专程来到常州谢伯子的寓所进行了为期二天的采访。采访内容以蓝薇薇与谢伯子对话的形式收入《九秩初度·谢伯子先生谈艺录》修订版中，蓝薇薇在《采访后记》中写道：

> 两日与谢老心灵的交流，无声而欢快，依依而别。……
>
> 南京，从玄武湖畔，可以望到远处的紫金山，几只大鸟翱翔回旋，隐入山中，听不到它拍动翅膀的声音，雾罩烟笼，山水无声，我想起了伯子，人在山外，神在画中。在伯子客厅中，挂着一幅《紫金山》，望之神远。此画画于1957年，曾受国学大师冯其庸的赞赏，冯赞美其留有赵吴与《鹊华秋色图》及倪云林《溪山清远》的神韵；但伯子的气度中所包含的不仅仅只有高洁淡远；我又想起伯子的速写稿《百里涌青莲》及成稿《彩浪滔天》图，唯胸有奇气，笔势才如此恣意与浪漫。
>
> 未见伯子前，我深深为其画中的气魄所动；见到伯子后，结合其人生，思索这种气魄的由来，我想起了潘天寿先生所言："有至大、至刚、至中、至正之气，蕴蓄于胸中。为学必尽其极，为事必得其全，旁及艺事，不求工而自能登峰造极。"此言用于谢伯子，是很合适的。

笔者经过一年多时间的收集、整理、编辑，又经中央电视台《中国当代画家》杨晓明主编审稿、中央文献出版社鼎力支持，《九秩初度·谢伯子先生谈艺录》（修订版）于2013年8月由中央文献出版社出版。

该书上篇由谢伯子"学术对话一、二""绘事简言""诗词散文"组成；下篇由"评述选编""作品欣赏"组成。钱璟之、杨晓明分别作序《九十年光画里行——钱家三代人为"谢家宝树"伯子画艺所作诗词选辑》《青山依旧人未老》，马建强作跋，笔者作后记。全书内容翔实、面貌新颖、文图并茂，受到了广大读者的喜爱。

这年春，谢玉岑挚友方介堪的儿子方广强教授携温州市泰顺县政协办公室主任董直善来常州拜访谢伯子，并请他为经泰顺政府修缮的著名明代廊桥重新题名，谢伯子欣然题"龟湖廊桥。癸巳年春，谢伯子九十书"。

龟湖廊桥

2013年5月30日，谢伯子的表弟钱璱之教授在家中不幸去世，享年87岁。

谢伯子读到《常州晚报》上有关钱璱之的讣告时，一直沉默不语，在后来的几天里，他一直沉浸在悲痛之中，原打算写一篇纪念表弟钱璱之的文章以表达哀思。笔者看着谢伯子实在力不从心，就劝他以诗代文：

怀璱之

璱之妙文誉士林，宝树丹青照人心。
明月清风两相宜，艺海唱和更翻新。

人生大归迟早同，功名富贵尽虚空。
他日魂魄上天去，优哉游哉自始终。

2013年9月9日，谢伯子在常州一院就诊，病历卡记载：

胸骨时有疼痛，皮肤瘙痒。患者胃MT术后复查PET·CT：胸骨上端及右侧第1、2胸肋关节处FDG代谢增高灶，考虑转移。

PE：家属代语，患者高龄，暂不宜化疗、放疗及手术。门诊随诊，一周后复查肝功能。

金秋九月，丹桂飘香。2013年9月26日（"常州国际花卉博览会"开幕的前一天）上午9时30分，由中央电视台《中国当代画家》编委会、中国特殊教育博物馆、上海名家艺术研究协会、常州文联、常州博物馆、谢伯子画廊联合举办"心雄万夫,手写千秋——谢伯子九秩画展暨谢伯子先生书画作品捐赠仪式"在常州博物馆隆重举行。

常州市领导以及海内外来宾五百余人参加了开幕式。常州市副市长张云云、《中国当代画家》主编杨晓明、南京特殊教育师范学院党委书记院长丁勇、常州博物馆馆长陈丽华分别讲话,高度评价了谢伯子先生的艺术成就、特教成果以及慈善爱心的道德风范。

当身着霓裳羽衣的主持人潘陈女士宣布谢伯子先生的《九秩初度·谢伯子先生谈艺录》图书以及书画作品捐赠仪式开始时,现场掀起了高潮。笔者代表谢伯子捐赠给常州图书馆、常州国画院、刘海粟美术馆、吴青霞艺术馆、江苏理工学院、常州市聋哑学校各五本《九秩初度·谢伯子先生谈艺录》精装本,参加活动的来宾人手一册;谢伯子亲自捐赠与常州博物馆三幅精美作品,其中一幅为4米长卷《黄山云海图》。

上午10时30分,"谢伯子先生学术研讨会"在博物馆四楼会议厅举行,会议由杨晓明主持,万君超、罗宗良、曹公度、王亚法、马建强、程益基、丁勇、蒋和鸣、吴伯瑜、蒋可群、叶鹏飞、卜功元、蓝蔚蔚、王纯纯发言,他们分别畅谈了谢伯子先生的艺术风格、地位、成就,以及特殊教育的历程、创新、成果。书画评论家万君超说:"伯子先生在当今绘画史上是一位不可复制的画家,无论他的早期作品,还是他的晚期作品,都是个例。"南

谢伯子九秩画展开幕式

右起:马建强、程益基、丁勇、宋兰芳、谢伯子、杨建、张云云、朱剑伟、薛锋等

京特殊教育师范学院研究员丁勇讲："谢老不仅是常州的骄傲，中国的骄傲，应该也是全世界的骄傲。我们今天为谢老举办画展，开展学术研讨就是肯定他的艺术成就和特教贡献，并弘扬他的自强不息的精神。"

常州博物馆书画一、二展厅共展出谢伯子不同时期的136幅作品，作品题材涉及山水、人物、花鸟、飞禽、走兽、册页、扇面等，作品时间横跨从1942年至2013年的71年，基本反映了谢伯子一生书画艺术发展的历程和技法演变的过程。画展展期2个月，陈佩秋先生题写"谢伯子九秩画展"，大风堂门人伏文彦先生从美国旧金山寄来贺书："热烈祝贺谢伯子师兄九秩初度画展胜利成功！"中国聋人协会主席戴目先生送来题辞"造福同病为桑梓地有情有义有识最有爱，献身特教凡三十年大仁大智大勇是大家"。

卜功元先生（虞逸夫弟子、钱名山再传弟子）作画展前言，其最后言：

> 壮哉！吾甚爱谢公笔下勾金山石，皴染烟林，大千居士之笔墨，五柳先生之高风。谢公之作，或悬彩于华堂，或舒锦于精舍，皆能倍增雅晖。芸芸君子，暂弃眼前凡俗，稍理杂绪，捐虑凝神，驻足于谢公之画前，览花鸟猿虫、古木岩崖、出水芙蓉、临风儒士，必能一清耳目而深会古贤之心。今之所展，当足慰群贤众望也。

10月28日、29日，常州文化频道、新闻频道先后播出中央电视台专题纪录片《谢伯子》。

绚烂之极　归于平淡

谢伯子晚年的生活是丰富多彩的，除了书画创作外，他喜欢出门散步，与朋友交流（现存谢伯子家中朋友的来信达千余）。他认为自己的身体痊愈得很好，除了清瘦点外（手术后体重下降30公斤），一切正常，活到百岁应该没有问题。夫人、子女劝他少出门活动，他反而不高兴，认为限制了他的自由，他不愿老无所为，他向往的是老有所为的生活。笔者每次回常州休假时，均要陪同谢伯子夫妇到常州的几个公园游览和散步,尽管知道谢伯子的身体素质比宋兰芳要强,但也明显感觉到谢伯子手术后的身体不如以前了,走200米务必要休息一下。谢伯子性格倔强、好胜,笔者只能随他所想,但心中有数。

谢伯子长年助人为乐,会资助一些有生活困难的学生和教师。"文化大革命"前,谢伯子工资较高,但坚持只拿一半工资到家,另一半的工资全部资助了当年聋校有困难的师生。据宋兰芳说,20世纪50年代家里考虑到谢伯子是校长,社会活动多,便用70万元(旧币制,相当于当时200元人民币)为他买了一只进口手表,可是谢伯子戴了没几天,手表就不见了。问他,他说他看聋生生活困难,便把手表送去当铺变现资助聋生了。

谢伯子晚年乐善好施,常常会帮助一些需要帮助的聋人,甚至素不相识但需要帮助的人。但他自己却生活节俭,多年来很少买新衣服,即便子女为他买了高档的衣服,也仅见他穿过一二次。作为名画家,谢伯子的作品市场行情一直很好,但他给子女的钱财并不多,他说社会上困难的人很多,而子女都能自食其力,日子已经过得很好了。

谢伯子不仅主动向希望工程、希望小学捐赠书画作品,除对1998年常州抗洪救灾,2005年泰国海啸,2008年四川汶川地震,2013年四川雅安地震等均捐资数万元钱款外,谢伯子子女也不清楚他一共捐助、捐资了多少。他有几个学生,甚至没教过的常州聋校学生,听说谢校长乐善好施,又是大画家,就找他借钱,谢伯子总是尽量满足他们的要求,也不记得索回。谢伯子从不用子女的钱,每逢春节,反而会让夫人分配给子女、孙儿女压岁钱。他说:"你们平时关心我们,经常来看看我们,这就够了!"谢伯子外地的朋友、学生、弟子等来常州探望他时,他总要留他们吃饭,他子女负责预订宾馆、餐厅。来人离开后,谢伯子一定会记得把支出的钱款补给子女。

谢伯子的师姐,鹿胎仙馆门人尤冰如,1920年生于常州书香之家。自幼喜爱绘画,师从裘竹庵、杜滋园先生,后拜郑午昌先生为师习山水画。1952年毕业于苏州美专国画系,分配至江苏省美术工作场所工作,曾参与筹建江苏省国画院。

尤冰如先生20世纪50年代后一路坎坷，生活艰辛，晚年生活拮据，长期孤身一人，但她对书画艺术的追求矢志不移。谢伯子得知这一情况后，多次通过常州文博鉴赏学会的包立本在经济上资助她。2002年3月、2004年10月，尤冰如先后在江苏省美术展览馆、常州东坡书院举办个人画展，均得到了谢伯子的支持。尤冰如先生晚年撰写的回忆录《青山绿水去无声》，令人感慨和叹息。

20世纪90年代的谢伯子

20世纪90年代，湖北《荆州日报》曾经通过《常州日报》寻找一位资助荆州贫困聋哑大学生学费的常州籍爱心人士，报社工作人员立马想到了谢伯子，一查，果然捐款人为常州一聋人。据常州退休老教师汤惠达讲，20世纪60年代困难时期，他上大学的生活费用，大都出自谢伯子先生的无私资助。

谢伯子的学生庄景安说："谢老师退休后义务帮助残联组织聋人书画学习班，多次出钱奖励书画优秀人才。几年前四川大地震、黑龙江等地发生大水灾，谢老师主动捐献几万元支持灾区，有时不公开自己的名字。不久前我们看到《常州晚报》登载无具名的聋人捐献一万元给灾区，估计是谢伯子的，因为常州只有谢伯子老师才能做到。"

谢伯子与苏州文艺作家邹绵绵是忘年之交，邹氏曾有文《我认识的谢伯子先生》，现摘录如下：

故人谢伯子先生之次子建红世兄，于2015年3月18日专程到苏州枉顾舍下，谈起他正为撰写《谢伯子传》准备资料，因知我是其父古稀之年后相与结识的忘年交，故属予追述当年与其父交契事。在此我将与先生之交契事略及亲身感受追述如次，聊供建红世兄参考耳。

一、我与谢伯子先生的订交

谈到已故画家谢伯子先生平生最令人敬佩之处，便是他的"自强、自立"精神。这不仅体现在他生活中,在他一生诗画艺事中也同样如此。他自强不息精神的根源,就我亲身感受,即来自于先生深受钱谢家学的教育和影响。又他作为谢家长子,自觉要担任起为传承钱谢家学的责任。为此他努力实践,为之奋斗了终生,他从生活上、诗画艺术上都做到了。在他古稀之年时,我有幸与他结为忘年交,我俩订交的渊源同样出于钱谢家学。承蒙他的不弃葑菲,我们结为忘年交(先生年长我近卅岁),先生也就成为我平生师友中最敬重的长者之一。

我之所以说"我俩订交的渊源同样出于钱谢家学",对此我在《追怀谢伯子先生》中就提到"1995年初秋,我为撰写《文艺通汇,词翰臻妙——江南词人谢玉岑及其书法》一文,为遵循'颂其诗,读其书,不知其人,可乎?'的古训,写信给谢伯子先生,以期对他父亲谢玉岑的生平事迹有所了解。信是通过常州市文联转达,才和他取得了联系。当我收到先生的回信,信中竟然附着一幅《桐下高士图》。他在信中写道:'阁下爱好书画、文史,殊是难得。随函奉上一图,以作订交之券。由于先父去世已一甲子,而今艺林中知他才艺者实不会多。来信所说《民国书法》事,也即此故也。请得便可约期来舍下畅叙如何?'"关于我对诗人、书法家钱名山,和词人、书法家谢玉岑的才艺、人品会产生崇敬之意的缘故,这由于我曾读当代诗人、学者钱仲联先生《梦苕庵诗话》,书中就多有述及诗人钱名山(振锽)、谢玉岑(觐虞)翁婿事,如有记谓:"阳湖钱名山(振锽)先生,余友小山之尊人也。晚年闭门不仕,高隐寄园,时或作名山之游,济人穷乏不稍吝。人品之高,末世罕见。余初未识先生,而友其婿玉岑。"同时又从友人藏品中获见名山老人、谢玉岑书法墨

《桐下高士图》

迹，观赏之后，深感，按二人的书艺而言，确实都是民国书苑中出类拔萃者，"字如其人"，二人的学养、人品也同为卓然可传。尤其后者谢玉岑由于英年早逝，他那不同凡响的书法才艺已鲜为人知，例如在当时由河南美术出版社出版的《民国书法》中，竟然未将谢玉岑书法收入，殊是失当。对此，我后来在拙撰《艺苑丛谈随札》中撰有《民国书法与当代名人书林》（刊于2002年6月5日《中国文物报·书画》）一文，并在文章中附刊谢玉岑生前刊于《当代名人书林》中的一件隶书条幅作品，此作照片即是由谢伯子先生帮助提供。而当时我正应《书法报》编辑雷志雄之约，撰文介绍"民国书家"，遂将钱、谢二家分别按所经见的书法作品作了简要的介绍。"钱名山书联"刊出后，为常州钱克之先生（名山老人之孙）读到，他通过报社给我来信，希望我能再撰写较为全面的文章。对此，我即与时在《中国书法》任编辑的友人李义兴兄去信联系，后得复告知因该刊已在"1994年第6期做过介绍（撰文是常州叶鹏飞），一般来说不宜再发"而未成。在此之后我就意欲将谢玉岑其人其艺在《书法》（上海书画出版社双月刊）撰一专题，这些便是我书谢伯子先生，和有幸与之结为忘年交的事由，也可以说是"我俩订交的渊源同样出于钱谢家学"的注脚。

　　我与谢伯子先生，是先见其画，后识其人。因我曾在友人藏品中获见他绘赠"传大同学"的扇面（后据先生告知，"传大"者，是他从事特殊教育期间的一位学生）。又当他收到我委托常州文联转达的书信后，在给我的复信中附赠被他称之为"订交之券"的《桐下高士图》（作于1995年初秋）。同年9月，我到常州拜访先生于十子街新生里七号青山画斋，倾盖相交，一见如故。我们虽然是借助笔谈，但能畅所欲言，毫无隔阂，或许由于我俩的性情相合，笔谈之间时有手舞足蹈之状。至今念及，先生之容貌举止如在目前。先生给我印象最深便是他待人的热诚、真诚，真是秉承了"爱朋友若性命"（夏承焘语谢玉岑）的高义，和他自强不息的精神。拙撰《江南词人谢玉岑及其书法》（刊于《书法》总110期，1996年9月出版）的得以完成，实得益于先生的鼎力支持，和帮助提供图片资料。同时拙稿还得到了他叔父谢稚柳先生的允可，因此谢稚柳先生并将所藏其兄谢玉岑于1933年夏所书金文对联也用作拙稿之图版。

二、一部册页寄深情

1996年初夏，我收到先生来信，告知他要为我绘一部册页，嘱我在苏州买部装裱好的册页邮寄去便可。我随即在给先生的复信中说装裱好的册页由于受过浆之后不易画，况且现在装裱好的册页，为节约成本，所用纸都是川宣，尤其难画。先生便在来信中写道："你信中所说确实如此，但我绘画从不择纸。装裱好的册页可免去装裱之麻烦。"因此，我在苏州艺石斋购买了两部册页（册子同为蝴蝶装，宋锦面12开，其中一部赠送先生），并随即到常州拜访先生。同年秋，先生即绘赠我册页一部，共十页，册首一页特留白，告知我可容后同去上海请其叔父谢稚柳题字（后先生曾来信相约我赴沪，适我有事一时不能脱身而错失机会，至今仍留白，引为平生憾事）。先生待人之宽厚、热情，至今令人难忘！

画册所绘凡山水、人物、荷花、墨竹、双虎、八骏，俱为精到之作，称它为"精到"，此不独指绘画技艺，确实体现了先生"绘画从不择纸"的高艺绝技；同时兼指先生创作每幅作品都深有寓意，而且每幅图画上大都题有他的自作诗，堪称"画写诗情、诗征画意"之精作。

在此选其中八幅。《峨嵋金顶》题曰："绝顶与天齐，峨嵋景色奇。林岚凝夜紫，楼观映晨曦。"《三上黄山》题曰："闭门临仿似樊笼，纸上峰岚避苟同。三上黄山情未已，一挥彩笔意无穷。"《华岳奇景》题曰："崖间千树碧，云际万山红。华岳此奇景，览观兴未穷。"《人物》题曰："松风吹衣袂，云谷响流泉。何必寻真去，飘然便成仙。"《荷花》题曰："丹烟白雪伴青霞，玉立清池胜百花。纵出污泥还不染，香风远送未须夸。并题偶忆东门寄园荷塘，感慨系之，撰题即此。"《墨竹》题曰："潇洒风姿纸上成，幽情雅趣笔端生。任它雪压腰还挺，形影相随伴月轮。"《双虎》题曰："深山大泽起风云。"《八骏图》题曰："万马齐驰一骏先，四题蹴踏起风烟。功成汗血何曾炫，自带铜声上九天。并题：右画共十页，并自题诗。绵绵道兄雅正。丙子之秋，谢伯子。"在此册中前七页所画山水、人物、花竹的画笔渊源全出自老师张大千，并参自家技法。从画上所题诗的内容，可以看出他对于绘画艺术创作的态度，如"三上黄山情未已"等。有关这些我在拙撰《走近谢伯子——读谢伯子先生的画》（刊于《中国文物报》2001年11月28日《书画》版）一文中已有述及，在此就不再赘述了。而再说随后的《荷花》，虽画笔也出自大千，但创作此图是追怀幼年随外祖父生活时在寄园所见、所感而作，同是以此对他母亲——钱素蘂的深切怀念，这从题诗之后的附识文字即可体会。又如《墨竹》，他外祖父名山老人晚年喜以退笔写墨竹，名山老人有题墨竹图诗："我生变化亦多端，旧读诗书不复观。七十衰翁新活计，日持退笔扫琅玕。"也正是他幼年时亲眼目睹所习见之情景。故此幅所作诗画，实为追怀名山翁之高风亮节也。

《峨嵋金顶》 　　　　　《人物》 　　　　　　《荷花》

《墨竹》 　　　　　　《双虎》 　　　　　　《八骏图》

又《双虎图》,为追怀父执张善孖先生而作。今艺林中熟知其父谢玉岑与张大千有生死骨肉之交,其实其父最先结识的是张善孖,大千则是由善孖引荐才与谢玉岑交好。善孖画虎堪称晚近画苑一绝,因此其弟大千平生不画虎,而先生既为大风堂弟子,所以他的画虎亦为善孖师嫡传。了解这则艺苑掌故,先生为我画《双虎图》的用意也就更为明了矣。再说《八骏图》,以所作画笔便可见得徐悲鸿画马的气概,对此只要读他另一首题为《观徐悲鸿先生所赠先父骏马图》诗云:"挥毫泼墨万钧轻,元气淋漓四海惊。瘦骨雄姿真杰作,骁腾不尽自有情。"便可知他也是追怀父执徐悲鸿先生而作。鉴于上述这些,先生画赠我的这部册页,不仅是精品,同时可反映他担任起传承钱谢家学责任的写照。

有关先生的题画诗,众所周知中国诗词创作,首先讲究格律,即诗词中平仄的运用。平声和仄声,代指由平仄构成的诗文的韵律,平仄四声是古代汉语的四种声调。对于先天失聪的先生而言,要掌握它,其难度也就可想而知了。而先生由于出自累代诗书之家,又自幼即生活在外祖家,深受外祖父、著名诗人名山翁,舅父小山先生的教授和熏陶,加上他"后天独厚"的悟性和自强不息的意志,竟然能掌握韵律,而且运用自如。这不能不令人惊奇而愈加敬佩!对此长于诗词创作的钱璱之先生在相关文章中已多有述及,在此也就不作赘述了。

三、先生的大爱精神

先生是位仁慈的老人,某次我到常州拜访他,我们畅谈到下午将近四时,我起身告辞,先生留宿。我就取出返回苏州的车票给他看(我清晨到常州车站后,就预售了傍晚五点半的返程票)。先生表示要陪送我去车站,我就以笔谈告知他,如您送我去了车站,您独自返回反而会使得我不放心。先生答道:"我有事,本来也要出去。我一定要送你到车站。"而且见他表情坚决。因此我们一起去了车站。大约半小时后将近要到车站,见先生看了看手表后走向一家邮政银行。我以为他要去取款，便站在门口，先生即示意让我进去。我见他从口袋中拿出一叠钱交给营业员，然后就在填写汇款单。至此我才明白他"我有事，本来也要出去"的本意。先生汇款之后，只是对我笑了笑，表情似乎是做完了一件十分满意的事。我当时就感觉他的汇款是为捐款，这使我感觉到先生不仅待人热情、宽厚，而且是位心怀仁慈、乐于助人的老人。

在此之后，我又到常州拜访先生。先生长子建新世兄偶尔与我说起他父亲经常瞒了家人去捐款的事。对此因我曾亲眼所见，所以也就并不感到奇怪，只是私心敬佩他。再说当年名山老人与婿谢玉岑曾联袂鬻书赈灾而传为佳话，而今先生的这一义举正是为传承家风所做出的表率。

先生作为自弱冠之年就在民国海上画苑靠鬻艺自给的职业画家（至今仍可见得他当时的鬻画润例），他对鬻艺之道堪称内行。因此他素来对自己的绘画作品十分珍惜，除了至亲、知己者外，一般不轻易将自己的绘画作品当作礼品赠人。而先生赠我绘画作品不少，除了上述提到的之外，多年来还为我绘《瓜瓞绵绵》横幅（我已装裱成手卷，并请诸位师友题识），山水、人物扇面、立轴多件。因此，我的一些爱好书画的友人见后，都仰慕先生的画艺，就委托我代求先生的法绘。我就将先生以上情形相告，友人都表示理解，并都乐意按先生的润格求画。为此我再去拜访先生时就将此事告知他，先生获知后，就告知我他的润格是由常州画院代订的，每方尺为三百元（时在九十年代中期）。还告知我，因求画者都是你的友好，想必都是真赏者，润笔可减半收取，但每件画上都要写上款（意为以防求画人将画作为礼品转送他人，而非真赏者——知音），从中可见先生对鬻画一道精明如此。

然而，先生于公益事业，如他曾应邀赴北京为国家行政学院作画，他就根本不计报酬的多少。再如由于我当时业余经常为书画文物类刊物撰稿，因此与相关编辑多有联系，有些编辑见到了先生的绘画作品，和了解到先生的生平事迹后，就委托我向先生求画。凡此我向先生提出要求，他都欣然允应，而且立即画就后邮寄给我，再由我转达（共三次）。但在画上也都写有求画者的名款。至今我尚保存一通先生用毛笔书写的来信，内容略谓："扇面早已画就，不知您拟转给对方名叫什么（新的编辑）？请即告知一下，让我落款，径寄府上。"可见先生对我的信任，和我受先生的恩惠之深。尤其凡为赈灾济贫，先生总是积极捐赠画作参与义卖，还慷慨解囊。他心怀大爱的义举，在他长子创办"谢伯子画廊"之后，他仍依然如故。因此，我在《先生之风，山高水长——追怀谢伯子先生》（刊于《中国书画报》2014年第38期副刊版）文末就写道："今先生往矣，谨此记述我亲身感受谢伯子先生高风之点滴，以追悼这位画坛老前辈。"诚纪实也。

从摘录邹绵绵上述的部分内容，谢伯子晚年的生活、交友、绘画等，可见一斑。

谢伯子画涉及山水、人物、花鸟、动物，尤擅山水，堪称全频道画家，加上勤奋用功，艺术生命长久，一生绘画作品三万余件，上自达官贵人，下至平头百姓，均以收藏谢伯子的画作为荣。甚至，乡里乡亲，有以谢伯子的画作为传家之宝的风气。

谢伯子画廊从开办至2014年已达14年之久，除实现一部分收入外，谢伯子觉得还远远不够。因为他晚年的三大愿望还没有完全实现（仅实现遍览国内名山大川和拜谒台北张大千先生纪念馆），他的第三愿望是：拟在近几年内，积极创作，积存精品，在北京中国美术馆再办个画展，以广泛地向海内外画家学习、求教和请益。正是这种强力的愿望，驱使他不断创作作品以获取资金。

有多位书画商人了解了谢伯子出门散步的时间规律，因为不便上门求画，就经常在他寓所附近徘徊等待；一些挂名中国、世界某某组委会，或以举办中国名画家展览的名义，或以纪念某某伟人诞辰的名义，纷纷寄与谢伯子邀请函、证书、纪念品等，想来骗取他的作品；甚至，一些外地的画商干

90岁的谢伯子戴着两副眼镜作画

脆就入住谢伯子寓所附近的宾馆、酒店等候他的出现。这种情况由来已久，到2013年谢伯子九秩画展举办时，情况更甚，这不仅影响了谢伯子和家人的正常生活，也给他寓所小区的安全工作增添了麻烦。

据小区保安陈氏讲，有一天，他们正准备在小区大门入口处空地上修理一块塑料地毡。当时，修理人正好走开。谢伯子回家时没注意踩上摔了一跤，保安很担心，立刻把谢伯子送到医院检查。待谢伯子女儿谢建平赶到医院后，谢伯子示意女儿不用保安结账；回家后，又让女儿买了两条中华牌香烟送给保安，夸赞保安的敬老之情。陈氏道："谢老就是这样，你对他好一点，他必然相报。我们都渴望为老人做一点事，有时看到下雨了，会为他打伞；晚上看到谢老家的灯亮到很晚，第二天会叮嘱他要早些睡。"

晚年的谢伯子，双目因患白内障，视力急剧下降。为了保障不影响正常的生活与绘画，谢伯子的双眼都做了手术。他左眼戴的近视眼镜是为了作画和写作；他右眼戴的远视眼镜是为了看人和走路。画画时，他往往同时戴着两副眼镜作画，所以极不方便和不容易。

2013年12月15日下午5点左右，谢伯子在家不慎跌倒，左手臂着地，面部擦伤。一院诊断结果：CT头颅正常，DR左腕正常。谢伯子仅住了几天院就回家，回家当天还出门散步。

2014年1月上旬，谢伯子走路困难，有疼痛感觉，误认为跌倒后腿部软组织受伤，产生反应了。

1月14日，谢伯子参加完孙子谢梦依婚礼的第二天上午，笔者和谢建平就带他上一院再做CT检查。当天检查结果：臀部尾骨轻度骨裂。当时，笔者反而松下一口气，认为尾骨骨裂可以治愈，只要不是胃癌细胞扩散转移就行。

1月15日，马建强来电告诉笔者，中国特殊教育博物馆正在扩建场所建立名人馆，谢伯子名列其中。笔者征得谢伯子同意后，挑选了谢伯子不同时期的三幅立轴精品捐赠给中国特殊教育博物馆长期展出，另有一幅题识为"水有帆扬呈广远，山因云染便空灵。谢伯子时年九十"的山水人物长卷赠与博物馆收藏。

1月18日，谢伯子血检报告出来，癌细胞已扩散。这天，户外的空气特别寒冷，凌厉的寒风迎面而来。当笔者走进谢伯子的病房时，看到谢伯子正躺在病床上读林木教授的文章《无声处有金声玉振，笔墨中生雷电风云——读谢伯子先生的艺术人生》。病房内外的温差有30度，导致谢伯子病房窗户的玻璃上凝结着一层冰霜，但玻璃上四个字"战胜病魔"历历在目。

1月22日，南京特殊教育师范学院校长丁勇、宣传部长孙家文、中国特殊教育博物馆馆长马建强专程来常州一院探望正在治疗中的谢伯子，对他慷慨捐献给博物馆的书画作品表示赞赏，同时带来慰问金3万元，并让笔者转告谢伯子：为了弘扬谢伯子自强不息的精神，宣传与展示谢伯子特教贡献和艺术成就，经上级批准，在中国特殊教育博物馆内设谢伯子先生铜像和书画作品长期展示，并正在组织人员编撰《谢伯子研究》。迄今为止，中国特殊教育博物馆内有7尊铜像，他们是：中国第一所盲校创始人威廉·穆瑞，中国第一所聋校创始人米尔斯夫人，中国特殊教育事业的本土开

谢伯子塑像

拓者张謇，中国盲文之父黄乃，中国儿童教育圣人陈鹤琴，原中国残联主席邓朴方，中国聋人教育家谢伯子。

1月25日，南京市油画雕塑院院长王洪志教授来常州一院探望谢伯子，两人交流了半个小时。王教授走出病房后对笔者说："您父亲是一位受人敬仰的长者，他很敏感，亦懂得雕塑。当我伸手与他握手时，觉得他的手劲很大。因为他已了解我是为他做铜像雕塑的作者，所以他在感觉我的手是否有劲，是否灵敏。"又说："这么多年来经常与泥巴打交道，我的一双手已经变成柔软了，希望您父亲不要误解我的一双手，我会尽心创作好您父亲的铜像，请他放心吧！"

92岁的谢伯子

1月29日，谢伯子出院。在家度过春节10天后又返回常州一院继续接受治疗，其间他人渐渐消瘦，胃口亦不佳。医生建议必须补充丙球蛋白以增强身体的抗体能力。因为此药品不享受公费医疗，笔者托人购买了可用两个疗程的丙球蛋白。

2月13日，程婉仪女儿女婿徐阳华夫妇专程从上海来常州探望谢伯子，并转达了她母亲的问候，谢伯子感到很是欣慰。

此时，谢伯子已不能单独下床，皮肤瘙痒趋向加重，大小便偶有失禁。

4月1日，谢伯子再次住院继续治疗。子女轮流值班陪护谢伯子，但主要陪护是谢建平。笔者当时已基本放弃了自己的工作，正在加紧编撰《谢伯子研究》，按原定计划，2014年4月30日，中国特殊教育博物馆将举办"谢伯子九秩画展巡展暨谢伯子铜像落成"仪式活动。

4月15日，谢伯子病情加重，排尿要依靠导尿管。谢伯子对来病房探望的夫人宋兰芳说："我丢脸了。"

4月19日下午4点左右，笔者从常州大华印刷厂赶到谢伯子的病房，把一本刚刚完成的《谢伯子研究》第二稿样书递给他时，笔者注意到他已无力翻阅此书了，笔者赶紧为他说明改动的几处图片，他点了点头，看了一眼封面的雕塑，就闭上了眼睛休息。

19日下午7点，笔者来到谢伯子的病房看他正睡着，就没有打扰他。

20日凌晨1点，笔者的手机突然响起，谢建平慌张地在电话中说："爸爸不行了，你赶快来。"

凌晨1点07分，笔者赶到谢伯子的病房时，看着谢建平、医生、护士正围绕在谢伯子的病床周围，谢伯子安详如睡着一样，但病床旁的显示器上监视心率的曲线已显示为一条直线。

回想起19日的这一天，笔者的妻子顾茜说，凡是走进谢伯子病房来探望他的人，谢伯子一一与他（她）们握手，表示感谢。谢伯子下午还吃了几口顾茜做的煲汤，并拉着宋兰芳的手迟迟不肯放手，但子女绝没想到他们的父亲就这样走了，且是与他们的祖父谢玉岑病逝（1935年4月20日）一年中的同一天。

谢伯子离世前的一天，他曾对宋兰芳、谢建平说过："可惜了我这一双手。"谢伯子还没有完成他的大业，他其实亦不想走。

一年前，笔者就准备筹建谢伯子艺术馆的想法征求谢伯子的意见时，谢伯子对笔者说："名山先生、玉岑先生都没有艺术馆，你现在怎么可以为我建艺术馆呢？这件事以后再说吧。"

4月21日，《常州日报》刊登了谢伯子先生逝世的消息后，有许多单位、组织、团体及友人纷纷送来花圈，表达对谢伯子先生的悼念。常州市慈善总会常务理事长何祖大说："近几年，我就几次接受到谢老的善款，我今天看了报纸才知道谢老去世的消息，所以我必须来见谢老最后一面。"

4月22日上午8点，谢伯子先生的遗体告别仪式在常州殡仪馆云霄厅举行，原常州市文化局局长吴伯瑜先生作悼词，马建强先生、曹公度先生分别讲话，子女代表谢建新最后发言。

2014年5月，由《谢伯子研究》编委会策划，中国特殊教育博物馆馆长马建强主编，中央文献出版社出版发行《谢伯子研究》。该书主要由书画艺术研究、特殊教育研究、众家评论摘录、家世家学研究、谢伯子谈艺录选辑、永远的怀念、谢伯子艺术与教育年表组成。

下 篇

谢伯子评述

谢伯子诗文解读

文以载道，诗以载道，对历史、文化、艺术的研究离不开对历史文人所留诗文的解读。对谢伯子而言却有更为特别的意义，因为他自幼失聪失语。他的"异秉"、他的情感、他的艺术生命、他的向天厄抗争的精神构筑了一个特殊的诗文世界，传递了他人体生命的科学奇迹，构成了值得关注和讨论的特殊文化现象。

诗词解读

由于早期的诗词散佚，不妨解读一些20世纪80年代后谢伯子的诗词：

自勉

博采诸优，力争一流。
心雄万夫，手写千秋。

自修

天降斯人，委予大任。
受之而拳拳服膺，行之而乾乾维谨。
成立则更自奋，得之而勿自矜。
闲而更多辛勤，累而劳逸独吟。
生而自强不息，死而壮志还申。

自题

生理残疾，心理健全。体质颇佳，智力尚完。
诗文书画，咸得师传。自幼至老，只一指弹。
白发七十，未减当年。昔处荆棘，心神黯然。
今逢盛世，大开心颜。字贵求实，切忌虚玄。

永怀钱老，不忘张髯。

古风（二首）

好高骛远，何必不齿。立异标新，休云无耻。
独断孤行，嗤千夫指。地久天长，万变靡已。
艺术之心，永无休止。

师古不泥，下问不耻。造化多参，用心弗弛。
自立新奇，不分野史。一元多元，出此无此。
一变必多，不离其旨。何惧狂流，志直如矢。

答晏伟聪赠诗（二首）

远隔山川，如在天边。一旦相识，互开心颜。

远隔千里，如在天际。相交恨晚，老来情味。

答汪毅赠诗

远隔山川云水边，互通手札各心宽。
两情相化在诗画，共为大风壮艺帆。

《自勉》是一首立志小诗，可读出谢伯子作画广博，善学他人之长，力争画艺达到一流水平。且有气吞风云，力超万人，用一支妙笔画尽天下奇绝美景，可谓壮志凌云，力攀艺术顶峰。

《自修》表达了三层意思：一、谢伯子自幼受外祖父钱名山教育，又拜张大千、郑午昌为师，发愤学艺，视为"天降斯人，委予大任"，足见其雄心壮志。二、受恩师教化，怀拳拳赤子之心，承担起此大任，且行为要有男子汉气魄，在心勤谨。三、取得了成绩，切莫骄傲自满；空闲时不忘辛勤，累的时候要劳逸结合；生在世上就要自强不息，即使死了也要舒展壮志，使事业天长地久。

《自题》下半首，谢伯子自谓在"文化大革命"期间曾一度沉默，"昔处荆棘，心神黯然"便是当时的写照，但他并未搁下画笔，仍潜心钻研绘画技法，锻炼身体；"今逢盛世，大开心颜""永怀钱老，不忘张髯"表明身处当下兴盛的时代，更要认真作画，诚实做人，永远怀念名山老人，不忘大千师的恩情。从诗中使我们看到了谢伯子的治学精神和回报之心。

《古风二首》是谢伯子晚年所作，表达了他追求学问与艺术的身体力行，正如他追求一种"不古不今，无他无我"的艺术风格。其中"艺术之心，永无休止""何惧狂流，志直如矢"正是他一生身体力行、刚而不折的写照。

《答晏伟聪赠诗》作于1996年，诗后有注："晏先生今年85岁，我年74岁。"晏伟聪原诗曰："江南春色好，不让五羊城。同饮珠江水，及早下陈榻。"《答晏伟聪赠诗》和《答汪毅赠诗》一并编入《大风堂诗钞》，发表于1997年1月25日的《成都美术报》。

四时乐（四首）

东风拂暖亿家人，锦绣河山妙入神。
万物生机欣勃发，百花竞艳满园春。

羿除九日黎民悦，留取一轮长不灭。
万物生成何浩繁，只缘无限光和热。

菊花含笑更开颜，谷畜丰盈供饱餐。
亿众高歌斟美酒，陶潜若在亦同欢。

茫茫大雪落山川，蜡像银蛇欲上天。
万树千林俱缟素，青松翠柏自昂然。

颂苍松
龙骨蛟筋冲九霄，苍针怒发响如涛。
任凭雪压雷霆击，气节昂然千丈高。

颂红梅
俏不争春不自夸，丹霞绕树异凡花。
任风雪压愈英挺，更有清香飘万家。

咏杨柳
冬去春来柳亦苏，婆娑飘拂万千株。
岸边道畔浮青绿，五柳先生惊世殊。

骏马赞
万马齐驰一骏先，四蹄趷踏起风烟。
功成汗血何曾炫，自带铜声上九天。

《四时乐》以一年四季春夏秋冬的景象，来抒发诗人讴歌冬去春来、万物生长、人天共仰的大自然景观。《颂苍松》《颂红梅》《咏杨柳》《骏马赞》，诗人以不同的物种及其不同特征来歌颂其共同的秉性与气节。尤其《颂苍松》《骏马赞》，诗人针对先天失聪与身世坎坷而作，我们不难看出他冲决郁结于胸的块垒、昂然腾空的超人气势。

中国传统书画讲究诗、书、画、印之合美，谢伯子的题画诗、读画诗尤称诗画并美、相得益彰，不妨解读几首：

题《东坡弈棋图》
纹楸手谈，含笑掀髯。
败亦可喜，胜固欣然。

题墨竹
潇洒风姿纸上成，幽情雅趣笔端生。
任它雪压腰还挺，形影相随伴月轮。

题友人画山泉
烟云浩浩还飘忽，岩瀑飞泉长不竭。
酷暑览观似饮冰，斯图技巧真奇绝。

自题山水画
大批寿纸百斤重，一束羊毫几两轻。
五彩缤纷来腕底，千山万水眼界新。

题《东坡弈棋图》作于1996年9月。写两人弈棋相对而坐，默默不语；盘中两军厮杀，变化莫测。东坡一手举棋一手掀髯，含笑对弈，鲜活的形象跃然在读者面前。三四句写赢了当然高兴，输了也不必懊恼，可以再来。这首诗告诫我们，无论做什么事，失败不要气馁，成功要再接再厉。《题墨竹》，除了写墨竹风姿绰约、幽深高雅的情趣外，更赞美她那坚强不屈的品性与直入云霄的高洁。《题友人画山泉》，写山在云中，云在山里，飞泉不竭，斯图奇绝，表达了诗人对画友画技的由衷钦佩。《自题山水画》，画人用上千年的宣纸，来挥毫图画新中国千山万水的风貌，表达了自己对祖国新气象的无比热爱。

谢伯子的读画诗别有趣味，不仅写出了明清画家、师辈名家画作的笔墨、画技、题材等特色，更表达了画人作品的时代意义，读后令人身临"画"境，受益良多。譬如：

读徐渭《水墨花卉图》
泼墨开成没骨花，挥毫展纸落云霞。
古香古色胜凡艳，后继真传有几家。

读八大山人画

挥毫简拙称奇绝，水墨荷花何皓洁。
怪石奇枝风趣生，装疯作哑见高节。

读大涤子画

弃绝因循背道驰，形神契合画中诗。
奇峰搜尽随时代，第一江南百世师。

读陈老莲画

花卉飞禽尽逼真，风流人物妙传神。
如钢细线柔而美，笔意非凡胜古人。

读梅瞿山《黄山图》

云林笔意多平远，难得瞿山气势雄。
妙在何方动心魄，黄山七十二奇峰。

读恽南田画

笔墨实胜王石谷，缘何忍弃好山川。
独开没骨花枝派，香洒人间五百年。

黄宾虹先生所赠先父山水画拜观感赋

善运枯笔多墨黛，枯中有润墨中彩。
高低远近浅深明，浑厚华滋是为美。

观徐悲鸿先生所赠先父《骏马图》

挥毫泼墨万钧轻，元气淋漓四海惊。
瘦骨雄姿真杰作，骁腾不尽自有情。

忆郑午昌先生画
善融碧翠并朱丹，彩笔惊人天地宽。
桃李芳菲多俊秀，别离卅载忆奇观。

读叔父《谢稚柳画集》
早岁谨严晚豪放，大泼丹青真暮壮。
一集流传遍五洲，国宝而今推巨匠。

谢伯子以组诗《忆大千师》，描绘了张大千游踪四海、信手挥毫、笔墨传神、画作传世、晚年变法、风义千秋等，倾吐了对张大千的景仰之情，非常人所能及。这五首诗曾发表于1994年的《大风堂报》：

忆大千师（五首）
奇山秀水漫游频，信手挥毫迅似神。
意气纵横惊世界，晚年变法乐传人。

艺术天才自不羁，挥毫泼墨妙而奇。
五洲四海游踪广，变法如神后世师。

飞毫泼墨夺天工，浩荡千秋万里风。
汗漫天渊踪迹广，人间共仰白头翁。

水墨丹青足壮观，真教千古叹才难。
身居海外心思蜀，万里长江画里看。

今古丹青皆可学，形神具备便为尊。
难望风义千秋在，永感相贻百镒恩。

其中"人间共仰白头翁""身居海外心思蜀，万里长江画里看"可谓名句。

寿王康乐师兄

仁者乐山，智者乐水。师兄兼之，怡情忘累。

墨趣横生，笔势雄伟。九秩方壮，丹青更美。

忆名山舅公授课

壮论雄谈胜孟轲，胸襟坦荡放高歌。

循循善诱何曾倦，无奈人间病毒多。

忆名山老人义卖法书救灾

先忧后乐怀民瘼，万纸云烟腕底落。

凤舞龙飞四座惊，苍生受泽皆欣跃。

自古以来，诗人画家乐水、咏山何其多矣！乐水可以显示诗人的诗性，咏山可以表达画家的画境。仁者、智者正是诗人、画家的悟性所在。"九秩方壮，丹青更美"，不仅是对大风堂同门师兄的赞美，难道不是诗人自己的写照吗？《忆名山舅公授课》三四句，化用钱名山句："赤心不变可奈何，人间病毒何其多。"《忆名山老人义卖法书救灾》写出了名山老人为了救灾扶贫，挥毫落纸，腕下云烟的行善乐道之举。

十六字令·学词二阕

一

词，默默心吟只自知。　争朝夕，更欲觅良师。

二

词，缀玉联珠绝妙辞。　迷人处，风味寸心知。

菩萨蛮·自修

中华艺术传千代，百花吐馥飘山海。知识浩漫漫，古今风观。

逆流强自进，奇境登攀尽。莫使智昏昏，功成须勉勤。

浪淘沙·忆张善孖先生，并赠定庵、凌飞两君

妙手本天然，飘逸如仙，美髯披拂态悠闲。挥洒丹青图猛虎，四座惊传。　　往事越长年，几遇云翻，犹留遗墨在人间。桃李芬芳皆后秀，好继前贤。

《十六字令·学词二阕》是谢伯子早年的词作，虽为小令，却出手不凡。《菩萨蛮·自修》则反映出谢伯子自强不息、力攀高峰的意志与自勉。《浪淘沙·忆张善孖先生，并赠定庵、凌飞两君》是谢伯子追忆张善孖先生的风貌、画技，并兼赠其弟子胡定庵、慕凌飞两君。定庵、凌飞两师兄皆善画虎。

谢伯子能诗词，缘于倔强的性格和其父亲谢玉岑、外祖父钱名山遗传基因之外，与他的"异秉""奇气""奇才""异才"有关。且看："生有异秉，虽病喑而胸次寥廓，挥笔落纸，有解衣般礴之概"（《中国美术年鉴》），"天生奇气出霄汉，五岳三山罗腕底"（钱名山诗句），"伯子先天之聋哑，定造物之欲成其奇才乎？"（冯其庸语），"伯子是异才，耳不能聪能辨四声，口不能语能书心语"（谢稚柳语）。

谢伯子作诗填词潜质与生俱来，因为他有非凡的想象力、丰裕的感悟、强大的内心世界、充沛的创造冲动。他自幼性格倔强、好胜、专注、执拗，大有咬定青山不放松的劲头。他希望周围寂静的世界变成有声世界，他渴望自身无声的世界骤响诗词的春雷。

谢伯子幼失怙恃，10岁丧母，13岁丧父，随外祖父钱名山学习、生活至22岁。谢玉岑生前，囿于家庭负担，"长期任职在外，稍有余暇即邀游于诗词之海、书画之林"，且"自幼羸弱多病"，故而对谢伯子的教学无疑有限，诚如谢伯子所言"父母生前的事情，所知较少"。因此谢伯子的诗词，虽与谢玉岑的遗传、启蒙有关，但更与钱名山教导其步入诗词庙堂有关。

常州青山谢氏《谢氏家集》载："常州谢氏家族，一门风雅，工诗善文，历代不坠其家学。"谢伯子的高祖、曾祖、祖父均有诗才，有《剪红轩诗稿》《吉羊止止室诗稿》《寄云阁诗钞》《青山草堂诗词钞》《瓶轩诗词钞》等传

世。从遗传来讲，谢伯子血液里自然流淌着谢氏一门诗风文脉的因子。

谢伯子作诗填词的欲望源自父亲，诚如其所述：

> 记得幼时的我，常常窥望父亲危坐沉思，伏桌写作。有时则与诗友画家谈笑交流，这在无形无声中深刻感动了我。我一心想学作诗，于是胡乱地作了好几首悄悄地先找姑母、叔父要求修改。但他们一见就放一边，我的渴望落空了，免不了就哭鼻子，甚至发出难听的呼声，我自己还不知道。这一来，震惊身旁的老人和孩子，几乎要把家庭闹翻了，这下子也造成我孤苦无援。
>
> 后来外公得知，便毅然伸手挽救我。他不厌其烦地耐心教我——先教看图识字——从文字学起，进而教些诗文知识，包括押韵、平仄、填词、造句以至作诗，从古诗讲到律绝。我作了诗便都呈给外公看，经过修改、删节，让我喜出望外。

诗言志，词言情。诗词是谢伯子此时努力追求的最适宜表达自己心理活动和情感的载体，他需要诗词来排解风雷激荡的内心所不能容忍的孤寂和惆怅，他需要诗词来砥砺自己的奋进行为并向多舛的命运甚至天厄挑战，他需要诗词来抒发与常人相同甚至超过常人的情绪，他需要在诗词中超越以达到自我实现。正是钱名山的"毅然伸手挽救"以及因人施教，达到了谢伯子"喜出望外"的成效。

钱名山有句："我以诗事天，不得无诗死。气急言语尽，尚有心在此。"可见，钱名山将"我"与"诗"浑然融为一体。正是如此，钱名山的"临终嘱咐"属于另类，即写在谢伯子手心上"读书固可乐，作诗亦可乐"。钱名山的"临终嘱咐"，与其说传递了他为诗而鞠躬尽瘁的信息，不如说表达了一位诗家对颇具诗情画意的谢伯子"天生奇气""谢家玉树茁灵根"的认知并寄予的深切厚望。由此可知，钱名山是指导谢伯子畅游诗词世界重要的老师。

从谢伯子自述他在抗战前的几年中曾"作过很多首诗。经过外公和舅父（钱叔平）的修改，积累成为诗稿，连同外公的讲稿一起放在寄园家塾。谁知抗战爆发后,全部散失了"的信息悉知,那时是他写诗的井喷期。倘若这些诗稿不散失于兵燹之祸,我们便可以读到《谢伯子诗集》,并可以对其早期的诗进行解读和研究,以体念所传达的情感、诗技之璞。令人欣喜的是,当时光列车驶入20世纪八九十年代,已近古稀的谢伯子喜逢改革开放的大好时代,诗心不老,竟然出现诗创作的又一个高峰期,以上选录并解读的诗即是其代表之作。

  与谢伯子画作的数量相比,谢伯子创作的诗并不算多,因为他的创作热情主要是在书画世界里"欲与天公试比高"。他在访谈中述:"笔墨之挥洒易工,而音韵之掌握不易,因此反复推敲,以其合于格律,虽已屡易其稿,而可存者不多,如雪泥之鸿爪耳。"然而,谢伯子最终成为"妙引诗人梦里游"的诗人和"迷人处,风味寸心知"的词人,就像钱名山、谢玉岑一样。但彼此又不一样,因为谢伯子做诗人是在那个无声的世界"心声更胜口中歌"。

  《九秩初度·谢伯子先生谈艺录》收入谢伯子诗词60首,这些诗词直抒胸臆,一如其人。这些诗词,格律严谨,无论是起承转合,还是遣词造句;无论是抒情,还是写意;无论是技巧,还是构思,大多雅达纯熟。能看出他"艺术之心"与"用志不分",更能体验到他心存高远、志在千里。

  谢伯子的读画诗、题画诗尤其值得关注,而且具有相当的数量。从涉及的古今画家而言,即有徐渭、八大、石涛、陈老莲、梅瞿山、恽南田、钱名山、黄宾虹、张善孖、张大千、郑午昌、徐悲鸿、谢稚柳、王康乐等。这些人物堪称一部浓缩的中国画史,是谢伯子的崇拜者、心仪者。对其创作特点乃至画技画法的归纳概括及美学思想的观照,实际上是谢伯子对中国美术史论的解读,传达了他的胆识与智慧。除对美术人物以诗观照外,谢伯子还以诗一咏三叹其绘事表现的客体,如苍松、墨竹、红梅、杨柳、山水、山泉、黄山、漓江、骏马、荷塘、寄园、四时等,足显其诗的天地开阔,诗的视野辽阔。自然,这些诗意和画史画论亦在其绘画创作中主事,使之作品具有很高的画格。

  从诗风而言,谢伯子诗不属于孟郊、贾岛的简啬孤峭,而有谢玉岑的清新自然和钱名山的豪气与浩气，其诗句"丹烟白雪伴青霞，玉立清池胜百花""壮论雄谈胜孟轲，胸襟坦荡放高歌"便是佐证。谢伯子的格律诗尤追求古风近体，如《自勉》《自修》《古风二首》《题东坡弈棋图》等。至于他的词，数量较少，与诗相比，当然稍逊一筹。

纵观谢伯子诗词创作，其数量虽然不多，但他一丝不苟的创作态度和所具有的自我批评精神，体现了一个真正意义的画家诗人的可贵品质。

文稿评述

谢伯子文主要分为艺文、教学两类。艺文类主要包括《绘事简言》（下卷）、《谢伯子访谈》（一、二）、散文《永恒的记忆》、论文《试论张大千学与大风堂画派》四种，教学类包括教案、专著《聋哑儿童心理学》两种。如果将谢伯子的文类分为若干层次，那么艺文类则是最高层次，即属于精神和追求自我实现的范畴，是他重要的学术成果。

艺文类的《绘事简言》，实际上是谢伯子的随感录，他的自序云：

我生之初，即患聋哑。继而双亲早逝，自恨受此天厄，恒思发愤图强，与命运抗争，期以自立。

所幸家门有风雅之传统，交游多艺术之熏陶。在外祖父名山老人、叔父稚柳先生、姑母月眉女士以及诸位舅父、姨母之亲切教诲、热情诱导下，始识文字，进而读书。得知古人如左丘失明、孙膑断足、司马迁受刑而终能著书立说，名垂千古。因思"彼人也，予人也""有为者，亦若是"，内心之灵感初萌，而生理之障碍得破。虽言语之难通，实天机之未泯。继念良工制器，贵在因材；自问避短扬长，莫若专攻绘事。因遵先父玉岑公之遗愿，拜张大千、郑午昌两先生为师。默而识之，学而不厌，继承传统，努力追新，取诸自然，出于灵府。终求变残疾为有用，与命运相抗衡。

创作之余，每有心得，因成《绘事简言》。随感即录，不计短长，日积月累，集为两卷。惜经"文革"浩劫，仅留其半。又于作画之同时，亦偶有题咏。惟是笔墨之挥洒易工，而音韵之掌握不易，因此反复推敲，以期合于格律。虽已屡易其稿，而可存者不多，如雪泥鸿爪耳。

　　承友人之鼓励，以为不妨付梓，借可自见，亦广交流，因将《绘事简言》，并附题画诗词若干，先行油印，征求意见。庄生所谓"贻笑于大方之家"，自知难免；而倘能得郢匠一挥成风之斧，予以教正，则何幸如之！

《绘事简言》下卷记录了谢伯子从1985年至1990年间对绘画艺术的体会与感言，共24节近5000字，堪称谢伯子对绘画艺术及艺术人生憬悟而成的"五千言书"，摘录几则：

谈师古，师造化与师古心

　　凡欲作画，心师古，师造化，以至师古心。

　　师古，必切实恭敬师古，师必熟之，熟必化之，化则必跨出古人头上，跨则必立自我之法，才不愧为后世以至百世师。

　　师造化，师不必受其役，而应役造化，使造化随我左右，以至美化自然，美化人类。

　　师古心，必深入古人心田，与古人共呼吸、同忧乐。学古人之美德，提高自己艺术修养，做到古今相通，继往开来。

　　与此相反，泥古不化，囿于造化而不化，好古心而不化，甘心匍匐在古人脚下，不敢越古人藩篱一步，敝帚自珍，至死不悟，如此之人，如此之作，岂足以谈真正之艺术哉！

谈临摹

　　凡学画，必须临摹入手。但入手绝不是终点，而是起点。临摹的目的是为了逐步理解和掌握笔墨技巧法及规律，为搞好创作打下基础。在临摹期间，究竟应该先临哪一种或几种传统性的画本（不论是原画，还是印件），并没有统一的规定，自古以来就是如此。吾意必须因材而异，即按各位学画者不同情况、不同愿望、不同学历等，进行适当选择，让他们自己去充分发挥，任他们自己作合情合理的安排。

临摹还必须一心一意，循序渐进，切忌心猿意马，无所适从。当基本完成临摹任务，跨入写生和创作阶段时，临摹是否就从此结束了呢？不，决不！除了搜奇写生以外，在创作过程中有时继续临摹之前未曾临摹过的古今中外名画，也绝非不可，连原来临摹未熟的也无妨重摹。其目的并不是重复旧的，而是为了更好创造新的，为了让原已形成的笔法和风格来一个变化，并且不断变化，使临摹对于创作不断地起促进和助益作用，使创作不断推陈出新。倘能再这样循环下去，定会使其作品做到日日新、月月新、年年新。

临摹与写生并不矛盾，临摹在内，写生在外。临摹并不像复印和拍照那样一模一样。临摹犹如读书、背书一样可以增强记忆，深入理解。

临摹就是学习。学习必从头起，学习永无止境。当然，临摹不等于创作。因此，参展作品应以创作为宜。至于摹品，亦有其一定作用，断不能以废物视之。

创作

欲创作出令人赏心悦目或惊心动魄的精品，必须切实做到如下几点：一、彻底澄清胸襟积尘，使心情淡泊宁静，一切处之泰然。二、搜尽奇峰打草稿，闭门积想苦加工。三、放浪形骸，挥洒自如。

论笔墨

凡作国画，首先须娴熟地掌握笔墨规律。然而又应大胆运用无笔之笔和无墨之墨，自立无法之法，再进而反对墨守己法，务求不断变化，只有如此，才能使其画日臻完美，光景常新。这是真正高明的中国画家之精神所在。

论虚实

在成熟地掌握笔墨规律以后,应于实中求虚,虚中求实,虚实相间,神在其中。全实则俗,全虚则玄,皆不足取。

论意在笔先

古人论画,强调意在笔先。吾意未必尽然,笔在意先,亦无不可,宜不断游刃于两者之中。意下动笔,笔下生意,相辅相成,熟能生巧以至巧夺天工。

再论意在笔先

历代画家皆强调意在笔先,吾则虽有同感,却以为笔在意先亦未始不存在。盖临摹画本时,应当注意用笔用墨方法,暂不能骤然构思构图,也暂不讲究灵感。必待提高绘画能力,学会用水、调色,用惯各种不同的纸,在此基础上逐步做到意在笔先。在正式动笔落纸时,先行构思构图,讲究灵感、气韵和意境,运用"六法",挥洒自如,游刃于笔先、意先两者之间,不为前人成法所囿,亦不为胸中成竹所拘。意到笔随,笔挥意出,所谓心手相师,方可自成一家。

论以形写神

凡画山水、人物、花鸟,既求形似,尤重神韵。"以形写神""形神兼备",此传统画论不朽之说也。写真不必全真,全真则俗,丧失自我。写神亦不宜一味求神而失真,不然,将变为空神,丧失艺术真神。故必以形写神,而以神化形,亦无不可。

大人物之作未必尽为杰作,小人物之作亦未必非杰作。著名画家之所以成名成家,在于当时杰作。但其中不少人一为名家,便踌躇满志,忙于内外酬应,逐渐失去原来刻苦勤奋、锲而不舍的精神,心血来潮,信手乱写,以致原有动人气韵和惊人气魄丧失殆尽。此可谓有始无终，然而善始善终者鲜矣哉！

论水墨画之泼墨与泼彩

水墨画之泼墨法，画家应熟虑而慎用，不可一味大泼特泼，泛滥成灾。泼彩亦须如此。泼墨泼彩两者合一，形成中西融化之中国画，但仍应不失民族气质和传统特色。

评艺术学者的态度和精神

艺术学者，责任在于探求艺术真理，发现艺术真理，开拓艺术真理，为继承和发展民族艺术传统而坚持奋斗，作出贡献，并争取树立自己独特之学说及不凡之风格。

艺术学者必须独具民族艺术审美观与世界艺术审美观。当今个别艺术学者一味求名求利，不认真学习和继承民族艺术传统，对艺术意义和艺术技法，亦不求甚解，不求深造，一有点滴成绩，便沾沾自喜，洋洋得意，自我陶醉，自我吹嘘，拉关系，仗权势，此乃艺术学者之大忌，亦艺术真理之大敌，因而其人称不上是真正的艺术学者。

《绘事简言》表达的形式归纳起来有：谈、论、评、说、辨、感。其内容广博，涉及临摹、创作、笔墨、审美、画术、方法、励志、师古师造化等。这些简言，短则寥寥数语，逸性而作，自出机杼，富有哲理思考，表达了谢伯子在一个阶段对艺术创作规律、途径、主张的认知，对绘事的探索，闪烁出智慧灵光；这些简言，无疑是谢伯子智慧的提炼和理性的总结。这种能力，不要说聋人画家，就是所谓当今著名画家亦只有击节叹赏。

画为心声，论为心意。《绘事简言》不乏真知灼见，且言简意赅，颇似"画语录"，如同《苦瓜和尚画语录》《张大千画语录》《黄宾虹画语集萃》等，并与其具有同样的思维和卓见。"谈师古，师造化与师古心"传递了谢伯子师法古人和师法造化之心、之言、之理、之论的信息，是他受画坛诸位前辈启迪而提交的一份关于绘画艺术的独立思考。这份思考，在聋人的世界里，只有他那样具有"异秉"者和求索者才能完成。

具有相当学术性，并与《绘事简言》形成互补的是"学术对话"——《谢伯子访谈》。访谈分一、二，分别长达万字，可谓谢伯子《绘事简言》之后的两篇"万言书"。

《谢伯子访谈》（一）由谢伯子与杨晓明、王纯纯于2012年2月共同完成，以杨晓明、王纯纯"提问"、谢伯子"回答"的方式进行。其内容广泛涉及画史、画论、画派、画家、人生、创作、方法等。列举二则：

一

杨晓明：上世纪三十年代，谢玉岑主要在上海发展事业，先后参加了"九社""蜜蜂画社""寒之友社"，与张善孖、张大千、郑午昌、王师子、陆丹林、汤定之、郑逸梅、符铁年、谢公展等名士相往来。把这些名字串起来，几乎是一部中国近代的文化史。据传谢玉岑生前收藏当时海内外名家友人的扇子就有上千，后来这些藏品的去向如何？在这些名家之中，以后与钱、谢两家往来的名家又有哪些？在这些名家中，哪些曾给予您关心与指导？

谢伯子：关于书画藏品的事，在父亲去世后都由月眉姑母妥善收藏。当日寇入侵将入常州时，祖母和姑母匆促收拾大量藏品，放在河边的一只大船里。我们一家人离乡背井，先到武进乡下避难，不久又辗转进入上海租界，藏品一直都在，幸未遭到损失。至于常州家中一些匆促之中因来不及带走而剩下的、并未装裱的书画，只能暂且放在空房子里，而把家门紧紧关闭。其后，日寇盘踞常州，我家曾托人悄悄回去一看。当他走到我家门口时，发现门已打开，进去之后看到零碎东西杂散满地，再也找不到原来未带走的书画以及几匣玉石篆印（系方介堪、朱其石、陈巨来篆刻）了——想必早已被人偷走了。解放初，我从上海回常州从事特殊教育工作，曾利用休假日出门散步，先后到过文物商店和博物馆，发现有张善孖、张大千真迹，还有晏济元、张旭明的山水画（都有我父亲的上款，原是谢家藏品）想必是被偷后转卖给文物商店和博物馆了。其他还有不少被盗走的书画或藏品都不知去向了。我还从路摊上发现几颗玉石篆印，全是方介堪先生雕刻的（也属谢家藏品），我当即拿现钞和一袋面粉收购，先暂放在我舅父钱家，后又取回家并印入我画廊所出刊物。另外，还有一大匣玉石篆印（亦为方介堪、朱其石两位名家所刻）尚未被发现，不知去向了。

至于以后与我们谢家往来的名家，有些已不是老名家而是新名家，因为大多老名家已相继作古，有些在世的老名家却不知所在。我和包立民、李永翘、汪毅、米祯祥等先生颇有往来，相互用笔交谈，他们对我颇为有礼。这些先生都编写过有关大千师的文章，其中汪毅曾被评为"大千身后知己"。他们都曾介绍过我，我也主动向他们学习求教。

以上这些，还有那些稍晚的中青年名家与我每一次会晤，都让我在高兴之余忘掉自己之老，连我的失聪之苦也丢在脑后，甚至忘得一干二净。

二

王纯纯：您的山水作品中有青绿、有金碧、有纯色水墨的、有色彩丰富的，既高古典雅，又艳而不俗。您如何看待色彩在传统中国画中的地位和作用？

谢伯子：我山水画中的有青绿、有金碧，这大都是学习张大千、郑午昌两师的。我还曾临摹过大小李将军的青绿、金碧山水画，从模糊中尽力临摹，也稍得其法。我还从古今名家的青绿山水画品中参考学习。关于泼墨、泼彩方法，回想当初，我曾不知如何掌握，稚柳叔父在家里给我当面打出手语，形容他自己挥毫泼墨泼彩的方法，边打边讲，在旁的月眉姑母也边看边打手语，让我看个明白。我还几次从电视中看到大千在台湾泼墨泼彩作画。回忆大千师从漫游海外到定居台湾期间，曾寄赠给我几本画集，让我学习和临摹，使我进一步得其神髓。我仿佛觉得大千师悄悄地在我背后指点和鼓励着我，今天回首前尘，不禁思潮起伏，感慨系之。

关于"色彩在传统中国画中的地位和作用"问题，简答几句：中华文化传统至今已三千多年，影响遍及五洲四海，地位日益提高，作用更是显著。当前，祖国文化巍然屹立，我不禁联想起张大千与毕加索两位艺术大师，他们曾在东西巅峰会晤时合照留念。毕加索盛口赞赏中国绘画，评议世界绘画，评定"中国画第一"。这一历史性的会晤，显示了近代中西美术总体上的互相影响，岂止"色彩在传统中国画中的地位和作用"这一点而已呢？

《谢伯子访谈》（一）内容含有：书画创作、人生境界、家庭人物（钱名山、谢玉岑、钱素蕖、谢月眉、谢稚柳等）、画派、文人画、书画同源、道家人物及对"大音希声"的解读、文人参与对中国画产生的影响、借鉴与发扬传统、对张大千和郑午昌的解读、石涛与张大千的比较、近代人物评价（吴昌硕、黄宾虹、齐白石、潘天寿）等。所谈内容，穿越时空，学术含金量高，颇能体现谢伯子的文化视野和文化结构，具有相当的代表性。

《谢伯子访谈》（二）由谢伯子与蓝薇薇于2013年3月共同完成，方式与《谢伯子访谈》（一）相同。访谈内容宽泛，但以特殊教育为主，兼以"关于世道"的议论、"喜极而狂，乐极欲死"的纵谈、"笔、墨、彩运用"的演绎、"一门风雅"的阐述、"交友和交谊标准"的探讨等。举一例：

　　蓝薇薇：谢族于窘困之中仍能延续一门风雅，您认为最重要的因素是什么？家风、世风、国风，您如何看待此间关系？

　　谢伯子：依靠谢氏祖辈、姑叔长辈文化强者联力支持，特别是父亲带病独立支撑，我兄弟姊妹五人亦尽力相助，才能胜任保持一门风雅，本门尤以人为本，以品质和体质兼重为主。以我的看法，不光是谢族在窘困中延续一门风雅，还有十三亿人民中成千上万文化世族在窘困中延续保持文化风雅。追究其重要因素是什么？

我想应该就是你所言"家风传承—世风改善—国风重振",可说是言之有理、言之有物的。试想,退而反转而从"国风重振"至"世风改善",演变为"家风传承",也可说理无不合,物无不有。念及此,我又免不了关系到如今大报所载的"中国梦",高呼大喊多声,不如振臂一动来实干、奋干、苦干,激起大众奋臂多干,争取大圆中国梦。

上述受中央电视台、中国特殊教育博物馆访谈的谢伯子,如果不具备澄怀观道的襟怀和广涉博取的学识是难以完成对话的。

《永恒的记忆》是谢伯子散文的代表作之一。该文具有史料与抒情双重特征,特别是最后一节:

> 当我登上黄山莲花峰以及峨眉山金顶时,默默闭眼,想念父母亲和大千师,开眼忽见千朵万朵洁白如玉的芙蓉时隐时现于茫茫云海之中,她们仿佛是我父母的名字和精魂的化身。一瞬间,她们又忽变色,一红一青一黄一黑,又忽呈五色,令人眼花,她们又仿佛是大千师笔墨的化身。我顿觉神思恍惚,心潮澎湃,省悟到自己七十多年来之所以历尽沧桑、饱受风霜,而终能自强自立,于艺术上有所追求,有所创造,一心奉献于祖国千秋绚丽的艺术大业,乃是与父母亲和大千师哺育、教诲、奖掖、影响,与他们留给我的永恒记忆是分不开的。

这段感人肺腑的文字,表达了谢伯子对父母"圣洁之心"和对张大千"不忘张髯"的真挚情感。

谢伯子与苏慎合撰《试论张大千学与大风堂画派》收入《张大千的世界研究》(汪毅编,四川美术出版社,2009年4月版)。这篇论文是为纪念张大千诞辰110周年而作,虽是合撰,却体现了谢伯子对张大千学与大风堂画派的认同与思考。

谢伯子从事特殊教育事业30多年，执鞭教坛，惠泽桃李，写有大量教案和组织、管理工作方面的文案。他钻研聋哑教育，并结合教学实践，不仅著有专著《聋哑儿童心理学》，而且发表数篇文章。这些教案、文案和《聋哑儿童心理学》，均毁于"文化大革命"，留下了永远的遗憾。

佚诗遗文

谢伯子诗词文，大多已收入《九秩初度·谢伯子先生谈艺录》《谢伯子研究》《谢伯子画集·青山画斋诗稿》，但也有一些没有公开发表的，兹选录谢伯子诗稿、记事本中的佚诗遗文。

《谢伯子诗稿·自序》说："解放三十年来，我原因各项工作繁忙，苦于无暇作诗赋词，尤在十年浩劫中心常自危、未敢轻言，直到一九七八年四月才开始发愤读诗写诗。由于当时条件限制，既找不到诗人，又无诗词资料，好不容易才稍能掌握音律，故而写起诗来比较通顺些，克服了由于先天聋哑症所造成的重重困难。从七八年四月到八月底止，共写有一百多首，其中三十几首遗失的正在追想中，至八一年二月又作整理，并作了一些修改。由于诗的格律知识基础还不够牢固，有待于今后继续自修，以求深造，并拟请教大方，争取步步提高水平，力争做到'语不惊人死不休'（杜甫诗句）。弥坚写于八一年二月十五日。"

名山翁墨竹画赞
纵横运笔似穿梭，虎跳龙飞风电过。
苏轼郑燮应不死，当惊傲骨古今播。

读石溪画
墨笔如珠精且明，超然意远引神凝。
昔观杰作尽磨琢，灼见其人心地澄。

读渐江画

一山一水见清浅，千里迢迢三尺短。
诗画并茂皆有情，百读不厌意深远。

郑燮诗书画评

一

诗和字画称三绝，泼墨挥毫一连成。
三绝凝成无价宝，可换赵璧或秦城。

二

字画和诗三绝技，在于雅趣与神气。
诗歌节奏妙而清，书法超凡尤其隶。
墨竹婆娑伴月明，白兰异馥迎风激。
凝成合璧可换城，慧眼过观真手迹。

观徐悲鸿先生为先父画《骏马图》

泼墨淋漓一座惊，挥毫奔放破尘封。
擅长所在尽驹骏，杰作非凡天下称。

鲲鹏画题

鲲鹏奋击九霄天，疾跨长虹向日翩。
猛挫顽龙吓众鸟，轻飘奔向二千年。

颂荷

接天莲叶似霞裳，映日荷花如晓妆。
碧翠朱丹相焕发，清芬郁馥并飘扬。
善交翠鸟伴鸧鹒，恶绝乌鸦防鼠狼。
洁白无瑕胜百卉，正当六月好风光。

咏虎

双眼睁睁开利齿，全身是铁抑如纸。
兴风大啸镇山林，饿则跟跟饱则止。
跳峻不惊称有威，溺河不悔笑无智。
威风凛凛可嘉扬，愚昧贪婪难抑制。
伏虎心坚学武松，不冲虎穴焉得子。
得来引母勿惊伤，统统生擒殊可喜。
社稷正如获宝珍，医材贵重犹如此。
为添国宝利民生，大力包罗投肉食。

忆昔习字

幼时习字靠姑扶，少受翁教学楷书。
夙夜孜孜无不悦，勤摹古帖骨筋舒。
殷周篆字全纯朴，秦篆如钢汉隶弧。
怀素羲之行草圣，颜筋柳骨乃楷模。
徐如大象运千树，疾似神驹驰五湖。
入木三分惊毅力，过夕洗砚不留污。
虚心好学恳求教，慎取精华舍犷粗。
千古风流皆入目，雅俗共赏古今殊。

忆昔学画

幼年握笔似扶犁，犹若豚羔心易移。
万里惊流摇折桨，千层险岫爬伤皮。
磨杆出针自勤奋，终夺天工心好奇。
泼洒丹青辉陋室，通宵达旦乐忘疲。

忆大千师授画

幼小看图描藻绘，严师墨笔极珍贵。

谆谆指授尽心铭，夙夜孜孜终学会。
日月星辰辉世间，江山秀丽引人醉。
鲲鹏直上九霄天，骏马纵横州外内。
燕舞莺歌花卉香，千红万紫竞开芯。
风流晋代衣冠清，君子淑人心德美。
千古丹青皆可师，形神俱看必为尊。
毋忘妙手种桃功，永感贻孤千镒恩。

忆一九六六年"文化大革命"爆发一事
才思空虚因浩劫，丹青久废为污蔑。
闷雷十载一朝轰，彩笔夺回勤补缺。

送画友游黄山
春风又染黄山绿，皓月迎来作画人。
莫负山灵心力苦，辛勤写实更传神。

自勉（十三选三）
乌纱帽废一身轻，信仰如山岂可倾。
兀坐深思长默默，著书作画启心声。

罢官废玺不要紧，万事皆灰何足论。
向日葵心坚似铁，傲霜菊芯细如奎。
有暇必治归白璧，五十几龄文返春。
愿献余生功补阙，为民对国尽红心。

身残眼亮信心强，咬指攻书把食忘。
循序渐进勤不惰，雄心必上九天堂。
惊魂彩笔本长技，悦耳诗歌尚可行。
历史将从吾起始，谁如胜我我宣扬。

渔歌子·咏荷

潇洒多姿碧叶圆。无情有恨素葩妍。　　池似镜，藕如船。风裳水珮宛神仙。

忆江南·思乡

三寒易，又值好时光。回想兰陵风貌变。　　千红万紫满城香，能不忆家乡。

魂

思想、意志、记忆、怀念都是"魂"。人死而魂不散，遗留的风范将永存人间。思想、记忆、梦幻、灵魂皆出自人之心头，此四者之间互相构成的关系何其紧密也，此四者化身者乃人也，而未化身者非人也。然而真正塑造或改造人类灵魂者，乃伟人乎？抑是圣人乎？

命运

命运有没有？命运是人的本身造成的，命运好坏也是人的本身决定的。命运好坏，决定于人，并不是决定于上帝。然而好人有时遭受不测之祸，坏人有时猎获意外之福，自古有之，这难道又是命运注定的吗？老子云："祸兮福所倚，福兮祸所伏。"古人又云："谋事在人，成事在天。"究竟是耶？非耶？

工笔与写意

国画分有工笔和写意，或先工后写，或先写后工，或工写结合，我认为均可。如果是从工笔起，一味是工笔，或是从写意起，终是写意，说来只是一种画法而已，缺乏多变化。只一种风雅趣味，恐怕只能保持一时，容易就索然乏味。吾辈必以一专多能为宜（指诗、书、画、篆刻等而言），不止于上述的两者之画法而已。盖以"一专"发展"多能"，反过来以"多能"促进"一专"，所起之作用更大，就此乐在其中，又是其乐无穷也。

笔墨繁简

青年在学画阶段宜多用繁笔，有待于大器晚成。到期告成可多用简笔，挥洒自如，而"神"在其中。一句话，欲以简笔学家，必先以繁笔为基。大器晚成以后可繁可简，可合可分，即使通宵达旦，也未尝不乐此忘疲也。

论笔墨

欲作画，必先娴熟掌握笔墨规律。因而在山水或人物或花鸟画上，以运笔落墨所向之近远，必须用笔用墨之功能。即是说：近处必尽有笔有墨之妙，乃有法之法也；远处必尽无笔无墨之妙，乃无法之法也。

法，有之而缺神，无之而缺形，皆不足取也。

形与神

古今画家都论过的"以形写神"，吾意必反，这并非故意反对，而其意是说反过来"以神化形"。"以神化形"是说必须以精神变化或改造物质。就画而言，必须以精神或神韵变化的实物形似，使形似与不形似之间出现精神或神韵。"以形写神"就是在写真基础渗透之，以精神或神韵使其表现出来。两者之间亦可合在一起相辅相成，可谓是艺术理论和实践过程之又一次发展。

惜墨如金与惜时如金

石涛云"笔墨应随时代"，千古金玉良言也。我认为这正说明我们必须以传统性的笔墨去反映现时代的风光。简一句话，如果能这样想并这样做的作品，可谓"惜墨如金"。

惜墨如金，必在传统和创新兼重之下，必须以笔墨技法所形成的动人气魄和神韵，力求一丝不苟，其作品令人百读不厌，此乃真正惜墨如金也。

惜时如金，以传统性的创新形式去描绘现时代的新风貌。譬如画山水，不能只仿临古代画过的山水，而应亲身在真实山水之中，反映现时代的山水风光。画人物，也不能仅仿临古代画过的古代风流人物，而应亲自写出古代风流人物，或现代人物。画花鸟亦然。

"笔墨应随时代"指当时置身其境，创作其境。仿临古今所画的画，便有复制品或抄袭品之嫌，谈不上笔墨随时代。

论谢赫之六法

余闲居时偶读《中国历史画论》，读及宋代郭若虚论"谢赫六法"之气韵生动、骨法用笔、应物象形、随类赋彩、经营位置、传移模写。六法精论，万古不移。然而"骨法用笔"以下五者可学，如其气韵必在生知，不可以"巧妙得"，复不可以步月到默契神会，不知然而然也。

郭若虚之论，我意此只限于初学者务必过之径，而大家、大师却不为也。盖大家、大师早已大器晚成，早已娴熟掌握"六法"，不止于掌握其中一法气韵规律而已。除此，还可以"巧妙得"，复可以"岁月得"，有何不好？如能这样循环下去，以臻完善。当气韵一触笔端，辄自洒脱生动，总不出意料之外。即使有出意料之外之处，更有适当取舍。起点必"骨法用笔"为先，终点必气韵为先，意境当然在其中矣。世人称为"诗圣"的李白、杜甫，并非生而知之的圣人，在触物觅诗中，早知气韵所在，即出口成章。事成于勤，难出于易，令人不言而喻。

郭若虚之论虽然不谬，但必当作初学者务必过之道，大家、大师皆不为其所绊羁，而仍然挥洒自如也。至于究竟知不知其然而然，何庸置喙。

论弃文经商

文化界出现了"弃文经商"现象，孰是孰非，一时难以判断。我认为"弃文经商"太不必要，不如以文经商，以文兼商，以文发商，以文成商，当作商业的助力，以至主力。商业反过来更好地促进和繁荣文化事业，使之进一步向外发展开拓，其前途岂不更美乎？

怀念

1997年6月1日叔父谢稚柳病逝，我不胜痛悼。回首往事，历历在目，印象无法磨灭。回忆几位抚育我、培养我、造就我的长辈各是著名诗词、书法、国画大师（大家），如外公名山，父亲玉岑，师父大千、午昌，虽先后作古，而风范永存。我的怀念之情，绵绵不断，在无形无声中已化为不断教育我、鼓励我、鞭策我的巨大动力。我将永远牢记在心，自强不息。数十年来，每得到点滴成绩，总从零开始，继续砥砺，持之以恒，如稍稍松懈，便太辜负了前辈之恩情。

看了本市美展中国画部分后的一些感想

这次本市美展作品内容有国画、油画、水彩画、速写、木刻、雕塑、摄影、金石、书法、刺绣、民间美术工艺品等，琳琅满壁，美不胜收，我在参观时仿佛置身在真山真水、鸟语花香之间。

这次美展作品，尤以国画为多，国画家作品不但各有不同的技法和风格，还能在各种不同的方面反映生活。其中一些作品既能吸收西洋画的长处，又能充足地表现民族艺术风格，初步纠正了抄袭临摹和矫揉造作的旧习，这是此次美展的一个收获。

龚铁梅老先生的《菊竹松石》《淡墨山水》，用笔用墨，潇洒不拘，气韵生动有致，这说明龚老先生具有老当益壮的精神。

房少臣的《松鹰》《柳燕》《乌鸦》，笔致活泼而又精练。薛济廷的《珠藤鸡》，虽寥寥数笔，而情趣盎然。钱小安的《烟柳》，浓浓淡淡，阴阳明暗，富于变化，妙乎其技。房虎卿的《雨景米山》《松石》，笔墨互用，干湿互施，不落古人窠臼，可见其功力的深厚。房师钿的《武夷山》《勘探队》，既能继承其父虎卿的技法，又能别开面目，构图、意境都很美妙。戴元俊《和平图》《牡丹》《荷花翠鸟》，笔法挺秀，色彩艳丽，非常悦目。冯兆乡《人民公园》《工人文化宫》《文笔塔》，反映了现实生活，描写出秀丽的江南风光。周芝云、琴韵姊妹的芦雁，色彩秀雅，富有情趣。钱九如的《仕女》，人体衣裳线条平均，形貌绰约。徐敬安、张佩芳等的《牡丹》《秋花四品》《青年富贵》，这些作品都能吸收北宋画家及恽南田的花卉技法。其他作品亦都斐然可观，用不着一一赘述。其中还有聋哑画家的作品，如吴一鸣的《山水》《黑猫》《虎》，往往另出心裁。杜家瑞的《白头富贵》《绶带鸟》，布局适当，色彩清丽。张仲华的《人物》，也富于想象。

国画家们辛勤劳动得来的成就，不但反映了伟大的祖国政治、经济、文化建设的发展，也体现了百花齐放、百家争鸣方针的伟大，这是本市艺术界的一大喜事。

但是我们不可讳言，此次美展中的一部分作品还有不够成熟之处。今后我们国画家，无论年老的、年轻的，仍要进一步继承民族遗产，发扬民族传统，并吸收西洋画的长处，结合国画的特点，推陈出新，积极地从事国画创作，在百花齐放、百家争鸣的方针下，让国画之花开放得更加茂盛。（1956年9月）

题马图

我幼童时曾喜画马，临摹古今中外画马家的马图，后来获睹徐悲鸿先生赠送我先父的一幅马图真迹，不禁为之五体投地。当再三观摩、细琢时，总觉徐氏下笔豪放（早年工细，晚年豪放，再不囿于古法了），落墨异于寻常，这确实是史无前例的杰作。当时世人争着临摹和效法，但终未能得其神髓。

我于一九五二年结婚初才得知彼乃我爱人宋兰芳亲戚，立即产生了这样一个的念头，大有必须赴京向彼请教的理由。我的这种梦想，可惜在徐悲鸿离我长逝时才告毁灭了。这使我十分惆怅而又惋惜，从此停笔一直至今已二十五年了，这次才重新握笔模仿了徐悲鸿遗作，聊示瞻仰其为人罢了。（1977年8月4日）

上录佚诗遗文大多作于20世纪70年代至80年代初，既通俗易懂，又雅俗共赏，反映了谢伯子"历史将从吾起始，谁如胜我我宣扬""艺术之心，永无休止"和"怀念之情，绵绵不断"的追求之心与报恩之情。

谢伯子绘画略说

谢伯子的诗文书画，虽各具特点，但着力最多、成就最大、传播最广的应该是谢伯子的绘画作品。这与谢伯子"以画为先，诗文其次""一专多能"以及"在多面化中必有专长，专长必须充分发挥，坚持到底，而多面化宜起辅助之作用"的艺术主张有关。本章从谢伯子早期、中期、晚期三个阶段来解读、点评其绘画作品，以便我们能够全面了解谢伯子绘画艺术的发展过程和其作品在近现代中国绘画史中所处的地位与作用。

谢伯子早期（1942—1949）
绘画中的张大千影子

先解读一幅谢伯子1942年的作品《松猿图》，可管中窥豹。该图（130厘米×61厘米，纸本立轴）古松苍藤围绕着一白猿，猿双臂缠绕松干，一足踏藤蔓，一足悬空，双目圆瞪，大嘴张开作嬉笑之状；白猿的眼珠、鼻翼、唇齿、颏须、趾爪等皆描绘精细，神态惟妙惟肖；构图、设色老练，松藤、岩石、溪涧笔墨明显是石涛与张大千笔法；布局与主角白猿不仅呈现出一种世外桃源、戏剧张力的效果，更有一种静与动、梦与幻的相互激荡之感。如果没有图左上端署款"伯子"，钤印"江南谢家"，不可想象画作是出自一位19岁青年之手，令人叹为观止。

"怪石奔秋涧，寒藤挂古松"，大凡古今画家有同类画作，但多为长臂黑猿，张大千就曾多次画过长臂黑猿，但白猿极少。黑猿尚可用细笔描绘猿毛的质感，而白猿需用白色颜料来体现猿毛的丝质感，技法难度远高于黑猿。北宋易元吉善画猿猴，有云："世未乏人，要须摆脱旧习，超轶古人之所未到，则可以谓名家。"

《松猿图》

《松猿图》虽然是初出茅庐的谢伯子的一幅早年之作，却已具有职业画家的水准，故钱名山老人欣然在此图上题诗："千年雪毛精，生来好手脚。谁家小女郎，与尔斗剑法。"1951年，谢伯子将此图赠与其夫人宋兰芳的哥哥宋开荣，并在图上署款："开荣吾兄指谬。辛卯正月谢弟伯子。"据谢伯子后来说，同时期相同尺寸之作共有4幅，另3幅为《白马图》《孔雀图》《仙鹤图》，谢伯子1949年回常州任教常州聋校时，寄存在舅父钱小山家。

晚年的谢伯子极珍爱《松猿图》，认为是他早年的代表之作，特以编入《谢伯子画集》（上海书画出版社，1999年版），为第一幅作品。

从美术史论研究角度可以得出结论，一个画家在早年的学画过程中，选择某派、某家的作品临习，多数是被某种特有的审美趣味所左右，而这种选择往往会对其一生的画风起到关键性的作用。谢伯子的早期绘画，应该颇受其父亲谢玉岑的影响，尽管谢玉岑可能并未对他进行过绘画方面的具体教育。

符铁年有云："曩吾识玉岑，一见若平生欢……后复稍稍作画，则又幽淡逋峭，疏林远水，松石梅竹，令人意远。"陆丹林《哀念玉岑社兄》有说："用书法写松梅山水，清新俊逸，但不多作，朋友得着他的画，莫不珍宝万分。"张大千在《四十年回顾展自序》

谢玉岑《紫罗兰庵图》

中云："率尔寄情，文人余事，自然高洁，吾仰陈定山、谢玉岑。"谢稚柳在《先兄玉岑行状》中说："以书法写松梅山水，名手多叹勿如，以为在雪个、穆倩之间。"谢玉岑既是以书作画的文人画家，又是词人画家，在其传世不多的绘画作品中，多为小条幅、画笺、册页。如从画赠周瘦鹃条幅《紫

谢玉岑《松与屋》

罗兰庵图》和画与叶恭绰画箑《松与屋》来评，前者渴笔淡墨，逸笔养眼，构图疏朗，颇具石涛的韵致；后者淡墨勾勒，笔至简朴，清雅空疏，颇有八大意趣。谢玉岑这种风格的画作，与张大千的早期画风有着某种笔墨上的渊源关系，就画史的流派和风格研究而言，画家之间在艺术趣味方面的同嗜或近似表现形式中，一定贯穿着某种精神上的同脉关系。

台北历史博物馆张大千研究专家巴东将张大千一生的绘画风格分为早期、中期、晚期三个阶段：清秀俊逸之画风表现（1920—1939），自张大千在上海拜师学艺起，迄于前往敦煌为止；精丽雄浑之画风形成（1940—1959），自张大千在敦煌临摹壁画起，至其旅居国外，开创泼墨画风前为止；泼墨泼彩画风之形成（1960—1983），从泼墨画风形成始，迄于完成泼彩、泼墨的总结作品《庐山图》为止。本章探讨张大千、谢伯子早期绘画风格中的石涛现象。

张大千曾自述其早期学艺历程：

　　二十岁归国，居上海，受业于衡阳曾夫子农髯、临川李夫子梅庵，学三代两汉金石文字、六朝三唐碑刻。两师作书之余，间喜作画，梅师酷好八大山人，喜为花竹松石，以篆法为佛像；髯师则好石涛，为山水松石，每以画法通之书法，诏门人子弟。予乃效八大为墨荷，效石涛为山水，写当前景物，两师嗟许谓可乱真。又以石涛、渐江皆往来黄山者数十年，所写诸胜，并得兹山性情，因命予往游。三度裹粮，得穷松石之奇诡，烟云之幻变，延誉作展于故都、上海、成都、重庆。

1919年，张大千留学日本学习染织后回国，继而于上海拜在曾熙（1861—1930）和李瑞清（1867—1920）门下学习书法。此二老为前清进士，民国以后隐居上海，品学俱名重一时；书法皆以擅长魏碑得享盛名，号称"南北二宗"，又谓"南曾北李"。在二老的鼓励下，张大千四次游黄山，穷究自然之奇诡幻变，形成了一生喜好跋涉山川、云游四海的开阔胸襟。1939年，张大千在重庆举办画展，此后便赴敦煌研究壁画。

20世纪二三十年代八大山人、石涛之画风靡全国，以致形成"人人八大，家家石涛"的画坛风气。八大山人、石涛神话的产生，缘于一批晚清遗老如李瑞清、曾熙等的竭力鼓吹，他们的鼓吹主要出于八大山人、石涛的遗民身份。另外，加上一些致力排满运动的反清人士如南社诸子的推波助澜，再加上张大千、郑午昌、潘天寿、傅抱石、刘海粟等对八大山人、石涛画派的积极发扬，使八大山人、石涛的地位在民国时期达到了前所未有的高度。

八大山人、石涛的画作究竟如何呢？八大山人的绘画风格，简言之，"至言至简"。主要体现在：一、简净凝练的笔墨，以书法融入绘画，形成明清文人画水墨表现的高峰；二、奇特夸张的造型，以神取形，以意舍形，笔简而形具，妙在似与不似之间；三、简洁奇险的构图，以形式语言极致的"简"，形成思想情感上最大的"繁"。石涛的绘画风格苍郁恣肆，有"我之为我，自有我在"之说，主要体现为善用墨法，尤喜用湿笔，通过水墨的渗化和笔墨的融合，表现出画面的氤氲气象和深厚之态。八大山人的书与画，均有一股冷峻而不可企及的高士气派，倾诉着他遗臣孤子的亡国之痛。

石涛的画作中有着非常遒劲的书法线条，多用中锋渴笔勾勒，笔墨特有个性张力，充分展现了他变幻无穷的画风魅力。石涛的绘画理念强调不遗余力地倡导画家摆脱泥古模仿、突出自我，因此，他是响应并吸收了晚明反复古主义和主张个性解放的思想家们的许多观点和主张。石涛的笔墨魅力，是它没有规范程式，对后学者、临摹者而言，具有高度的自由发挥和个人想象的空间。当然，也不能率性而为，否则，过之便俗。

在众多师学石涛的民国画家之中，唯有潘天寿得石涛神髓，傅抱石却全身而退，其他绝大多数人都深陷其中而难以自拔。独张大千既非深陷其中，也没全身而退，而是变异和再造了一个有自我趣味的"石涛"，即去除石涛绘画中的某些草率粗犷之弊，发扬其秀逸清润之美。且又强调敷色，以增加视觉审美效果。张大千曾说："石涛之画，不可有法，有法则失之泥；不可无法，无法则失之犷；无法之法，乃石涛法。石谷画圣，石涛盖泥画中之佛也。"

纵观张大千一生的绘画成就，与他早年刻苦研学石涛是分不开的，甚至可以说石涛是他的"家学"。民国美术评论家陈定山在《现代画坛及画家散论》中说："张大千是一个聪明人，他从石涛起家，又把石涛一口气吞入腹中，捣个稀烂，吐得出来，化作唐、宋、元、明千百作家。"张大千是一个天才的摹古大师，他早期摹学或造假石涛的画作，或许有着自我争胜好强和求知欲望，但无疑也创造和完善了一个具有自己风格的"石涛"，他也是民国绘画史上独一无二的传奇个案。

谢伯子《读大涤子画》云："弃绝因循背道驰，形神契合画中诗。奇峰搜尽随时代，第一江南百世师。"诗后有注："'背道驰'，指石涛反对当时画坛因循守旧、拟古成风的积弊，坚持'师古化之''借古开今'的立场。王原祁推许石涛为'大江以南第一'。"

由诗、诗注可知，谢伯子对石涛的绘画理念不仅认同，而且十分推崇，尤其是"奇峰搜尽随时代"。

谢伯子少年，在绘画启蒙上深受其父谢玉岑的熏陶。因为谢玉岑喜爱张大千的作品,所以他从小耳濡目染,对张大千充满好奇心。虽然没有提及张大千具体的画作,但根据谢玉岑与张大千交往的经历判断,无疑是张大千早期有石涛风格的山水、人物。另外,谢伯子在拜师张大千后的训练主要是临摹张大千的原作。所以,在谢伯子少年时期的绘画笔墨中,已具有张大千画作(石涛风格)的一脉关系。譬如,谢伯子少年斗方小品《奇峰出云》(1942年左右)和条幅《奇峰出云》(1943年)已见迹象。前者画面群峰耸立,气势扑面而来,以张大千惯用的渴笔勾勒、皴染山体,上浓下淡;山下一行人沿石阶踽踽向上,山峰之间空地有几处小屋,山顶、半山、山脚杂树丛生,远处一览远山;画面险峻,设色古雅。谢伯子在图上题署:"奇峰出云。摹吾师张大千笔法。"后者用渴笔勾勒山峰轮廓,以墨皴染石骨纹理,远处峰峦间松树耸立,近处那几大块突兀奇特的方硬山岩、山屋、松树则完全是石涛笔法,整幅画面敷以青绿和淡赭色,将黄山险峻幽奇的特征表露无遗。谢伯子晚年在此图上补题:"此画时于一九四三年所作。谢伯子。"

《奇峰出云》斗方

张大千、石涛的作品是当年谢伯子绘画的丹青宝筏,他要借助这艘宝筏起帆远航。

谢伯子画廊藏有一幅1942年作品《华山一角》(95厘米×32厘米)。远处四座峰峦中三峰用解索皴,一峰用荷叶皴勾勒,近处山麓下的奇岩怪石以多种皴法勾勒纹理,斜侧岩面空白而不加皴染。整个画面采用远简近繁的构图形式,构图颇具匠心,设色淡静古逸。晚年的谢伯子慨然在《华山一角》图左上题识:"斯图系一九四二年在上海陋室所作也。七十年后由建新赴北京收回,让予观之,因而加题,不禁慨然。宝树时于二〇一二年壬辰中秋。"

《奇峰出云》　　　　　　　　《华山一角》　　　　　　　　《松风对弈图》

  《华山一角》比《奇峰出云》更显得技法成熟，构图颇具匠心，显示了一个少年画家超强的笔墨功力，以及在图像造型上的掌控力。但是，这两幅设色山水画的构图模式和笔墨语言，却有着明显张大千早期山水画的风格。如张大千1934年的《匡庐瀑布》《巫峡清秋》，构图繁密，且以重彩设色。谢伯子因为笔墨功力还未达到其师的水准，且当时还未尝试重彩敷色，所以只能化繁为简，避重就轻，在形似和神似上着力，追求一种与其师稍有不同的清逸秀润的画境。这对年仅19岁且先天失聪的谢伯子而言已相当不易，也充分体现了他"生有异禀"的绘画天赋。

  近年拍卖会拍品《松风对弈图》（94厘米×33厘米，设色纸本），是谢伯子1946年的立轴作品。画风清雅灵秀，设色淡雅素净，人物神韵隽逸，是当年谢伯子师法张大千风格的一幅人物画代表之作。图上方谢伯子自题诗一首："倦听飞瀑响松风，对弈三人深树中。疏懒何须争一着，不将成败论英雄。"钤印：宝树、青山草堂。2013年，谢伯子在图左补题："此系吾二十三岁所作。癸巳年冬伯子重观之，时年九十又一。"

谢伯子早期作品中还有许多石涛或张大千风格的立轴、扇面、册页，如《谢伯子画集》中的《设色山水》（1944年，条幅）、《携琴访友》（1945年，立轴）、《抚孤松而盘桓》（1945年，立轴）、《黄山一角》（1944年，扇面）、《高丘独坐》（1946年，扇面）、《相看两不厌》（1948年，立轴），及近年拍卖会上的《四时山水》（1943年，四立轴）、《风霜之节》（1944年，立轴）、《青山红叶》（20世纪40年代初，钱名山题句）等。在此类风格的作品中，有些纯属是效仿张大千，在笔墨、皴法、构图、设色、人物点缀等方面力求神似和形似，如《携琴访友》《高士行吟》《相看两不厌》《高丘独坐》；而另有一些参鉴石涛的笔墨、图像形式，再用自己的笔墨诠释新意，且呈现一种清逸秀润的明净画风，如《设色山水》《四时山水》《黄山一角》中，直接用浅绛、青绿或两色中略加淡墨勾勒岩石和山骨轮廓线，像这类皴法其实在石涛山水中并不多见，而在张大千临仿石涛山水中屡见，如《匡庐瀑布》（1934年）、《黄山九龙潭》（1935年）等。为何张大千要将石涛水墨山

《设色山水》

《青山红叶》

水画改为青绿或浅绛山水呢，这主要是考虑到市场因素，因为水墨山水远没有青绿或浅绛更受购藏者和市场的欢迎。张大千晚年的中英文秘书冯幼衡，在其书《借古开今·张大千的艺术之旅》中说："张氏自从1925年首次在上海举行个人画展以后，就走上了职业画家之路，纵然他是诗书画三绝，但市场的需求和顾客的趣味走向应是他创作时重要的考量。"

1944年5月11日，谢伯子在上海八仙桥青年会青年画厅举办首次个人画展，正式以职业画家身份登上画坛（他晚年说是"书画生意"）。而张大千对"市场的需求和顾客的趣味走向"的考量，也同样是谢伯子当年的考量之一。谢伯子晚年访谈时写道：

> 大千先生先后给我的指点——几乎全是无形、无声之指点。这是无教之教，却使我在心灵上受到了莫大启迪，让我获得一种无形无声的传奇般的鼓励与向导，使我能健身前趋，上下左右，泼墨挥毫，淋漓尽致从艺术理论到艺术实践，引导我一步步地深入下去。

当代美术评论家万君超在《谢伯子早期绘画研究》中说：

> 在大风堂早期弟子（1950年以前）中，不乏以学石涛画风而名闻画坛者，如胡若思、晏济元等。但胡、晏两人在张大千身边研学的时间要远比谢伯子多得多，尤其是胡氏，据传其常为张大千代笔。而谢伯子仅是得到了"无教之教"和"无声之教"。就这一点而言，他能与两位师兄在石涛山水画方面成为一时瑜亮，所付出的心血可想而知。而且他不单纯追求图像样式的形似，更在设色、笔墨和构图上有"基因"变异。在他的浅绛山水画（以赭石、花青为主）中，墨不碍色，色不碍墨，色墨和谐，浓淡兼容。在构图上力求去繁变简，别粗为细，一种具有现代审美意识的"新石涛"已逐渐孕育成胎。

谢伯子在早期绘画中有意识地编织一只茧，就是为了将来最终能够破茧而出，蛹蜕成美丽的花蝴蝶，飞向更高、更远、更美的艺术天空。

下篇 谢伯子评述 | 191

《高丘独坐》

《携琴访友》 　　　　《高士行吟》 　　　　《抚孤松而盘桓》

《四时山水·春》　　　　　　　　　《四时山水·夏》

《四时山水·秋》　　　　　　　　　《四时山水·冬》

《黄山一角》

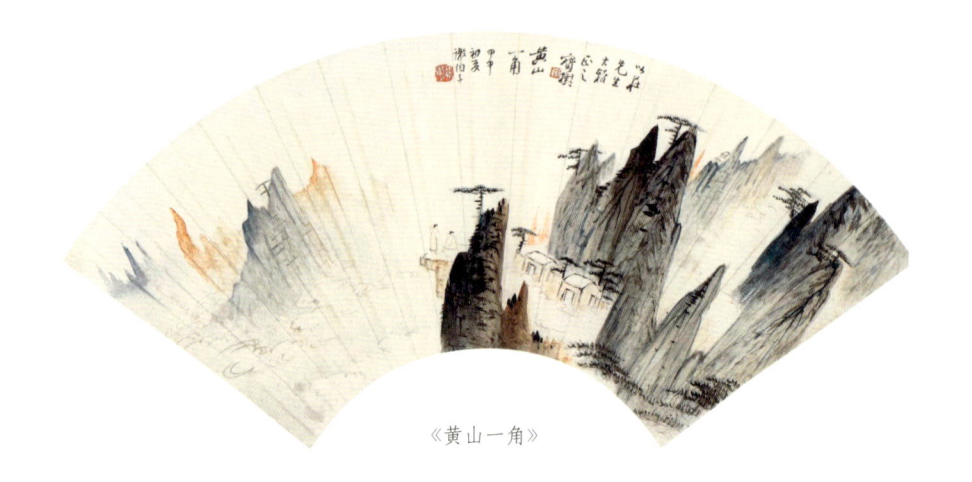

《风霜之节》　　　　　《相看两不厌》

谢伯子与郑午昌的师生画缘

在民国的传统型画家中,郑午昌的学历最高,他不仅担任多所大专院校的美术教授,他的美术理论、绘画史论也是首屈一指,桃李遍天下。鹿胎仙馆入室弟子达四十余人,其中令人熟知的有谢伯子、王康乐、王宸昌、潘君诺、刘佩乙、蒋孝游、陈佩秋等。

晚年的谢伯子在访谈时写道:

> 后来,抗日战争爆发,稚柳叔随南京政府(于右任领导的机关)奔赴重庆,而大千师亦回老家成都。我与他们远隔山川,茫茫云海,交通多阻,通信亦难。时年十四岁的我随家逃难到了上海,学业几乎荒废。幸而父执王师子先生久居上海租界,得知消息后便与我的姑母商定,随即带我前往郑午昌先生处,拜郑为师。我每隔几天就会把画稿呈交给郑老师看,他热情地给予我以指点,还先后赠给我多种大小画册,嘱我临摹。后来,他发现我的画法近似大千师,即问姑母,得知原因后,默默不言。当我长到了十八岁的时候,有几幅画被选入上海大新公司的四楼做美术展出,一下子被售空。郑老师得知后,严肃地对我说:"你学画还没成熟,骤然参展,太轻佻了!"我顿时感到惭愧,从此闭门钻研,力求深造。其后,廿一岁的我在上海青年会首次举办了画展,通过郑老师亲自为我选定多幅作品送展,我才感受到了真正的收获。抗日胜利不久,张大千在沪举办画展。郑老师与大千师会晤之时盛赞我画似大千师,大千师一笑以为然。由此可见,郑老师教导有方,大度容人。我每每回忆起他,不禁肃然起敬。

此文所讲的"上海大新公司的美术展出",即是1941年6月"钱名山、邓春澍、许仲奇书画展",谢伯子亦有几幅作品参展。

1941年6月16日的《申报》载:"钱名山、邓春澍、许仲奇书画展在大新公司四楼画厅举行,至22日止。"

同日的上海《社会日报》载郑心史《记邓春澍画展》：

  吾友邓春澍，以六法知名当世垂三十年，平生游迹几历天下之半，故所作山水，不专临摹，自然趣妙。名山老人赠字所谓"九洲奇迹，烂阅熟于胸中；五岳真行，奔驰于腕底"者也。画石亦别具一格，嵌空玲珑，真可使米颠下拜。本月十六日起至二十二日，君将展画于大新四楼，并邀名山老人参加。老人著作等身，书法为其余事，苍劲朴茂，自成一家，世固知之矣。老人女公子悦诗，为梁溪胡汀鹭高弟，写生学白阳、新罗，饶有清逸之气。又老人外孙谢宝树为已故玉岑词人长子，幼学于张大千，近又问业于郑午昌，山水人物亦已峥嵘露头角，此次书画合展，少长咸集，面目各自不同，堪为艺苑放一异彩，故乐记之。

6月25日，《小说日报》刊载署名"泪史"的《哑画家》一文：

  人生最苦事，厥为病盲，次则聋哑，有耳而不能听，有口而不能言，宁非一大恨事！然目犹能视，除却开口，翩翩风度，固不失为佳公子也，胜于盲人多矣。从来病盲哑者心最静，思最巧，不为外感所扰，故宜于从事艺术。盲人习音乐，每有过人之造诣，清末民初，有王玉峰者，以三弦拉戏蜚声南北，即盲人也。病哑者多聋，不宜于音乐，特宜于画，尤宜习工笔画。十余年前在故乡，每于笺扇庄遇一翩翩少年，以手势与人谈话，因知其哑，有识其人者，谓某氏子，画特工，邑中各笺扇庄均有其作品陈列，视之果不俗也。惜余健忘，不复忆其姓名矣。

  名山老人有外孙谢伯子（宝树），已故书家玉岑之遗孤也，年十八矣。伯子尝从张大千、郑午昌问业，艺乃日进。此次名山老人与邓春澍、许仲奇合展中，陈有伯子之画若干幅，作风似大千，更经名山老人为之题，乃益见生色，此子前途，未可量也！

正是这次书画展上，谢伯子得到了钱名山、邓春澍（谢伯子孩童时学画，曾受到邓氏的启蒙）的提携，有几幅画作参展，且被购买一空。尽管谢伯子初试啼声即受到郑午昌老师的严肃批评，但从另一面看，说明谢伯子的画技也已至令人欣赏的水平了。

郑午昌（1894—1952），名昶，字午昌，号弱龛，别号丝鬓散人、墨鸳鸯楼主等，斋名鹿胎仙馆，浙江嵊县人。早年毕业于杭州府学堂，与徐志摩、郁达夫、姜立夫同窗。著名中国近代美术史论家、国画家。擅长山水，兼花卉人物，能融诗、书、画于一炉，堪称中国画三绝。曾任中华书局美术部主任，杭州艺专、上海美专、新华艺专等校教授；亦是蜜蜂画社、中国画会、九社的组织者。与谢玉岑交厚，有"新派传统画家"之称。著有《中国画学全史》《石涛画语录释义》《中国壁画历史的研究》等。

郑氏主张改进中国画学必须在传统内部进行，他平生对黄公望、吴历特别崇拜，虚心向古人汲取营养，但在学习的同时提倡"师古法而立我法"，从而在学习古代各大家的风格技法后，形成了自己独特的风格。在山水画领域里，其是设色的高手，主要手法以色代墨，以浅绛为主，善用墨青、墨赭，时而松秀，时而苍郁。平生受子久、石涛、石溪影响最大，复取法于宋、元诸家，笔墨精到，神韵悠扬。对青绿山水强调用色明朗滋润，用笔工而不刻，不仅用色来提画中不足处，更用色来作苔点，让画面充满苍茫之色。张大千评其画"明丽软美，吾仰郑午昌"，可见大千对午昌此种绘画风格的服膺。

《中国美术年鉴·近代中国艺术史料丛书》载："鹿胎仙馆同学会，创立期，民国三十年；所在地，上海。鹿胎仙馆为嵊县郑午昌氏之别署，郑氏历年掌教各大学及专门学校，教授书画，及门者綦众。鹿胎仙馆

郑午昌在鹿胎仙馆绘画

同学会则为常侍师座朝夕亲炙者所组织，成立于民国三十年十月，致力至今未懈。"鹿胎仙馆同学会有组织、会议、历届干事名单、历年重要活动等记录在册。民国美术评论家陆丹林说："鹿胎仙馆及门男女弟子，多是一时俊秀……在海上艺坛，各有相当位置。他对于门弟子各随他们的个性分别指导，绝不限于一家一派之法。所以他的弟子们，很得博闻广益之效，而各有所成就。他们师弟之间，也互敬融洽，风谊之高，在社会中是不可多见的。"

鹿胎仙馆门风之严，似在大风堂之上。因为张大千交际广，应酬多，居无定所，云游四方，且又要创作大量的书画以此谋生，所以他不可能对所有门人都予以一一辅导，亲力亲为。张大千常常采用同时教授多位门人的方法，他作画，让门人环立四周，看自己是如何构图、落笔、设色等，口传手教，或让弟子临摹古画，或自行创作作品，他再予以一一评点修改。能够有较长时间在大千身边聆听教诲的弟子毕竟只是极少数，而绝大多数弟子只能是自学，所谓"师傅领进门，修行靠个人"。

万君超在《谢伯子早期绘画研究》中写道：

> 郑午昌对弟子学画有多方面的要求，既是名师，又堪称严师。他的《中国山水画的师资》和《画家之学养》两文，其实也是两篇精简的课徒讲义。他在《画家之学养》一文中认为，一个真正的画家须具备八个条件：立品、习字、读书、旅行、养气、乘兴、虚心、认真。谢伯子在入门之前，画风已渐成雏形，有较明显的张大千早期的"基因"。但郑午昌能对弟子因材施教，尽最大可能地发挥弟子各有不同的特长。谢伯子"郑门立雪"约10年时间，虽然在此之前，张大千的"基因"已深入骨髓，但他也在尝试转型。入"郑门"之后，通过指导和自己的领悟，画风已开始有"气魄雄伟"的"巨碑式"明显变化。这不是单纯的构图或笔墨程式上的改变，而是一种在技法成熟和审美观念上的变化。

1943年5月7日的上海《申报》载："郑午昌师生展在大新公司四楼画

厅举行，出品弟子有蒋孝游、娄咏芬、潘君诺、吴其苛、尤其侃、朱旟圣、王吉轩、吴子余、谢宝树等二十一人，展品共一百五十六件。除每人选出一件充作助学义卖外，其余悉属非卖品。义卖之件可以复定，郑氏更愿为清寒子弟挥毫，至9日止。"5月11日的《申报》又载："郑午昌师生书画义卖助学在大新公司四楼画厅继续举行，师生二十三人，卖品二十六件，竟卖一空。……悉数捐与《申报》《新闻报》助学金。"

关于这次郑午昌师生展，《中国美术年鉴》之"鹿胎仙馆同学会历年重要活动"中载："三十二年五月七日至九日，假上海南京路大新画厅，举行师生书画展览会，出品三百余件，全部非卖品，为历来书画会之创举。时新、申二报方主办贷学金，乃每人提出二件标价当场义卖竞售，所得之款，悉数捐充，舆论多之。"

郑午昌积极偕门人参加各种慈善义卖，颇受美术界和新闻媒体的好评。之后，谢伯子平生的慈善义举也深受郑午昌老师的影响。

晚年的谢伯子接受中央电视台《中国当代画家》编委访谈时有这样的一则对话：

王纯纯：张大千临摹石涛的画可以乱真，足见他对石涛的理解之深。您的山水远取石涛，近取大千，后来郑午昌先生赠送给您许多画册，供您临摹学习。不知您临摹过哪些画册，有何收获？您认为您之后的画和石涛、张大千的画差别何在？

谢伯子：张大千临摹石涛的画往往可以乱真，由此可见他对石涛的崇拜之高。我对石涛则是"私淑"，我是远取石涛，近取大千。您所说是言之有理、言之有物的，可见您对我的了解之深。不过，我又并不完全如此。我还兼临和涉猎隋、唐、宋、元、明、清诸位画家——包括"扬州八怪"在内。至于学得最多的，则是石涛与大千，主要是他们的山水、人物、荷花等笔墨技法及其神韵。老来虽已脱其窠臼，自成一己风度，但仍欲将大千艺术精神传至后代，并使其发扬光大。我每用古人的话提醒自己"学我者活,似我者死"。

关于郑午昌先生,他赠我许多画册,供我临摹学习。他是我父亲生前挚友,对我有着宠爱和厚望。当然,我也曾临摹过他的画。虽也能得其法,但还不如从石涛、大千画中所得为多。至于后来形成自己的艺术风格,获取一定艺术成就,这与郑先生的影响当然也有一定关系。

我体会到石涛的画法及其气韵,可谓浪漫不羁,写意者有之,精工者也有之。石涛和大千的经历和思想亦有不同:石涛以和尚生涯终其一生,而大千做和尚只不过百日,并在烧戒前夕就逃出去了。他们的绘画状况也不相同:大千绘画技法善于仿效乱真,当初曾形似和尚,而形外又判若两人。我由于出身于钱谢两家书香门第,全靠两家先辈启蒙教育,再通过自己勤奋学习,立身画苑。这是特定环境条件使然。关于我的画品与石涛、大千的差别是什么?依我之见,是因出身、经历与社会关系都不大一样。其差别之处,是不言而喻的。

这则对话,谢伯子主要说明了两个问题:一是他远取石涛,近取张大千、郑午昌,是学习他们的笔墨技法及其神韵为己所用,并谨记古训"学我者活,似我者死";二是他不忘师恩,立身画苑,与时俱进。

解读、点评几幅现存谢伯子早期的摹本、山水、人物画,如《便桥会盟图卷》《携琴访友》《抚孤松而盘桓》《无量寿佛》《雨后岚生翠图》《溪桥访友图》《人与松》《春云晨霭图》《晓山云树图》,来进一步说明他的画品是如何继承与发扬石涛、张大千、郑午昌的绘画艺术的。

《便桥会盟图》(白描纸本长卷,32厘米×654厘米,1948)为谢伯子勾摹本,起首有谢稚柳题"辽陈及之便桥会盟图卷"标签,并跋:"辽陈及之《便桥会盟图》,清梁蕉林旧藏。从友人处假归,属吾侄宝树勾此稿。癸丑(1973年)十二月稚柳追记。"

该图是描绘唐太宗李世民在武德九年(626)化干戈为玉帛,在长安(今西安)城西门外渭水便桥与来犯的突厥颉利可汗结盟修好的历史故事。

全卷分为三段：第一段，绘以突厥人为主的各类马上运动和马戏表演；第二段，绘游牧之骑，以此过渡到第三段；第三段绘便桥会盟故事，突厥首领在便桥向唐太宗李世民求和的情景。全卷共绘246人，180匹马和4头骆驼，堪称是元代绘人马最多的历史图卷。谢伯子勾摹本以人马为主，画笔线条流畅，圆润不滞，对骑士及手执的旗幡，马上运动的形姿、器物等的勾写均细微精到，图中的人马虽仅寸许，但无不神情毕肖，生动有致。对原图中的山石树木等，仅按原本的位置以朽笔（柳条木炭）勾轮廓，由于稿中所勾的人马贯穿全卷，故能保存原作内容的主旨。因此，这件稿本对研究古代绘画以及勾摹人谢伯子的绘画研究都极具价值。

由于《便桥会盟图》是陈及之唯一存世的画迹，且是研究唐代少数民族历史文化的重要资料，因而引起了谢稚柳的重视，遂嘱其侄谢伯子将图卷中的主体人马勾勒稿本留存。1974年初，谢稚柳在旧箧中检出这件稿本，并题写了跋语。

《携琴访友》（76厘米×36厘米，1945），是谢伯子早期描绘古人交友之作。两株古树参天，树下一高士手持竹杖缓缓而来，另一高士作揖相迎，一书童携琴随后。笔墨典雅，人物隽逸，意境深远，整幅画面极具古意。

《抚孤松而盘桓》（128厘米×66厘米，1945），是谢伯子早期绘画中不多的工笔重彩人物画代表作之一。一高士身着衣袍手持杆杖盘桓于一虬松下，神情凝重，若有所思，突出画面。人物衣纹运用细劲圆润的铁线描，衣袍敷染多层赭色，并留水线以加强衣纹的皱褶效果。人物脸部、发髻笔法精细，渲染细腻。画面高古、明艳，颇具唐人画的高华风采。图上隶书题署："抚孤松而盘桓。谢伯子写于兰陵。"

《无量寿佛图》（19厘米×50厘米）为谢伯子与钱罕（1882—1950，宁波人，近代书家，长于文字学）合作成扇，作于20世纪40年代后期，今常州博物馆藏品。一红衣罗汉盘坐于虬松下，双目有神，神情专注，衣纹勾勒简洁有力；轻灵简逸的松石更衬托出人物的庄严与高古。画面左上隶书题署："无量寿佛。绍塘先生大雅正之，宝树谢伯子。"

《雨后岚生翠图》（纸本立轴，142厘米×40厘米，1943），是"兰陵聚珍——2014春季艺术品拍卖会"第324号拍品，为谢伯子20岁之作。笔墨滋润精致，设色淡雅素净，画面明净古逸，意境空灵隽永，虽有明显董源、米芾的笔意，却不乏令人倾倒之意趣。图左有钱名山题款："茂远先生政之，谢宝树画"。图右有郑午昌题诗："雨后岚生翠，云间瀑有声。颇闻多虎迹，莫放外人行。"诗后跋语："癸未二月，茂远先生得宝树贤棣画爱之嘱题。郑午昌。"诗与画，可谓相得益彰。

《溪桥访友图》（常州博物馆藏品，96厘米×45厘米，1946），是谢伯子早年立轴作品，图上题诗一首："重重云树郁苍茫，处处山乡接水乡。为诗幽人无窘步，桥头小立看溪光。"诗后落款："丙戌大暑，钱小山题。"图左上署款："伯子谢宝树。"构图超逸，用笔浑厚，设色古艳，颇受郑午昌之影响，人物行乎其间，令人翛然意远。

《人与松》（南京博物院藏品，82厘米×37厘米，1949前），是一幅纸本人物图轴，图上署款："谢伯子作于青山草堂"。该图收入《山高水长·刘国钧先生捐赠中国书画精品选集》（王亮伟主编，古吴轩出版社）第41页。人物神韵隽逸，松树卓然独立，传达出一种真骨凌霜、高风跨俗的傲然。

《雨后岚生翠图》

《春云晨霭图》和《晓山云树图》为同尺幅立轴（185厘米×76厘米）、同年（1947）所作，分别获上海文化运动创作奖、三等奖。《春云晨霭图》以深沉稳重的几座大山几乎占据整个画面，山石以重墨重色皴染，形成厚重的质感，山石造型多直线，山头呈直角转折，更显示出厚重敦实的大山之体重。山下群树茂密，屋舍隐约，云雾飘渺；远山连绵高峰耸立，春云晨霭萦绕群山之间。山顶右上题诗云："结屋悬崖俯涧河，松花飒飒冒藤萝。十年书剑风尘久，莫忘山中招隐歌。"署款："丁亥春月，谢伯子。"钤印：谢宝树印、伯子。《晓山云树图》采用"凹"形构图方式，左右两侧千仞山峰耸立，两峰中间为向后延伸的幽深岩壑，山麓间群树排立，屋舍隐约，人物点缀，云雾飘绕。图左上题识："晓山云树。丁亥春月，谢伯子。"两图均采用解索皴、折带皴等皴法，体现了作者对传统皴法的熟练运用。设色均为小青绿为主，屋舍为淡赭色。此类小青绿设色缘于郑午昌，郑氏又缘于赵孟頫、文徵明一路设色淡雅的小青绿。

上述两幅评选作品，既没有模仿石涛、张大千的画法，更没有郑午昌"明丽软美"的画风，而是以一种团块式矩阵独特的山石造型，一种增加画面气势与力量感的山水图式，这应该是谢伯子当时从石涛、张大千、郑午昌山水画风格中提炼出的一种奇崛雄健的自我风格。这种风格，虽然脱胎于宋元山水，却有着谢伯子强烈的个性色彩；这种画法，在海上诸家山水画中脱颖而出、独树一帜；这种独特的巨碑式的崇高之感，反映出山水画气魄雄伟的审美趣尚；这种奇崛雄健的山水画风格，或许正是两幅作品分别获得创作奖、三等奖的真正原因。

万君超在《谢伯子早期绘画研究》中说："谢伯子上世纪40年代的山水画，在沿着张大千（石涛山水）—郑午昌（宋元山水）—'巨碑式'山水（历代名家）的师承轨迹中循序上行，笔墨特征和审美标准已日渐成熟；而作品中洋溢着那种不可言传的'古意'趣尚，也是他令人关注的才情之一。"

通过对谢伯子早期绘画作品的解读与研究，对谢伯子1949年以前的艺术环境、绘画师承、风格演变等几方面初步的探讨，我们不难得出结论：谢伯子早期绘画成就之取得，客观上受到"五百年来第一人"张大千和"20世纪中国美术史研究和学理上梳理传统之第一人"郑午昌的亲炙，主观上他"生有异禀"，且自强不息。虽然他登上民国海上画坛的时间只有8年，但年仅24岁的他在《中国美术年鉴·1947》中已有了小传，其中说"生有异禀，虽病喑而胸次寥廓，挥毫落纸，有解衣盘礴之概。家学渊源，得力于石涛甚深。写山水气魄雄伟，作人物神韵隽逸"，俨然是当年画坛上冉冉上升的一颗耀眼新星。

《便桥会盟图卷》

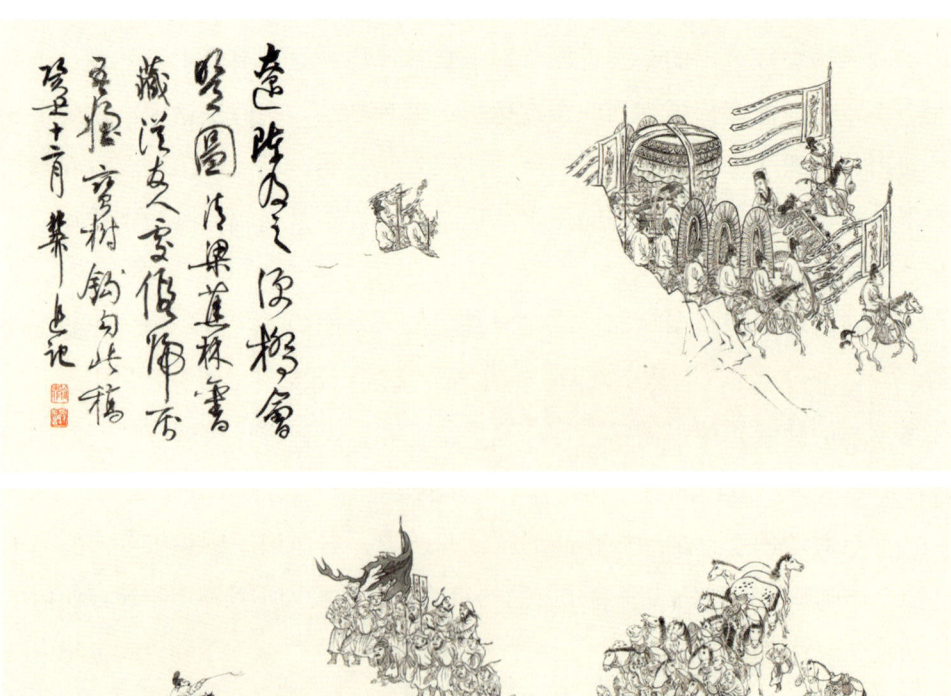

下篇 谢伯子评述 | 205

《春云晨霭图》

《晓山云树图》

《无量寿佛图》

《溪桥访友图》

《人与松》

谢伯子中期（1950—1978）
雄健与秀润

  一个画家的风格，在表现形式上虽可作明显的分期，但其风格改变的各项内在因素却是早已存在，又经过其治艺过程中心路历程的累积及外部世界的影响，才最终完成其画作的风格改变。

  1950年至1978年这段时间，谢伯子已由青年时的隽逸渐入壮年的沉稳。他的年龄、性情、阅历、环境都发生改变，因此他的画风，也由青年的"写山水气魄雄伟，作人物神韵隽逸"迈入壮年的"雄健与秀润"。

  1949年谢伯子从上海回到常州出任常州市聋哑学校校长后，迈入新时代，尽管之后谢伯子将大部分时间与精力投入到特殊教育事业，但他还是有一批雄健与秀润的作品传世，尤其是20世纪50年代的作品，如《山水》《苍龙岭》《华山南峰》《紫金山》《雨花台》《江南风光》《山水成扇》《江山帆影》等。

  1956年8月，谢伯子作品《山水》（编号752）入选由文化部、中国美术家协会主办的第二届全国国画展览会，并以70元人民币的价格被国家购藏。当年8月21日的《常州工人报》载：

>   本市国画家13件作品参加全国画展。全国二届国画展览会共展出944件作品，江苏省有100余件，本市有11位国画家的13件作品（共16幅）参加展出。
>
>   本市参加展出的有：房虎卿的《黄海松云》、龚铁梅的《松鹰》、徐敬安的《三秋图》、王秉尧（已故）的《秋花》及《牡丹》、戴元俊的《鱼藻图》和《柏鹿合景》（四幅屏）、沃玉澄的《胜利果实》、房师钿的《渔港之春》、周琴韵的《芦雁》、冯辛生的《舟山沈家门渔港》、张佩芳的《折枝花》、谢伯子的《山水》等作品。

  当时汪仲阳有诗："古木疏林最上头，胸中丘壑眼中情。低徊忽忆当年乐，春草池塘望杏楼。"诗后有记："1956年出差北京，在中国美术馆见伯子作品，感而赋此。"

《华山苍龙岭》（133厘米×67厘米，立轴）与《华山南峰》（130厘米×66厘米，立轴）均为1957年7月所作，两幅作品，虽主题一致，内容却迥然不同。前者描绘的是苍龙岭北峰，后者是南峰；前者构图以一直线式宝剑般直刺青天来突出险峻，后者布局以高山云海来反映气势；前者笔墨以皴法为主，后者笔墨以渲染为要；前者阳面山体设色赭色，后者阴面山体设色墨蓝。但两者均又山高云雾，气象万千。

冯其庸在《山川钟灵秀，素手把芙蓉——读谢伯子先生画》中说："予复见其所作《华山苍龙岭》，因忆昔年予曾两登华山，夜过苍龙岭，同人为

《华山苍龙岭》　　　　　　　　　　　《华山南峰》

之战栗,予坦然而过。至玉女峰,道仄,月光不得入,遂扪壁而行,直抵松桧、落雁峰,则皓月当空,松影匝地。予与二三友人,徘徊于松林间,月华如水,万籁俱寂,胜似东坡承天夜游。次日下山,重度苍龙岭,云生足底,乌负朝阳,俯视则不可见其极,始知老杜拄到玉女、退之投书大哭之由也。今观伯子先生此画,则极尽其高险,直为山灵写其神韵矣!"

《紫金山》(设色纸本,66厘米×130厘米,1957),是由写生稿衍生的一幅创作作品,描绘南京紫金山的夏日盛景。作品采用平视正面构图,写意笔法,画面清旷辽阔,意境深邃高远。画中远山近树、屋舍隐现,红白相间,树姿高低疏朗有致,恬淡舒适,笔墨洒脱,节奏鲜明;双峰并峙的暖色调山体、屋顶与冷色调的树丛、草地形成强力的对比;画风既雄健又秀润,体现出一种工整、豪放与淡泊、平静的祥和,虽说有赵孟頫《鹊华秋色图》与倪云林《溪山清远》的意味,但画面布局尤其是色彩处理毕竟因写生而有现实感。图左上题署:"紫金山。一九五七年六月,谢伯子写生。"

《雨花台》(66厘米×130厘米)和《江南风光》(66厘米×130厘米)作于1953年南京,为写生稿。构图、笔墨、设色虽不经意,却不乏洒脱,反映出新时代秋天的新风貌。前后者分别题署:"雨花台。谢伯子写生烈士坟东面。""江南风光。癸巳年秋谢伯子写生于宁。"

《山水成扇》(乌木骨成扇,19厘米×51厘米,20世纪50年代)。画面山石耸立,山松林立,屋宇、古人点缀,设色典雅,意境深邃。图左上款识:"笔底山香水香,点染烟树苍茫。心住白云画里,人眠黄鹤书堂。正公先生正之。谢伯子。"谢伯子借用石涛诗句,以石涛笔法绘成。此成扇编入《钱君匋捐赠馆藏书画精品集》,西泠印社出版社,2011年版。

《江山帆影》(竹骨成扇,常州博物馆藏品,22厘米×55厘米,1947),为钱小山与谢伯子合作的诗画成扇。成扇一面钱氏以"钱家体"书毛主席词《菩萨蛮·大柏地》,笔调婉转,韵味悠扬;成扇另一面,谢氏以青绿、浅绛水墨写之,既颇具雅逸诗意,又反映出祖国山河新貌。

上述解读、点评的几幅作品可见谢伯子的画风已基本脱离张大千的风格。原因在于：一是谢伯子的绘画风格已自成风貌。二是张大千当时侨居海外。

　　谢伯子20世纪六七十年代现存作品不多，与当时的社会风尚、政治倾向有关。从《谢伯子画集》《谢伯子研究》中得知，仅收入《山里人家》《溪山清晓》《落墨溪山》《山涧急湍》《秋山闲眺》《湖山新貌》与《红荷》《荷塘清趣》《谢伯子山水册页·归身山林》等作。

　　《山里人家》（78厘米×36厘米，1960），近景的树叶以红、黄、蓝、绿四色区分。明丽的色彩，现代的瓦屋，将现实的生活气息带进了画里。《溪山清晓》（128厘米×64厘米，1962）与《落墨溪山》（130厘米×65厘米，1962），均为水墨画，山石清旷，屋木点缀，墨韵幽雅，意境深邃。后者有补题："此乃二十五年前所作，如今偶然展望，感慨系之。丙寅之春，毗陵谢伯子并题。"《山涧急湍》（33厘米×23厘米，1970）与《秋山闲眺》（33厘米×23厘米，1970），为同期小品，石涛笔法，设色古雅，洵为逸品。《湖山新貌》（96厘米×39厘米，1974），笔墨雄浑，设色明丽，当代气息颇浓，反映了祖国新气象。《红荷》（1973）与《荷塘清趣》（1975），前者构图满幅，墨彩分明，恣意挥洒，豪气逼人；后者恬静素雅，工写结合，色彩明净，画境怡人。前后者分别题署："一九七三年秋，兰陵谢伯子。""荷塘清趣。乙卯年夏谢伯子。""壬申春，稚柳观题。"《谢伯子山水册页·归身山林》（1975），是多页笔墨山水、人物点景小作品缀成册，其中有《松风吹长吟》《山明水净》《嘉林晓光》《归身山林》《层峦烟树》《云山苍茫》等，均为笔墨淡雅、画境意远之作，反映出作者面对时局有一种归身山林的向往。

　　1950年至1978年，谢伯子虽然从事聋人教育工作，但他对绘画艺术的追求并没有放松，除主持常州聋校美术教学外，20世纪70年代中期，常州火车站大厅、常州汽车站大厅等，均有他的巨幅作品。客观上当时的一切美术作品必须围绕为工农兵大众服务，主观上他坚持每天速写，以致改革开放后，作起画来仍然下笔有神。

下篇 谢伯子评述

《雨花台》

《江南风光》

《山涧急湍》　　　　　　　《秋山闲眺》

《溪山清晓》　　　　　　　《落墨溪山》

《紫金山》

《湖山新貌》 　　　　　《山里人家》

《红荷》 《莲塘清趣》

《山水》成扇

《江山帆影》

《松风吹长吟》

《谢伯子山水册页》

《山明水净》

《嘉林晓光》

《层峦烟树》

《归身山林》

《云山苍茫》

谢伯子晚期（1979—2013）
豪迈放逸与绚烂多彩

一个画家风格之形成与演变，均具有前后相互连接而不可分割的因素，像谢伯子这样从传统走向现代的画家，一生绘画创作时间长达近八十年，尤其他晚期的创作时间跨度最长，作品数量最多，艺术水准最高，社会反响也最大。为此，以谢伯子作品风格豪迈放逸与绚烂多彩分别探讨。

晚期豪迈放逸作品

谢伯子这段时期作品从中期雄健秀润的特征走向豪迈放逸的风格，主要缘于他的采风与写生，且看《黄山第一奇》《始信峰》《峨嵋金顶》《江山清远图》《江山秀色图》《天地大观》《云漫雁荡》《鹰》《草泽雄风》《落墨荷花》《风裳水珮》。

《黄山》（37厘米×160厘米，1990），构图气势雄迈，山高云海，山松耸立，全景式的鸟瞰，不负"黄山天下奇"之誉。图上题署："黄山第一奇。庚午谢伯子。"《始信峰》（136厘米×68厘米，1985），两山崖擎天柱般

《黄山第一奇》

拔地而起，直插云天，山崖之间虽有一小桥，却更突出险峻。构图突兀，笔法遒劲，设色明丽。图左上题识："二年前重游黄山，一登始信峰，顿觉此峰姿势雄秀，云雾飘萦，洵为壮观。乙丑年谢伯子。"《峨眉金顶》（44厘米×95厘米，1982），笔墨淋漓，设色凝重，构图奇特。"金顶"直抵画面顶部，而下部也截断于画幅之中，画面中满实的山体仅以数处云雾作疏密透气的安排，这在众多峨眉山的绘画中也是罕见的独特结构与造型处理。题署："峨眉金顶。壬戌春谢伯子。"《江山清远图》（47厘米×96厘米，1991），构图宽阔，笔墨精细，设色秀丽，画境幽美。图上题署："江山清远图。辛未年秋，谢伯子。"《江山秀色图》（93厘米×171厘米，1994），近观山崖挺立，山松林立；远眺江水浩渺，布帆无恙。图上题署："江山秀色图。云山苍茫，江水浩荡。行人安稳，布帆无恙。甲戌年秋，谢伯子并题。"《天地大观》（纸本长卷，40厘米×450厘米，2005），图上题署："天地大观极游

《始信峰》

《天地大观》

览,山林异致得清峦。乙酉金秋,宝树谢伯子写于青山画斋。"画面宽广,工写结合,笔墨淋漓,敷色淡雅,水天一体。《云漫雁荡》(44厘米×94厘米,1991),俯视构图,设色清丽,群山体、山石以墨线勾勒为主,敷色为辅,云雾缭绕,松屋毕现,洵为逸品。图上题署:"云漫雁荡。辛未年夏,谢伯子。"《鹰》(69厘米×33厘米,1993),构图雄肆,笔墨遒劲,那锐目、利喙、坚爪象征着它那勇猛无畏的神力,充分展示了一只雄鹰搏击长空的斗姿。《草泽雄风》(130厘米×60厘米,1985),四只猛虎从山崖俯冲而下,怒眼圆睁,虎啸山林,确有一股猛虎下山之雄风。《落墨荷花》(126厘米×60厘米,1989),水墨挥成的荷叶更有豪气墨喷的激情和飞扬急速的笔致,以及用笔粗壮劲健,飞白毕现,交错穿插之荷梗,其一荷梗上一红嘴翠鸟顾盼生姿。从构图、笔墨、色彩角度来看,这种豪迈又恬然的风格中又增加了一种谢氏画风。《风裳水珮》(50厘米×94厘米,1986),红荷、白荷与翠鸟相互映照,荷叶舒展,工写结合,笔墨清雅,设色明丽,画面祥和、恬静。图上题署:"风裳水珮。丙寅之春,毘陵谢伯子。"

当代著名美术史论家林木教授在其《无声处有金声玉振,笔墨中生雷电风云——读谢伯子先生的艺术人生》中说:

> 当然,这种直线硬切、方形山岩、硬朗强劲、雄肆奇崛的基本风貌,在用笔渐趋老辣厚重,而笔意愈趋变幻灵动,墨法亦多变而丰富,结构场面更趋大型复杂中愈发成熟。而其画面之处理,笔墨之浓淡干湿,结构之虚实疏密,可谓此呼彼应,穿插契合,浑然一

气。谢伯子的山水风格已臻完满圆融。

谢伯子之画虎，固然因其父玉岑之友，老师大千之兄张善孖画虎之影响，但虎啸山林"威震华夏"（伯子题画虎）那不可一世的气势当然是其主因。谢伯子的画虎大多为下山之虎，怒眼圆睁，顺势猛扑，确有一股非同寻常的豪迈雄肆之气概，显然是谢伯子自我精神之象征。

可见，从20世纪80年代起，谢伯子的山水、飞禽、虎图作品始终贯穿着豪迈放逸之主旋律画风，从而形成他自己的谢氏风格。

这种豪迈放逸风格同样表现在谢伯子的一些超逸潇洒的文人逸品题材之中，如《大江东去》《松风云瀑图》《登高》。

《大江东去》（68厘米×33厘米，1983），一文士兀立于岸边松下礁石，面对浩茫远去的江水，若有所思。画面狂风劲吹，波浪翻卷，衣袂飞动，一派动感，加之重笔浓墨，放逸之中更添雄浑壮阔之气，既有"大江东去，浪淘尽，千古风流人物"的历史喟叹，也有"子在川上曰：逝者如斯夫"的人生思考。图上题署："大江东去，浪淘尽，千古风

《大江东去》

流人物。癸亥春谢伯子。"《松风云瀑》（69厘米×140厘米，1996），一高士登临松崖，衣裾飘举，山崖飞动，颇有玉树临风之飘逸神采，面对的则是浩渺的远山飞瀑。这虽有常见的飘逸与洒脱，但更有一种罕见的豪逸与无限的逍遥。图中糅进雄强大气风格，这是谢伯子个性的使然，亦为其的独创。图上题诗云："送风吹衣袂，云谷响流泉。何必寻真去，飘然便成仙。"《登高》（68厘米×33厘米，2009），一文人登高面对涛涛巨浪，一只大鸟正在飞翔，图上题句："登高壮观天地间，大江茫茫去不还。"这种以天地壮观为境界的雅士图显然已为画史另辟一境界，有一种陈子昂《登幽州台歌》"前不见古人，后不见来者。念天地之悠悠，独怆然而泣下"的苍茫悲壮的历史人生况味。

《登高》

上述列举谢伯子画中的文人高士既非陶渊明式的雅逸，亦非王维的清冷与柳宗元的空寂，而更像李白、苏东坡似的豪逸狂士！当然谢伯子也有一些人物作品表达了另一种文人雅士与古代诗人的境界，且看《山水清音》《大千神游图》《唐人诗意图》《东坡观壶》《水有帆扬呈广远》。

《山水清音》（100厘米×53厘米，1995），巨松下两雅士面向对岸潺潺的流水，一席地而坐，手拨古琴，一背手站立，若有所思。这种雅逸传达出一种山水有清音、听者有知音的意境。《大千神游图》（138厘米×70厘米，1995），茫茫群山争奇斗艳，云山雾水萦绕其间，大千兀立山崖，傲视

《水有帆扬呈广远》

群山，图上题诗："着屐频登最上头，五洲胜景眼中收。黄山云海巴山雨，画里重寻梦里求。"这种浪漫主义作品，表达了作者对大千师的景仰之情。《唐人诗意图》（50厘米×50厘米，2002），这批组画其中的19幅编入《唐诗三百首·当代名家书画》（中国社会科学出版社，2003年12月版），作品顺次为：杜甫《望岳》、王维《送别》《青溪》、韦应物《初发扬子寄元大校书》《寄全椒山中道士》、柳宗元《溪居》、李白《庐山谣寄庐侍御虚舟》、张九龄《望月怀远》、白居易《草》、孟浩然《春晓》、王之涣《登鹳雀楼》、刘长卿《送灵澈》《弹琴》、卢纶《塞下曲》、张旭《桃花溪》、王维《九月九日忆山东兄弟》、李白《送孟浩然之广陵》、刘禹锡《乌衣巷》、李商隐《夜雨寄北》。著名书家、启功博士生弟子张志和在其《编后记》中说："十多位我所尊敬的著名画家欣然命笔，绘出数十幅雅致的唐诗写意画插入本书中。"画家除谢伯子外，另有秦岭云、范增等，但谢伯子的作品编入最多，堪比陆俨少的《唐人诗意图》。《东坡观壶》（斗方白描，25厘米×32厘米，2012），苏东坡双手托壶，眼观远山，构图简洁，笔墨潇洒，线条飘逸，意境悠远，洵为晚年之逸品，题署："东坡观壶。壬辰龙年，谢伯子敬绘。"钤印：大风堂门生、伯子九十以后作。此作品编入《风雅阳羡——书画紫砂合璧妙品集》（古吴轩出版社，杨晓明主编，2015年11月版）首页。《水有帆扬呈广远》（纸本手卷，中国特殊教育

《东坡观壶》

博物馆藏品，28厘米×350厘米，2013），图上题署："水有帆扬呈广远，山因云染便空灵。谢伯子时年九十。"全图古色古味，笔墨流畅，人物、山石、树木、亭子、水面和谐组合，人物采用中国传统的线描勾行，画面空灵，意境幽远，不愧为谢伯子晚年的精品之作。画中人物观山赏水、操琴听音、高谈阔论等场景跃然画面，似乎也勾勒出作者的种种心迹：或孤寂，或惆怅，或渴求寻觅知音，或希冀彼此心灵的对话。

谢伯子画中人物，或高逸之士"沉吟低叹"，或魏晋人物"目送归鸿，手挥五弦"，遗世独立，清高孤傲，呈现与自然融为一体的性情。与传统古典文人题材中人物往往出现在溪瀑茅舍亭台等的近境不同，这些文人雅士在谢伯子画作中，大多取高远深远之势，出现在宏阔高远的大山背景之中，流连于大山间的高台古松之旁，现身于宽广辽阔的江河之边，亦即画中文人总有一种宏大壮阔的山川意象。

晚期绚烂多彩作品

中国绘画从唐代以后逐渐失去了色彩的生命，美学家宗白华在《美从何处寻》中说："虽然宋元的大画家皆时时不忘以自然为师，于造化氤氲的气韵中求笔墨的真实基础，然而虽超脱绚丽耀彩的色相，却违背了'画是眼睛的艺术'之原始意义。"

谢伯子论绘画色彩有句："金碧绚烂之极，必归于浅绛平淡；鲜艳精彩之极，必归于水墨雅逸；凡国画展品及其布展，不同的颜色，必各得其宜，使人百看不厌，流连忘返。"

谢伯子晚期作品中除了豪迈放逸的主旋律风格外，绚烂多彩也是其作品风格的重要特征，我们先探讨一幅他的晚年作品《巍峨夕照红》。

《巍峨夕照红》（80厘米×80厘米，2011），画面上部四分之三群山一片鲜红，云雾缭绕，浓墨的山顶两位老人一站一坐，静观其变。文人雅士破天荒地被置于巍峨起伏、夕阳映照的壮阔红色群山之中，这无疑为此类题材开拓出又一全新的恢宏境界，这显然是色彩的力量，更是情感的力量。不妨再看看其他的作品：《泼彩荷花图》《青城天下幽》《溪山烟云》《江峡晚翠》《金碧山水》《华山组画》《金银笺山水》《山出群峰秀》《黄山云海图》。

《巍峨夕照红》

《泼彩荷花图》（136厘米×68厘米，1984），数张泼彩墨的荷叶从上到下铺满画面，叶间又以或浓或淡的水墨擢斡点垛，而已被重墨荷叶填得满满的画面仅以几处淡墨和白荷作透气处理，画中多处彩荷之红荷黄蕊，更把满池荷花点缀得富丽堂皇。全图墨彩艳丽，洋溢着绚烂祥和的氛围。《青城天下幽》（73厘米×148厘米，1994），构图奇崛，设色浓艳，笔墨厚重。远山大片石青、小片赭色设色，近处亭、桥墨线勾勒，中带白色云雾萦绕，色彩感极强，气势逼人。题署："青城天下幽。甲戌年冬谢伯子。"《溪山烟云》（34厘米×94厘米，1990）与《江峡晚翠》（34厘米×34厘米，1992），前者为泼彩泼墨山水，重彩淡墨，雨后的溪山奇诡变幻一片弥漫，但山上的屋舍，水中的帆船却清晰可见；后者为泼墨泼彩山水，重墨淡彩，传达出江峡的翠意。前者为得意之作，至今仍挂于谢伯子故居画室。《金碧山水》（136厘米×68厘米，1993）与《华山组画》（64厘米×60厘米，1992）均为金粉勾勒山体，前者侧重笔墨、设色，后者着重敷色、云彩；前者群峰争雄，千仞壁立，金碧辉煌，后者华山装饰性强，富丽堂皇；前后者共同点是色彩的绚烂。《金银笺山水》（2000—2013），是一批金银笺重彩山水，红山绿树，蓝石白云，画出一片神幻景象。画中题句有"丹崖翠丽彩云间""华岳山奇景，览观兴未穷""山灵响似应，水净望如空""风卷千峰集，风驰万壑开""云如碧浪翻江去，水似青云照眼明""云山苍茫，江

《山出群峰秀》

《黄山云海图》

水浩荡。行人安稳,布帆无恙"等等,可谓一派富丽堂皇、正大浩然的气派。又有"天地大观极游览,山林异致得清峦""巍巍兮千秋屹立,洋洋乎万顷波涛""随时静录古今事,尽日放怀天地间"等,这不又是一种与天地共生、与万物齐一的豁达天开的天人之观吗?《山出群峰秀》(金笺山水手卷,20厘米×400厘米,2013),构图开阔,笔墨传统,设色堂皇,皇家气象,图上题署:"山出群峰秀,水流一脉清。癸巳仲秋,谢伯子时年九十。"《黄山云海图》(纸本长卷,常州博物馆藏品,38厘米×400厘米,2013),画面群山耸立,云雾缭绕,气势雄伟。既有石涛、大千的勾勒、皴法,又有晚年的大胆用色,不愧为立意超迈、境界自开的精心之作。图右上方题署:"黄山云海图。'万朵芙蓉掀地出,仰天大笑神飞扬',名山外公诗句。'黄山自擅波澜妙,才气应怜五岳穷',大千恩师诗句。癸巳年秋,谢伯子谨书。"图左上方题识:"予偶忆黄山之游,兴而以石涛、大千笔意作此,并自题诗一首:'闭门临仿似牢笼,纸上峰岚避苟同。四上黄山情未已,一挥彩笔意无穷。'谢伯子时年九十。"

中央电视台专题纪录片《谢伯子》解说词中说:

在谢伯子的绘事进程中，张大千的艺术主张与表现技法对他不乏影响，并且至今仍影响着他在此基础之上的不断突破。究其原因：从感情上讲，谢玉岑与张大千有超越世俗的交往，"玉岑诗，大千画"的珠联璧合为当时文坛佳话。童年的谢伯子耳濡目染，对张大千自有刻骨铭心之情，甚至不乏顶礼膜拜之心。从感觉上讲，童年的谢伯子对张大千的画一见钟情，甚至达到如痴如醉的境地。从条件上讲，当时张大千常去谢宅作画，为童年的谢伯子提供了观摩和临摹的机遇。张大千亦十分首肯谢伯子的画像他，并直言"你的画很像我"。

林木教授在《读谢伯子先生的艺术人生》中总结出谢伯子绘画的五个特征：一、谢伯子的画长处很多，能画是他一个十分明显的特点，不仅有文人画之境界，亦有宫廷画之严谨、画工画之技艺。二、谢伯子的笔墨功夫极好，这不仅表现在大幅立轴长卷之中，在大场面的笔墨处理上，可谓纵横捭阖，无可无不可，既有笔墨大结构上的此呼彼应，又有局部笔墨的精微处理。有时一幅小小的扇面山水中，笔墨的复杂精到也让人叹为观止，呈现出深厚的中国传统绘画素养。三、正是谢伯子的"画家之画"让他在中国画画坛立足大半个世纪。四、谢伯子的绘画有一种难得的雄肆奇崛的总体风貌。五、传统文人画讲究水墨淡雅，设色便俗。但谢伯子却大胆用色，为中国画另辟一境界。

汪毅在《解读谢伯子画集》中说：

> 谢伯子先生不仅通达了张大千师古、师自然的偌大而精彩的艺术世界的深幽处，传达了大风堂艺术的神韵；而且他走出了这个"深幽处"，是一位追求"我之为我，自有我在"的独立完善的艺术品格的画家，所昂扬的是中国画这个大千世界最生动、最精彩的一部分。
>
> 我以为颇具代表性的是他的一批青绿山水画。读这些作品，使人感慨谢伯子先生不仅摄取山水之形、之胜，更得山水之魂。他的青绿山水气势开阔、意境邃远、笔墨雄浑，展示了谢伯子先生的艺术气质及艺术表现的魅力——让金碧、青绿、彩墨有机结合，当作新的艺术价值判断。如果说大千先生的另一位高足何海霞先生在中国北方，重振了金碧青绿山水画的雄风，是可以载入中国画史册的；那么，也完全可以说，谢伯子先生作为张大千先生的高足，在中国南方举起了金碧青绿山水画的旗帜，同样是可以载入中国画史册的。

冯其庸先生在《谢伯子画集》序中说：

> 今观伯子先生画，无论山水、人物、翎毛、花卉、皆得之于大千者居多，甚或有宛然神似者，即此亦可见其天分功力之高矣。夫大千，当世之董、巨、马、夏也，岂易为者？并世画士能得其真神韵者，吾不知有几也！""故伯子先生画能似大千而得其神韵者，真国手也，常人岂易为哉！""夫阳湖，古延陵也，固多才士之地也。伯子先生承其家学，得其地灵，虽语默而性聪也，心有灵犀也。然则，伯子先生实乃当世之才士也，岂仅画师也哉！

一个艺术家的艺术世界构成是多元与瑰丽多姿的，欲破译艺术家艺术世界和心灵世界的密码颇为不易，特别是像谢伯子这样富有异禀和创造才情同时又一专多能的艺术家。

《峨嵋金顶》

《江山秀色图》

《江山清远图》

《云漫雁荡》

《山水清音》　　　　　　　　《大千神游图》

《落墨荷花》

《翠袖迎风》

《风裳水珮》

《鹰》　　　　　　　　　　《草泽雄风》

《唐人诗意图·明月松间照》 　　　　　《唐人诗意图·江清月近人》

《唐人诗意图·桃花潭水深千尺》 　　　《唐人诗意图·春风得意马蹄疾》

《唐人诗意图·风雪夜归》 　　　　　　《唐人诗意图·舟轻不畏风》

《唐人诗意图》 　　　　　　　　　　《唐人诗意图》

《唐人诗意图·枫桥夜泊》 　　《唐人诗意图·桃花流水》 　　《唐人诗意图·夜雨》

《泼彩荷花》

《泼彩荷花》局部

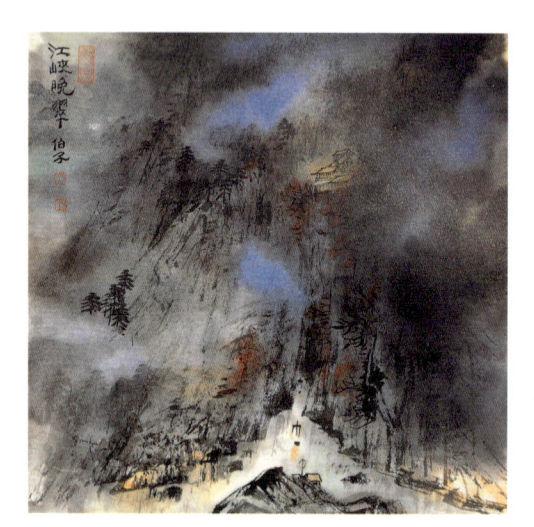

《江峡晚翠》

《溪山烟云》

《金碧山水》 《秋山晓色》

《青城天下幽》

《秋山凝碧》金卡

《华山组图》

《蓝鹊红叶》金卡

《嘉树繁荫》金卡

《嘉树游赏》金卡

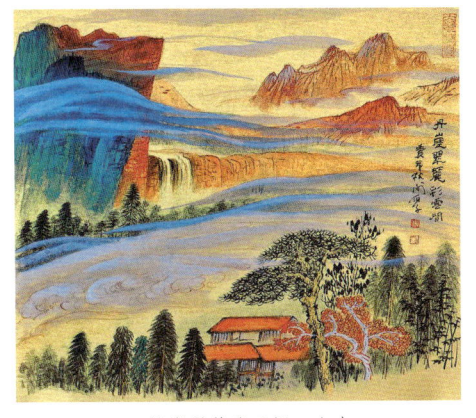

《丹崖翠麓彩云间》金卡

《云壑挂泉》银卡

谢伯子特殊教育的理论思考与实践探索

谢伯子特殊教育的理论思考和实践探索与聋哑教育历史和发展是分不开的："当我把米尔斯夫人、张謇、傅兰雅、傅步兰、龚宝荣、汪镜渊、戴目等名字写给谢伯子先生看时，他马上拿起笔来，写下'都知道、认识'等字样。毋庸置疑，在中国聋教育发展的历史谱系里，谢伯子与其他著名专家可谓'春兰秋菊，各一时之秀'，并且他以其深厚的艺术造诣，在聋人美术教育方面更是一枝独秀。"（马建强《中国特殊教育史话·谢伯子大画家的另一张名片是聋人教育家》第210页）。

1949年前世界聋哑学校的创办与发展

世界上最早创办的两所聋人学校，其地位与作用一直影响至今。一是法国天主教教士莱佩神父（Charies-Michel de L'Épée，1712—1789）于1770年创办的巴黎聋人学校。莱佩认为手势是聋人的母语，主张在教学中使用手语，是手语教学法体系的创始人，被称为"聋人教育之父"。

1776年与1784年，莱佩先后发表《通过手势法对聋人进行教育》《真正的聋教学法》，这两篇论文系统地论述了聋教育思想和理念，手语与口语相结合的聋人语言教学法，真正开启了世界聋人教育的大门。1760年，莱佩在巴黎莫林路自己的家里收了6个聋童，开设了聋童培训班，即是巴黎聋人学校的前身，史称世界上第一所聋人学校。

另一是德国教师塞缪尔·海尼克（Samuel Heinicke，1727—1790）以教育聋童为职业起点，于1778年创办的莱比锡聋人学校（今塞缪尔·海尼克聋人学校）。海尼克认为口语是发展聋人抽象思维的必要基础，书面语应该在口语的基础上获得，手势不是语言，必须以说话、读唇才能完整地交流思想。他主张在教学中使用口语，形成一套聋人发音的教学方式，是口语教学法体系的创始人。

1864年4月8日，美国亚伯拉罕·林肯总统签署法令成立了国立聋哑学院，任命爱德华·迈因纳·加劳德特（Edward Miner Gallaudet，1837—1917）为国立聋哑学院首任院长。

加劳德特，是1817年4月15日在康涅狄格州由哈特福德所成立的美国第一所聋童学校（美利坚聋人学校）校长托马斯·霍普金斯·加劳德特（Thomas Hopkins Gallaudet，1787—1851）的儿子。1910年，担任了46年国立聋哑学院院长的加劳德特退休。由于对聋人教育的杰出贡献，他获得了世界多所大学授予的法学、哲学荣誉博士学位，以及法国政府授予的十字勋章等荣誉。

1894年，国立聋哑学院改名加劳德特学院。1986年8月4日，罗纳德·里根总统签署美国聋人教育法令，将加劳德特学院更名加劳德特大学。经过一百多年的发展，加劳德特大学今有文理、商艺等三十多个学士学科，教育、心理病理等十几个硕士学科，教育、哲学近10个博士学科；拥有手语文学中心、环球教育中心、国家聋人信息中心、劳伦特·克拉克国家聋教育中心、加劳德特研究所、预科学院、英语培训学院、肯德尔聋童示范小学、聋人模范中学、出版社和世界藏书最丰富的聋人图书馆。加劳德特大学设有劳伦特·克勒克奖章，授予全世界聋教育杰出贡献人士；加劳德特大学的聋人教职员工占全体的三分之一，相当多的聋人担任各级领导，成为学科最多、层次最高、规模最大、历史最早的世界著名聋人大学。

18世纪中期，一些欧洲国家资本主义经济与教育已相当发达，可以说聋哑学校是欧洲资本主义社会的产物。中国的聋哑学校是在19世纪80年代后期产生的，与法、德两国聋哑学校的建校时间相比，整整晚了一个世纪。

1884年8月，美国女教师安妮塔·汤普森·米尔斯（Annetta Thompson Mills，1853—1929）来到中国，和在烟台的美国传教士查尔斯·罗杰斯·米尔斯（Charles Rogers Mills，1829—1895）结婚。1887年，他们在山东省登州（今蓬莱市）创办启喑学馆，这标志着中国第一所聋哑学校正式诞生。

聋人因为听不到声音，所以无法听人教读文字。米尔斯夫人将"赖恩手势"引进中国，用形象生动的画面，对应某汉字，形成一个字的概念；用手语图案教聋生模仿打出手语，然而再教聋生发声；用手语加口语相结合的方式，让聋生通过口语最后落实到文字上。135年过去了，我们今天聋人教育的基本方式还是这样。米尔斯夫人当年以"贝尔字母"为依据编写的《启哑初阶》，是仿照美国教授聋童的方法，专门为教育中国聋童编的一套6册共237课的教材，它开启了中国聋童教育的历史性先河。中国早期聋哑学校的教材很少，《特殊教育辞典》载，20世纪30年代北平市立聋哑学校（今北京市第一聋哑学校）校长吴燕生（1900—1958）对聋人教育颇有研究。吴氏曾在日本东京聋哑学校师范部留学两年，师从日本聋教育家川本宇之介，1935年著有《聋教育常识》，为中国第一部聋童教育著作，论述了耳聋和聋教育的渊源，介绍了外国聋教育观点和方法等。而《启哑初阶》初版于1907年，1925年由烟台仁德印书馆代印线装书再版。课文由汉字、图画、拉丁字母拼音、赖恩手势（手指字母）、短语和句子等要素组成，教授聋生看图了解字词意义、训练发音、学习词语句子。这套教材不仅当年启暗学校自用，而且也为当时国内大多聋哑学校采用，一直沿用至20世纪50年代初期，是今天仅能见到的一部中国早期聋童教科书，它的意义是非凡的。

1914年，米尔斯夫人带病在上海开办了启暗学馆分校，直至1923年退休，其后让其外甥女安妮塔·卡特（Annetta E.Carter，曾任教于美国加劳德特学院）继任校长。1923年中国军阀混战，米尔斯夫人返回美国，1929年4月19日在芝加哥去世。

启暗学馆对中国聋哑教育的意义深远，不仅具有开创先河的作用，而且起着示范辐射的作用。米尔斯还曾将美国的大花生种子引入登州，成为山东省直至今日仍十分重要的经济农作物，其经济意义不可估量。

南通狼山盲哑学校是中国人最早自主创办的一所特殊教育机构，创办者为张謇。

张謇（1853—1926），字季直，号啬庵，江苏南通人。实业家、教育家。1903年6月，张謇赴日本考察实业与教育。船至烟台，登岸参观烟台启暗学馆（1899年登州启喑学馆迁至烟台）、张裕酒厂。抵日本后，在东京参观了一所盲哑学校，深感"彼无用之民，犹养且教之，使有用乎！"遂决心创办南通盲哑学校。张謇云："盲哑教师，苟无慈爱心与忍耐心者，皆不可任，固不纯恃学业之优为已足尽教育之责也。"因而他未办盲哑学校而先办盲哑师范传习所，培养了9位盲哑教育专职教师。1916年，南通狼山盲哑学校成立时，张謇亲任校长。1926年，张謇病逝，校长一职由其独子张孝若继任。

1919年，杜文昌在北京创办了第一所私立聋哑学校（今北京市第二聋哑学校），学校设预科2年、小学6年学制，校训为"做有用人"。

杜文昌（1893—1968），山东掖县人。1914年山东齐鲁大学毕业，入烟台启喑学馆师范班，立志奉献于聋人教育事业。杜文昌独立办学30年，与学校相依为命，与师生风雨同舟。他主张聋教育应教聋生发音说话，他的口语教学法颇有成就，是中国早期开创性的聋人教育专家。他的聋生均擅于口语，导致推广为北方的聋人特有的边打手势、边动口说话的特征。

上海福哑学校创办于1926年，由美籍英人傅兰雅、傅步兰父子所办。傅兰雅（John Brown Fryer，1839—1928），美国传教士。21岁毕业于英国伦敦海伯利学院，44岁来中国，先后在香港、北京、上海等地传教、编译、教学，时间长达35年，汉学造诣颇深。为此，清政府授予他三品文官顶戴、三等第一双龙勋章。晚年在上海创办盲童学校和福哑学校。傅步兰（George Brown Fryer，1877—？），傅兰雅之子。他毕业于美国康奈尔大学，曾在美国加利福尼亚州盲哑学校、费城盲校、波士顿帕金斯盲校实习、考察。1912年和1926年分别担任上海盲童学堂堂长、上海福哑学校校长，直至1949年。傅步兰将才华、智慧与精力都奉献与中国盲聋哑教育事业37年，他的妻子、妹妹、女儿也一直与他并肩工作，他全心全意的付出得到了中国各界的高度评价。

"福哑"，既是傅兰雅的音译，也是造福聋哑人的意译。福哑学校开设的课程主要有：国语、英语、发音、珠算、常识、图画、手工、体育等。发音是福哑的专有课程，聋哑人的发音器官和正常人是一样的，他们只是失去了听力而已。福哑低年级教发音用的是贝尔字母，中高年级教英文的是美式单手英语手指字母，其他课程用手势语和书面语相结合。上海盲童学堂、福哑学校与欧美盲哑学校接轨，也是中国特殊教育史上里程碑式的两所学校。

由于福哑办学理念先进，师资优良，国际合作交流众多，办学质量较高，毕业生中的许多聋生走上了创办聋哑学校造福同病的道路。譬如李定清、戴目、费耀奇、蔡润祥、沈祖怡、吴铭钧等，便是其中的代表人物。谢伯子尽管没在聋哑学校读过书，但他曾担任上海光震聋哑学校教师，是校长李定清聘请的，而李定清是福哑第一届毕业生，且毕业后留校任教；福哑学校其余的教师均与谢伯子或同事，或朋友。可以说，福哑培养了一批聋哑教育方面的杰出人才。福哑堪称是民国年代特殊教育事业的黄埔军校。

中国聋哑教育史上第一所聋人创办的私立杭州聋哑学校，创办时间为1931年3月21日，创办者为龚宝荣。

龚宝荣（1910—1973），又名龚亚，号默识道人，浙江余杭人。先天耳聋，自幼爱好图画。14岁入读杭州惠爱聋哑学校，绘画天赋得到充分的表现。16岁到上海谋生，结识实业家、大画家王一亭。22岁受王氏诱导回杭州创办聋哑学校，校址初设杭州城内吉祥巷53号民房，并得其母举家办学的大力支持，课程设置有应用文、常识、数学、工艺、簿记、体育等。学校因交通便捷、课程实用、管理得当，深受聋生的喜爱。1934年，学校规模扩大，迁至杭州城内城隍山元宝心2号阮公祠。学校环境优美，教学设施齐全，更名为杭州市私立吴山聋哑学校（校名使用至1956年），校训为"聋于耳而不聋于心，哑于口而不哑于手"，成为了江浙一带聋哑名校。

1930年民国政府把注音的40个字母改称"注音符号"。怎样根据聋生的特点和中国语言的实际来进行有效的聋哑教学呢？天资聪慧、刻苦钻研的龚宝荣经过5年的摸索探究，总结出一条汉语手切教学的基本方法。普通人读书识字是先识字，后读音，再理解字义。而聋哑人可以用手目来代替耳舌，凭借一种字母来识别某个字、词，再试图读出来、读懂它。龚宝荣借鉴英语的26个字母，创造性地以40个手势来表达40个注音符号，又以双手比划出相关规范动作，成为可视语言。这些连贯的动作即是不同字母组合起来的汉语语音

（指汉语的字与词），逐字逐句组合起来就成为相关的短语、句子，用这样的方式易于教学，易于记忆，效果亦好。龚宝荣同时也创造出从0到9个位数的10种手势、双位数、三位数等，即组合起来进行表达，生动形象，简单明了。1935年龚宝荣自创的注音符号手切、数字符号手切、英语字母手切，汇编成《注音字母手切教本》，作为本校教学用书。教本使用一段时间后，学生基本均能运用自如，反响良好。经国民政府教育部批准，教本公开发行，在全国聋哑学校推广。该书首印1000册，著名画家丰子恺题签，一时风行。

在《注音字母手切教本》面世之前，聋哑学校的手语教材主要以米尔斯夫人的《启哑初阶》为主。龚宝荣虽然没有去过烟台启喑学校，但他接触过一些启喑学校的教师、毕业生，从他们那里了解到《启哑初阶》和贝利字母，还与国外先进的聋校取得联系，邀请他们来吴山聋校举办国际聋哑教育展览。《注音字母手切教本》出版后，逐步取代了《启哑初阶》，一直沿用至20世纪50年代，时人有"注音符号手切的创造，是聋哑界的心声"的赞誉。

1963年，以洪雪立主任，顾朴、周有光副主任为首的中国聋人手语改革委员会公布了新制定的《汉语手指字母方案》《聋哑人通用手语》。新版的汉语手指字母其实与当年的手切字母类同，不同之处在于它结合的是周有光等于1958年制定完成的汉语拼音方案。由此可见，龚宝荣的《注音字母手切教本》是中国聋哑人手语发展史上的一个重要里程碑。由于1958年龚宝荣被打成"右派"，被迫离开聋校前往绍兴劳动改造四年，《汉语手指字母方案》《聋哑人通用手语》的制定和公布已与他没有关系了，但我们不应该忘记龚宝荣在聋哑人手语研究方面的卓越贡献，历史不会忘记这位造福同病的聋教育家。

1940年3月，无锡私立惠喑学校开学，办学者为无锡聋人钱天序、陈祖耕、许廷荣。

钱天序，其父是无锡的缫丝业巨子，家境富裕。1935年毕业于上海福哑学校，后进入苏州美术专科学校学西画，毕业后在缫丝厂做美工。陈祖耕，其父经营酱园业。1928年毕业于上海福哑学校，喜读历史掌故书籍，知识面广。许廷荣，身高一米八，是一名体育健将，戴深度眼镜，年轻时踢足球被球击中耳部，耳膜破裂致聋。

当时无锡没有聋哑学校，聋童上学只能去上海，所以三人合议创办聋哑学校，造福桑梓。无锡以惠山闻名，校名中的"惠"即指惠山，"喑"即聋哑，校址在无锡道长巷33号陈宅，钱天序任校长，陈祖耕任校务主任，许廷荣任教务主任。课程设置仿普通小学，只是音乐课改为笔谈课。绿色旗表示上课，红色旗表示下课，以手势语教学。1947年2月，学校由无锡县教育局收办，改名无锡县立聋哑学校，许廷荣任校长。1949年后，学校又改名为无锡市聋哑学校，许廷荣仍任校长。

许廷荣夫人龚淡如，是龚宝荣的胞姐。先天失语，是上海美专函授部学员，又师从名画家袁次安先生学画四年，得其真传。龚淡如擅长画花鸟，作画一丝不苟。许廷荣与龚淡如同岁，两人40岁结婚，婚后龚淡如作画，许廷荣题诗，珠联璧合，传为佳话。

当年苏、锡、常三地的聋校校长章仲山、许廷荣、谢伯子，教务主任吴北樵、宋鹏程、郑贤才均是聋人。三校之间师生互动频繁，经常开展教学研究，相互促进，成为苏南地区的三所聋哑名校。譬如，常州聋校工艺科学生宋兰芳毕业后，曾到无锡聋校担任教师一年，后与谢伯子结婚。

至1949年，中国已有42所盲聋哑学校，在校学生约两千四百人。北京的杜文昌、杭州的周天孚、成都的罗蜀芳等在烟台启喑学校学习多年，他们的教育理念、方式，师承启喑自不待言。其他如南通、上海、南京、汉口、天津、广州、古田、香港、台湾等地的聋哑学校，当时也有派人去烟台启喑学馆学习，或有启喑学馆毕业学生来从事教学。因此，迄1937年，中国早期聋哑教育的主要思想与实践是，将聋哑学生教育成能发音说话、视话、交流，能阅读写作、算日用账，有生产技能、可以自立的有用人。简单地说，就是"做有用人"。1937年至1949年，启喑学校的教育思想体系开始逐渐边缘化。主要原因是常年战乱，聋哑学校教育事业遭受破坏，大部分学校办学困难，师生流失，"发音说话、生产技能"等教学课程受到严重影响，无以为继；聋人办学的兴起，聋人走上课堂讲台，以手势语的形象生动、直观简便替代了口语，手势语成为聋哑学校教学上的主要手段。然而这段时期的手势语教学现象并没有形成新的聋哑教育思想体系，只是一个过渡时期的"替代语"。

中国聋哑学校的产生和发展历史说明：一、聋哑学校无论是初创阶段还是发展阶段，走的都是一条艰难困苦的崎岖道路。二、《礼记·礼运》中云："使老有所终，壮有所用，幼有所长，鳏寡孤独废疾者，皆有所养。"人道主义思想古已有之，聋人教育当今更应该受到全社会的关心与支持。三、前人经验，后人之师。我们在对聋人教育前辈的办学精神和教学功绩表示敬仰之外，更应该认真研究和总结其经验与教训，在现有两千多万聋哑人的中国，大力发展当今的聋哑教育事业，造福社会，时不我待。

中国聋人教育当年从欧美引进，是如何植根在中国这块处女地上？有哪些成功和失败的经验与教训？遗憾的是当前研究的文字不多，发表出版的论文书籍更是寥寥无几。但我们必须面对事实，对这段历史进行探索、研究、总结，从而填补这个空白。何况中国聋哑教学方式虽经历了"口语—手语—口语"这一近百年的曲折徘徊过程，但至今还没有找出一种科学合理的方式解决。

1956年以来，"以口语教学为主"的指导思想和以培养和训练聋哑儿童的看话和发音说话的技能为目的的教学，期望把看话和说话作为与正常人交际的工具，使聋哑人进入正常人社会，这是颇具诱惑力的设想。但这一设想的实践至今近七十年了，效果如何？是否行得通？事实当然是令人失望的。即使有小部分悟性高的聋哑人能做到，但绝大多数聋哑人难以实现，何况还须有正常人的互动，缺一不可。而手语基本能承担语言的各种职能，所不同是缺乏声音，是无声的语言。每种语言都有其共性与特殊性。既然手语基本具备语言职能的共性，又适合聋哑人之间交流无须声音的特殊性，它和汉语、英语、俄语、日语、德语等都是语言，为什么不可以成为一种正式的教学语言呢？

手语是人类语言的重要组成部分，是一种独立的语言。国际上对聋人文化研究较深入的国家和学者以及聋人群体本身认为，手语是聋人的母语，因为聋人之间适合以手语交流；口语和书面语是聋人第二语言，主要在与健听人的交流中使用。国际上的聋哑教育，经过几十年的实践之后，美国、英国、加拿大、挪威、瑞典等国的聋哑教育专家们，决定不再在聋哑学校用单一口语教学，改用双语（口语与手语）教学。他们认为，用聋哑人自己熟悉的手语学习书面语是很有效的，他们教学实验也证明了双语教学的教学效果，远比口语教学好。

当今世界科技繁荣、信息发达、交际频繁，对人类社会的文化要求愈来愈高，书面语、手写语已经呈现出与人不可分割的语言。面对这种情况，针对聋哑人，尤其聋哑儿童，通过口语教学或手语教学，让聋童经过读写训练，尽早、尽快地落实到书面语、手写语应用上。读写过程是从感知到理解，从理解到应用的过程。感知、理解、应用三方面，理解最重要，不理解就无法应用。理解后必须应用，应用就是多练，多练才能巩固已学过的知识，使之消化成为自己的财富。这何尝不是一种可尝试的教学方式？更何况这项工作对我们今天的特殊教育事业研究和发展具有重要的指导意义。

老骥伏枥 心系特教

20世纪五六十年代，谢伯子在特殊教育改革与创新实践方面做出了一定的成绩，曾出席全国盲人聋哑人第一次、第二次代表大会，并在国家内务部和中国聋人协会主持下，从事全国规范化聋哑手语研究和编辑工作，且多次被评为全国、省、市先进教育工作者。2014年8月26日，中国特殊教育博馆馆长马建强曾在江西省教育科学研究所研究员武杰的陪同下，拜访了聋教育专家、南昌启喑学馆原校长汤俊萍，问其是否认识谢伯子先生，汤氏马上写道："认识认识，见过面，他是常州聋校校长，他五六十年代全国闻名。"谢伯子在特殊教育方面不仅有改革与创新实践，而且有理论思考与实践探索。他坚持钻研聋哑教育，曾撰写《聋哑儿童心理学》。谢伯子晚年接受中国特殊教育博物馆特约记者蓝薇薇女士采访时，有一对话正可以补充说明之：

蓝薇薇：在特殊教育领域，除了政务与教学外，您是否有过别的钻研及尝试？

谢伯子：公任期间我曾先后写作，除了几篇已发表以外，其余多少篇诗文稿，在"三反五反"和"文革"被抄走，或遗失不少。（诗词上卷遗失，而下卷还存，已出版，见《九秩初度·谢伯子先生谈艺录》）

我也曾写过《聋哑儿童心理学》（长篇），以及语文备课资料和美术书画备课资料，大多是宣传画、铅画纸、水墨画纸，先后遭劫、被焚毁，其地点在聋校我的办公室。当时我家收藏的许多名书名画，以及近现代书画家作品都被没收了。"文化大革命"结束后，屡次索还不成。（唯有1942年至1948年的八大幅山水人物、飞禽走兽精品，被包裹在一大串窗帘里，得以幸存，如今已都出版了。）如今，九十了，除了笔谈尚可，如欲作文做诗却不容易。由于年龄关系及身体状况，如欲写作长篇文章更难，因为需尽力搜集有关材料，反复易稿，以至定稿，真不容易。

谢伯子虽然先天失聪，一生都生活、工作在无声世界里，但他却能诗文，所作诗词既纪事言志抒情明理，又音韵四声朗朗上口；所撰《绘事简言》既简明扼要、自出机抒，又富有哲理、引人思考，在聋人世界中所罕见。兹选录三篇，一窥全豹：

忆东门寄园荷塘

丹烟白雪伴青霞，玉立清池胜百花。
纵出污泥还不染，香风送来未须夸。

菩萨蛮·自修

悬梁刺股精神在，功名富贵抛身外。夜读借灯光，白头尚自强。
求知应不懈，宝藏勤开采。一笑豁然通，心花怒放红。

辨寂寞

寂寞乃人生之乐也，亦乃人生之苦也。寂寞之乐，在于寂寞中之热闹，或热闹中之寂寞。或以诗、书、画自娱，或以音乐、舞蹈、游泳自适，然此实非甘心趋向寂灭，而是用心专一，用志不分，乐亦在其中矣。然此必有用于己，有济于世。若寂寞而无用于己，无济于世，终于寂灭，岂非愚者也哉！

寂寞之苦，乃是在寂寞中感到人生无聊，对于一切均抱悲观态度与消极情绪。既厌倦己生之寂寞，亦厌恶众生之热闹。一旦得意，以为不过一瞬之乐，一晌之欢；一当失意，便万念俱灰，四大皆空。此寂寞之苦也。

发奋读书，勤奋学习，必须自甘寂寞，持之以恒。即使在热闹，亦应泰然处之，不为尘嚣名利所动，及其达到目的，寂寞之乐尽在斯矣。

穷则独善其身，乃寂寞者也；达则兼济天下，乃热闹者也。既善寂寞，亦善热闹，有用于己，有济于世，能保始终穷达不变者，虽有人在，亦寥若晨星矣。

我之所以能够自己生存和奋斗下去，是由于生理缺陷、父母早逝、国家多难、贫病交迫、孤独寂寞、社会偏见，这些都从反面激励我本身的意志和力量——自尊、自强、自立、自救，奋斗进取，不敢罢休。

谢伯子诗词引经据典、合辙押韵、要言不烦、辩证统一，其中"悬梁刺股精神在，功名富贵抛身外""用心专一，用志不分，乐亦在其中矣"那种刻苦追求、专心致志、富贵如浮云的豁达情怀，令人油然而生敬意。

谢伯子深知作为画家的人文综合修养之重要性，在聋哑学校任教30多年，他精心教授聋哑学生书画艺术，其中有多名学生培养成才，其美术作品分别选入市、省、全国残疾人美术展，并陆续编入《中国残疾人优秀书画作品集》《中国残疾人美术家优秀作品集》等，对此谢伯子深感欣慰。1991年5月，他出席江苏省聋人书画美术展开幕式，看到有几幅他的学生作品后，欣然题诗：

　　天聋地哑娲难补，扁鹊华佗可奈何。
　　满目琳琅皆绝艺，心声更胜口中歌。

　　谢伯子结合自己的工作经历与书画实践，发现自己所教的学生中大多只是能写字作画，如果让他们撰文题诗，却勉为其难了。为此，谢伯子常常引以为憾，曾几次与省市有关部门反映在聋校必须强化文化课教学，增加文化课数量，但结果也是不了了之。

　　2013年5月22日，当马建强问及谢伯子对于现今中国特殊教育现状有何看法时，谢伯子表示，想法是有一些，但退休以后一直忙于书画创作，或外出旅游写生，或为老年大学教授绘画，所剩空闲时间不多。近年来随着年龄增加，体力不如以前，所以思考的一些特殊教育问题一直没能成文。他说，最近正在读南京特殊教育师范学院院长丁勇研究员赠送他的《当代特殊教育新论》，颇有感触，并在书上多处写了一些文字，待下半年或明年春，重振精神，把一些想法写出来，供现在的特教界朋友参考。

　　徐蓓蓓老师相貌朴实，说话利落，1965年高中毕业后分配进常州市聋哑学校。她说，她刚到聋校，见到身为校长的聋哑人谢伯子兼管政治思想、行政管理和美术教育工作，很是惊讶。一般情形下，担任政务工作的领导多是健全人，有的即便是聋人，也是能讲话的，谢伯子却非常独特。在与谢伯子教学工作的接触中，徐蓓蓓感到谢伯子正直、善良、热情、书卷气很浓。譬如，时任聋人协会副主席的谢伯子每周必去聋人协会无偿为聋人讲课，常常拿工资帮助有困难的学生和工友。2002年徐蓓蓓退休后，主动担任谢伯子的手语翻译，常常陪同谢伯子参加一些社会活动。徐蓓蓓说，表面上看，好像是谢老因为听说不便需要我的帮助，其实与谢老相处，更多受到谢老精神人品的影响，我得益于谢老的更多，这也让我的退休生活更加充实而有意义了。徐蓓蓓还透露谢伯子晚年的两个心愿：其一是写回忆录，为书画界、特教界留下一些文字资料；其二是希望有生之年多画一些画，积攒一些钱，成立一个基金会，捐助家境困难、品行高尚、乐学上进的聋哑人。

2014年5月，在谢伯子92岁华诞期间，南京特殊教育师范学院、中国特殊教育博物馆将在南京举办"谢伯子从艺70周年国画回顾展"暨《谢伯子研究》首发、谢伯子铜像落成典礼。就在前期活动紧张有序地准备时，4月20日凌晨，谢伯子先生驾鹤仙去。

南京特殊教育师范学院原党委书记、院长，今江苏省教育学会特殊教育专业委员会理事长丁勇研究员在《谢伯子研究》序中写道："谢伯子在长期聋教育实践和探索的基础上，提出了一系列关于聋教育的观点和思想，归纳起来，大致有这样几个方面：一是关于聋校工艺教育的最初探索和特殊教育是一种职业技术教育的观点；二是关于聋教育体知技德并重的全面发展育人观；三是关于聋校采取手语为主教学方式的观点；四是关于聋哑儿童心理学；五是关于聋校管理的实践和理论。"他最后得出结语："总之，谢伯子不仅是一个成功的教育实践家，而且还提出了一整套具有中国特色、具有原创性的聋教育思想。所以我们认为他是当代中国著名的聋人教育家。"

在谢伯子遗体告别仪式上，马建强教授为谢伯子先生送上挽联：

无声无语有缺无憾强者矣；有教有艺无独有偶大家也。

中国特殊教育博物馆谢伯子铜像简介：

谢伯子，江苏常州人。聋人教育家，书画大家。先天失聪，自幼从父谢玉岑、外祖父钱名山学书学诗，随姑母谢月眉、叔父谢稚柳学画花鸟，后拜张大千专攻山水人物。1947年起任教于上海私立光震聋校，1949年起担任常州聋校校长计30年，为探索中国特色聋人教育特别是聋人职业教育作出重要贡献。

谢伯子铜像

结　语

　　先生先即赜喑，幼失怙恃，爱不废风雅之事，闻誉既早，老尤绚烂，厥所成就，超轶常俦，此一奇也；先生失音，弗辨四声，然犹默玩词章、潜研韵律，积久操觚，无不合辙，此又一奇也；先生祖先，代擅韵语：清季名山钱振锽先生所裒《谢氏家集》，已斐尾可观，而先生之尊人及季父所著《玉岑诗词》《壮暮堂诗词》，尤著名当世，先生乃娴于丹青，偶为诗文，未尝自矜，聊申余兴云尔，则以彼无声诗，适可继武前辈之有声画，谢门风雅，遂得不坠于今，此则三奇也。

——《绘事简言·后跋》

　　很难想象，一个人面对着一个永恒沉寂的世界，他有耳却不能听，有口却不能讲，哪怕是能倾诉些许心中的欢乐也罢，痛苦也罢。而周围那些美好的事物、壮观的景象陶冶着他、激励着他，他唯有用自己那双洞穿景物的眼睛和辛勤的双手，把自己心中的语言用笔墨泄染出来，以表达对生命、人生价值的诠释。

　　钱璎之说："谢伯子的画固然像张大千，但并非重复张大千，而是有他自己的面目在，表现为一种奔放、奇崛的气韵和执着、抗争的精神。他的画不仅是在描绘自然、再现生活，而是有一种驱使自然、把握生活的气魄和意味。"我们可以从谢伯子画中的特征来解读他的人生经历，难道不正是这种奔放、执着、抗争的追求，以及他自己所言的"自尊、自强、自立、自救，奋斗进取，不敢罢休"贯穿了他的一生吗？

　　《论语》曰："志于道，据于德，依于仁，游于艺。"昔日，当常州的人们偶遇一位白发苍苍的老人，称赞他时，他总是含笑无语，点点头又摆摆手，神情坦然而自信。他就是我国著名的聋人教育家、国画名家谢伯子先生。

《松风吹衣袂》

松阴吹衣裾
云谷响流泉
因风寻去去
飘然便成仙

丙子年秋 伯子写

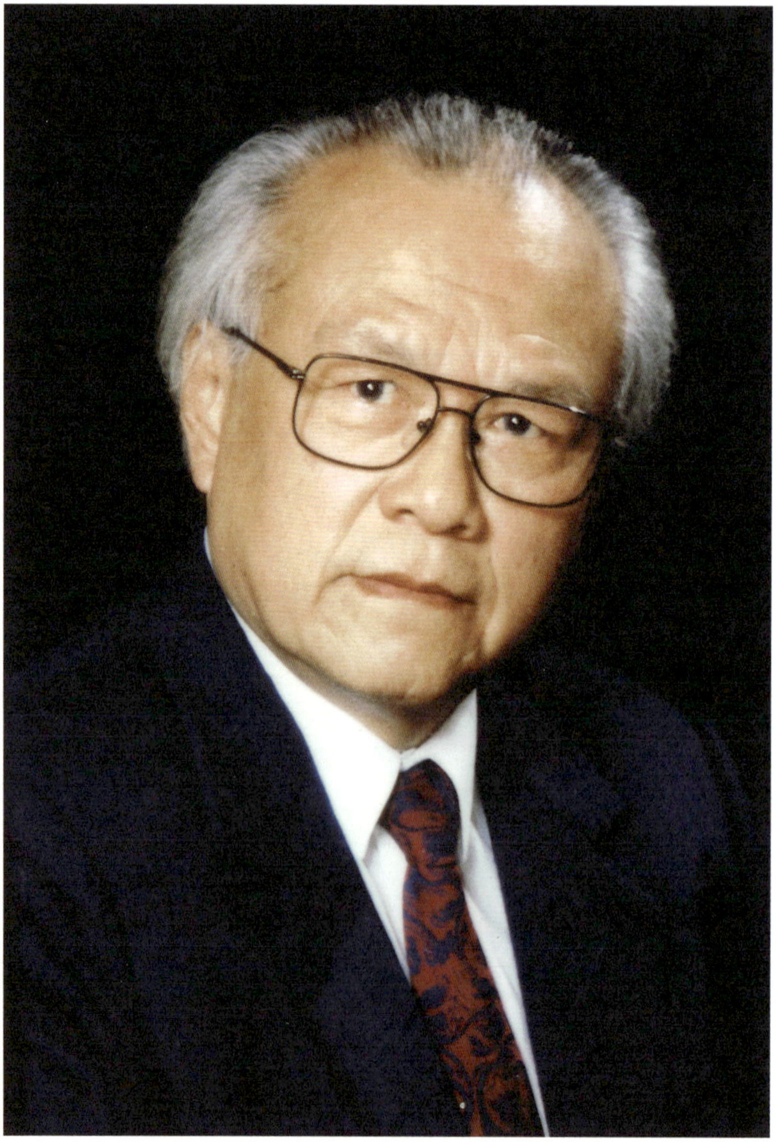

附录：谢伯子先生年谱

体　例

一、年谱以《九秩初度·谢伯子先生谈艺录》《谢伯子研究》《谢伯子画集》《常州市聋哑学校校史》及相关报刊书籍、交游信札、先生笔记、诗词稿等为基本材料，意在勾勒先生一生主要行迹。

二、年谱罗列青山谢氏家族主要成员，以便了解先生家族人员关系。

三、年谱纪时阿拉伯数字系公历，汉字系农历，无日可考者系月，无月可考者系年。

青山谢氏家族主要成员

◇曾祖父谢祖芳（1850—1907），字养田，号祖芳，江苏常州人。秀才，有《寄云阁诗钞》。

◇曾祖母钱蕙荪（1854—1934），字畹香，常州阳湖人。钱名山二姑，谢玉岑祖母。有《双存书屋诗草》。

◇伯祖父谢仁卿（1876—1911），名仁，字仁卿，号莼卿，江苏常州人。秀才，有《青山草堂诗钞》《青山草堂词钞》。

◇伯祖母吴英（1877—1901），吴玉振三女，有诗作。

◇继伯祖母潘氏（1877—1961），潘振堃四女，好诗文。

◇祖父谢仁湛（1878—1911），名泳，字仁湛，号柳湖。秀才，有《瓶轩诗钞》《瓶轩词钞》。

◇祖母傅琼英（1880—1939），字湘纫。傅颂霖次女，有诗作。

◇外祖父钱名山（1875—1944），字梦鲸，号名山，常州阳湖人。进士，有《名山诗集》《名山文约》《良心书》等。

◇外祖母费墨仙（1878—1921），名沂，字墨仙。进士费铁臣长女，知书达理，乐施好善。

◇父亲谢玉岑（1899—1935），名觐虞，字子楠，号玉岑，又号孤鸾，江苏常州人。民国著名词人、书画家，有《玉岑遗稿》《谢玉岑诗词集》《谢玉岑集》等。

◇母亲钱素蕖（1900—1932），名亮远，字素蕖，常州阳湖人。钱名山长女，喜读书，善书法。

◇三姑母谢月眉（1904—1998），字卷若，江苏常州人。工笔花鸟画圣手，有《月眉诗稿》。

◇叔父谢稚柳（1910—1997），名觐禹，字子棪，晚号壮暮翁，江苏常州人。书画大家、著名古书画鉴定家，有《敦煌艺术叙录》《鉴余杂稿》《壮暮堂诗词》等。

◇姐谢钿（1921—2020），名荷钱，学名钿，字殿臣，江苏常州人。毕业于广州中山大学，从事教学工作40余年，有《教书与育人》《永恒的记忆》等。

◇妹谢琏（1928—2006），名荷珠，字琏，江苏常州人。肄业于沪江大学，从事教学领导工作30余年。

◇大弟谢仲蔿（1924—2016），名小岑，又名肖恒，字仲蔿，江苏常州人。毕业于复旦大学新闻系，从事报业工作30年。

◇二弟谢叔充（1930—2021），名充，字叔充。大学学历，从事中学教学工作30余年。

◇妻子宋兰芳（1932—2018），江苏宜兴人。早年受过教育，12岁得脑膜炎致聋，毕业于常州市聋哑学校，曾任无锡聋校教师等。晚年喜读书报，关心时事。

◇长子谢建新（1955— ）、次子谢建红（1963— ）、女儿谢建平（1958— ）各自成家立业。

正　文

1923年（癸亥）　1岁
◎5月25日，四月初十，生于常州观子巷十九号谢寓。名宝树，乳名枝珊，字伯文，号伯子。
◎6月，父亲谢玉岑填词《木兰花慢·珊儿弥月，赋怀素君》。
◎是年初起，谢玉岑在武进戴溪桥私塾教书。

1924年（甲子）　2岁
◎先天失聪，生有异秉。
◎10月18日，大弟谢仲蔼生。

1925年（乙丑）　3岁
◎始识字，痴迷图书。
◎是年9月起，谢玉岑在温州浙江第十中学教书。

1926年（丙寅）　4岁
◎机灵、聪慧，能依据人物特征用手势造型。
◎是年9月起，谢玉岑在上海南洋中学教书。

1927年（丁卯）　5岁
◎懂礼貌，有孝心。与小伙伴们玩耍，未觉不便，可察言观色知大意。

1928年（戊辰）　6岁
◎始读书，喜画画，能协助母亲看护弟妹。为成为书中的仙人，轻信钱家兄弟之言，坚持不吃肉菜。

◎3月10日，妹谢琏生。

◎是年上海秋英会上，谢玉岑与张大千、郑曼青结金兰之交。

1929年（己巳） 7岁

◎随姐谢钿入武进女子师范附小读一年级，除音乐科没有成绩外，其他科目均及格，顺利升级。

1930年（庚午） 8岁

◎7月31日，二弟谢叔充生。

◎武进女子师范附小读完二年级，顺利升级。

◎是年冬起，谢玉岑任财政部苏浙皖区统税局上海第三管理处主任。

1931年（辛未） 9岁

◎年末，武进女子师范附小读完三年级，体育、语文、图画科成绩优良，但附小不再同意其继续升级读书。

◎是年11月起，谢玉岑迁居上海法租界西门路西成里165号二楼，与张善孖、张大千、黄宾虹比邻而居。

1932年（壬申） 10岁

◎印人赵古泥受谢玉岑之请，为先生刻白文方印"谢宝树印"。

◎三月十一日，母亲钱素蘂病逝。

◎是年起，从外祖父钱名山学诗。

1933年（癸酉） 11岁

◎年初，入寄园读书，正式受业于钱名山。

◎是年起，谢玉岑转入国立上海商学院任教，并兼文书主任。

1934年（甲戌） 12岁
◎张大千多次从苏州网师园来常州谢寓探望病中的谢玉岑，每次在谢寓作画时，先生随时观摩。

1935年（乙亥） 13岁
◎年初，张大千受谢玉岑之托，纳先生为弟子。从此，先生列入大风堂门墙。
◎始临摹大千师作品。
◎4月20日，谢玉岑病逝于观子巷19号家中，年止三十七岁。之后，谢家迁入青果巷赁屋而居。

1936年（丙子） 14岁
◎经常观摩三姑谢月眉画工笔花鸟，并遍临家藏书画。或寄园，或附近写生，尤喜写生荷花，时时至忘我之境。

1937年（丁丑） 15岁
◎11月，日军飞机轰炸常州城区，日寇入侵常州城，先生随谢月眉等避难至上海租界福熙路福熙坊2号赁屋而居。

1938年（戊寅） 16岁
◎正月初，钱名山全家坐船避难至上海。先寄居法租界拉都路，后迁至辣斐德路桃源村21号。
◎6月，大千师从北平潜来上海，寓居石门二路广大寓所李秋君瓯湘馆。先生赶来拜见大千师。大千师对先生近年画作甚是满意，又连续数日挥毫各种绘画技法示范。
◎是年，先生以号"伯子"行。

1939年（己卯） 17岁

◎大千师云游四方，相望无期，先生由谢月眉携至鹿胎仙馆，拜郑午昌为师。从此，先生成为午昌师早年弟子之一，名列《鹿胎仙馆同门录》第六位。

1940年（庚辰） 18岁

◎每隔几天将画稿呈交午昌师指教，午昌师先后赠与先生多种大小画册，要求临摹。

1941年（辛巳） 19岁

◎6月，有几幅山水、人物作品在大新公司四楼展出，且售出。名山先生有诗《外孙画》《喜外孙谢大画极奇》。
◎6月17日，夏承焘日记载："看名山先生展览会，见玉岑嗣伯子（宝树）画山水人物，颇似张大千，今年十八，惜玉岑夫妇不及见也。"
◎9月，作品入选中国画会第十届书画展览会。
◎是年，在上海加入中国画会。

1942年（壬午） 20岁

◎绘《松猿图》《白马图》《孔雀图》《仙鹤图》等，名山先生欣然题诗。

1943年（癸未） 21岁

◎5月，有作品选入大新公司四楼书画厅郑午昌师生画展。
◎11月，受邀观摩中国画苑举办的刘海粟画展，并结识刘海粟。

1944年（甲申） 22岁

◎5月11日至21日，谢伯子画展、谢伯子扇面合作展在上海八仙桥青年会展厅举行，百余件展品与名书家合作扇面二百页被订购一空。画展第一天，郑午昌、王师子、符铁年在《申报》撰文介绍。画展结束后，先生捐赠几幅作品为家乡筹建武进聋哑学校，名山先生有诗赞之。
◎夏，教表妹程婉仪习画，王春渠有评语。
◎9月19日，八月初三晚十时，名山老人卒于上海桃源村21号钱寓。

1945年（乙酉） 23岁
◎10月10日，上海画人协会成立，先生当选为候补理事。

1946年（丙戌） 24岁
◎8月，与大舅钱小山在常州公园图书馆联合举办钱谢书画扇展。百余页书画扇售罄，部分售款捐赠与当地慈善机构、聋哑学校。
◎10月，张大千在上海举办张大千画展之际，先生赴瓯湘馆叩拜大千师。
◎是年，叔父谢稚柳从四川回上海，任《新闻报》馆主任秘书、经理，定居虹口溧阳路瑞康里139号。因房屋宽敞，先生、谢仲蔼、谢叔充三兄弟入住三楼两间房。
◎是年，上海市光震聋校校长李定清派师生教先生聋人手语。

1947年（丁亥） 25岁
◎2月10日起，任上海光震聋校国画教师。
◎5月，作品《春云晨霭》获本年度上海文化运动创作奖；《晓山云树》获上海市文化运动委员会主办的本年度中正文化奖金美术奖国画三等奖。
◎7月，与谢月眉、钱沐之在常州公园图书馆举办谢钱画展。
◎11月，有绘画作品捐赠与中国红十字会。

1948年（戊子） 26岁
◎10月，有作品参展上海中国画苑举办的"大风堂同门画展"。
◎11月，大千师在谢稚柳寓所对先生直言："你的画很像我！"大千师离开上海回四川前，又托人转赠先生一把成扇和一本敦煌画摹本。

◎勾摹陈及之《便桥会盟图》。此摹本一直留存谢稚柳处，1974年谢稚柳在此摹本作题并跋语。
◎临摹钱舜举《杨妃上马》卷，谢稚柳欣然在《杨妃上马》卷尾作题识。
◎《中国美术年鉴·1947》载先生简介、获奖作品等。
◎是年，著名油画家哈定为先生作油画肖像。

1949年（己丑） 27岁
◎4月，常州解放。受武进聋哑学校创办人戴目再三邀请，先生从上海回到常州，出任常州市聋哑学校首任校长。

1950年（庚寅） 28岁
◎年初，创办常州聋校三年制工艺科，以培养聋生的一技之长，使其立足社会。承担工艺科国画、美术史教学，并聘请上海聋人画家沈祖诒、吴铭均担任素描、水彩、图案、设计教师，聘请聋人教育家蔡润祥为首任教育工会主席。

1951年（辛卯） 29岁
◎创办半月刊《聋人学锋》，鼓励聋生写作、展示作品，成为聋生的对外交流平台和窗口。

1952年（壬辰） 30岁
◎7月15日，郑午昌因脑溢血突发病逝，止年59岁。
◎10月，与宋兰芳结为伉俪。
◎第一期工艺科十几名聋生毕业，奔赴各自岗位，发挥一技之长。一时，常州聋校成为沪宁线上闻名学校，其他地区的聋校纷纷派人交流学习，新生入校人数剧增。

1953年（癸巳） 31岁

◎聋哑教学强调基础教育。上级机构不赞成继续办工艺科，常州聋校只能停办，工艺科毕业学生仅为一届，沈祖诒、吴铭均回上海。

1954年（甲午） 32岁

◎是年前后，多次被评为全国、省、市先进教育工作者。

1955年（乙未） 33岁

◎7月，长子谢建新生。

1956年（丙申） 34岁

◎8月，赴北京参加由文化部、中国美协主办的第二届全国国画展览会。入选作品《山水》被国家购藏，得人民币70元。

◎9月，观摩常州美术展览，撰《看了本市美展中国画部分的一些感想》。

1957年（丁酉） 35岁

◎6月，绘《紫金山》。

◎7月，绘《华山苍龙岭》《华山南峰》。

◎是年，全国聋哑学校实行教学改革，要求采用口语教学法，逐步取消手语教学法。

1958年（戊戌） 36岁

◎11月，女儿谢建平生。

◎是年，上级机构要求推广口语教学法，手语教学法遭废弃，聋人教师多转岗或辞退。

1959（己亥） 37岁

◎常州市聋人协会成立，先生担任协会副主席。

◎常州聋校响应"教学与生产劳动相结合"的全国学校教育方针，增设了缝纫和木工两门职业教学课程。

1960年（庚子） 38岁

◎4月，加入中国共产党。

◎5月20日，赴北京出席第一届全国盲人聋哑人代表大会。会议期间，游天安门等，并与洪雪立、戴目、赵铮等合影留念。

◎6月1日，在北京出席第一届全国文教群英会。

1961年（辛丑） 39岁

◎始撰专著《聋哑儿童心理学》。

1962年（壬寅） 40岁

◎常州聋校迁至小火弄56号原民益麻纺厂，经改造、整修，教学师生用房基本齐全，房后一块空地辟为操场，学校初具规模。

1963年（癸卯） 41岁

◎8月，次子谢建红生。

1964年（甲辰） 42岁

◎5月，出席第一届江苏省盲人聋哑人代表大会。

◎7月，赴北京出席第二届全国盲人聋哑人代表大会。会议期间，与部分代表游故宫、长城、八达岭、十三陵地宫等。

◎在国家内务部和中国聋人协会主持下，从事全国规范化聋哑手语研究和编写工作。

1965年（乙巳） 43岁
◎撰成专著《聋哑儿童心理学》。

1966年（丙午） 44岁
◎6月，常州聋校开始"文化大革命"运动。聋校组织红卫兵、教师办学习班，先生和部分教师受到"批判"。

1967年（丁未） 45岁
◎学校停课。先生遭"抄家"，所藏近现代书画名家作品被没收，手稿《绘事简言·上卷》《聋哑儿童心理学》和诗稿等散佚。之后，每逢星期日下午，先生家客厅坐满了部分师生，向先生反映学校混乱的现象。

1968年（戊申） 46岁
◎解放军宣传队进驻常州聋校，宣传大联合、三结合，成立学校"革委会"。刘载阳为"革委会"主任，先生为副主任，教师、学生代表包玉凤、包向党、程清清为委员，学校改名常州市红卫工读聋校。

1969年（己酉） 47岁
◎解放军宣传医疗队进驻学校，一边主持"斗私批修"，一边对部分聋生进行针灸治疗。

1970年（庚戌） 48岁
◎2月，常州市革委会组织100名老、中、青三结合教师干部，开赴教育系统的"五七干校"（茅山煤矿）劳动，先生任副班长。
◎绘山水册页百幅，其中《山涧急湍》《秋山闲眺》《秋山泛艇》《苍山结茅》收入《谢伯子画集》。

1971年（辛亥） 49岁
◎在"工人阶级领导一切"的号召下，工人宣传队进驻常州聋校。

1972年（壬子） 50岁
◎2月，美国总统尼克松访华，先生弟子肖牧设计宴请尼克松出席文艺晚会的请柬。
◎4月，创作五大幅国画作品参加本市美展，其中四幅反映茅山煤矿面貌，一幅反映解放军为聋生针灸治病。

1973年（癸丑） 51岁
◎秋，绘《红荷图》。
◎写信希望中央关心几近瘫痪的聋人教育事业。
◎12月23日，国务院办公室副主任苏林等来常州聋校调研。

1974年（甲寅） 52岁
◎与钱小山合作书画成扇，先生绘《江山帆影图》，小山书毛泽东词《菩萨蛮·大柏地》。
◎是年前后，先生担心画技荒废，除主持本校美术教学外，随身携带速写本，坚持多年速写。

1975年（乙卯） 53岁
◎为常州汽车客运站售票大厅、火车客运站贵宾厅等大型公共空间绘制巨幅山水作品。

1976年（丙辰） 54岁
◎是年，常州聋校校名恢复原名——常州市聋哑学校。

1977年（丁巳） 55岁
◎常州聋校的工人宣传队奉命撤走。

1978年（戊午） 56岁
◎4月至8月，作诗词百余首。
◎常州聋校"左派"仍占据上风，先生遭受排挤，调至市民政局有关部门，从事书画创作。
◎是年，先生有别号"弥坚"。

1979年（己未） 57岁
◎作自勉绝句13首，其中有句："乌纱帽废一身轻，信仰如山岂可倾。兀坐深思长默默，著书作画启心声。"

1980年（庚申） 58岁
◎是年前后，作诗词多首，直抒胸臆，部分收入《九秩初度·谢伯子先生谈艺录》。

1981年（辛酉） 59岁
◎10月，陪同谢钿、钱小山赴常州天宁寺观谢玉岑篆书联。
◎11月11日，赴上海展览中心出席谢稚柳、陈佩秋书画展览开幕式。
◎由上海人民美术出版社出版的《中国美术家人名辞典》载有先生简介。

1982年（壬戌） 60岁
◎是年起，长期为常州市政协主办的老干部书画学习班授课。

1983年（癸亥） 61岁
◎4月2日，张大千病逝于台北荣民总医院，享年85岁。先生悲恸不已，在家中挂上大千师画像叩拜、默哀。

1984年（甲子） 62岁
◎6月，上黄山采风写生。之后，1985年5月、1986年4月、1989年7月、2008年11月，又四上黄山。

1985年（乙丑） 63岁
◎10月，赴四川、重庆、长江三峡、张家界、武汉等地采风写生。
◎是年起，始撰《绘事简言》下卷。
◎是年前后，作品在上海朵云轩、上海文物商店、上海友谊商店、南京友谊商店、常州江南春宾馆等处公开标价出售。

1986年（丙寅） 64岁
◎5月，游九华山等。
◎5月，为纪念张大千先生逝世3周年，大风堂门人在成都四川美术馆举办张大千先生师生书画展览。出席开幕式，作品《黄山天下雄》《墨荷》参展，并与大风堂门人合影。
◎5月21日至26日，在大风堂门人刘侃生等陪同下，游览了武侯祠、杜甫草堂、都江堰等景点。
◎6月，台北商务印书馆《民国书画家汇传》出版，载有先生传略。

1987年（丁卯） 65岁
◎9月，作品参加在日本举办的"日中亲善书画篆刻展览"。

1988年（戊辰） 66岁
◎5月至6月，至全国各地采风写生，游历敦煌莫高窟、华山、西安、成都、青城山、内江等地。

◎10月，游山东蓬莱阁等。

1989年（己巳） 67岁
◎4月1日，参观北京徐悲鸿纪念馆，并与廖静文交流。
◎4月，作品《黄山雪松图》获首届全国残疾人艺术作品展国画奖。
◎4月，在北京拜访黄苗子并合影。
◎8月，撰散文《永恒的记忆》。
◎9月，多幅国画作品在美国洛杉矶展出，美国《国际日报》《中报》等均有报道。
◎10月，与兄弟姊妹合力出版《谢玉岑诗词集》，以纪念谢玉岑先生诞辰90周年。

1990年（庚午） 68岁
◎绘《溪山清晓》《长江万里图》等。《溪山清晓》获全国残疾人美术作品一等奖。
◎始作泼墨泼彩山水画。

1991年（辛未） 69岁
◎4月，《中国残疾名人辞典》出版，其中载有先生简介。
◎5月，出席江苏省美术馆举办的常州国画研究会书画展览开幕式，先生有两幅山水画中堂参展。
◎6月，与李悦同游绍兴、奉化、普陀山、雁荡山等地。
◎《绘事简言》（下卷）与《谢伯子诗词》（下卷）整理成册，汇集20世纪80至90年代初先生的绘事感言、诗词美学和人生哲理。

1992年（壬申） 70岁
◎2月，《青绿山水》《墨彩荷花》入选国际中国画展，并获大赛荣誉奖。

◎5月9日，"谢伯子画展"在上海美术馆举行。
◎5月21日起，与李玉同游仙湖、蛇口、珠海、海口等地。
◎6月12日，在上海华东医院探望刘靖基。
◎8月，游青岛。
◎9月6日，出席常州博物馆举办的谢稚柳艺术馆开馆仪式。
◎9月8日，出席烟台国际葡萄节。

1993年（癸酉） 71岁
◎4月，当选沪港大风堂理事会理事。
◎10月18日，在北京重游八达岭等。

1994年（甲戌） 72岁
◎春，为《张学良将军》电视剧剧组创作九幅白描组画，制成巨型紫砂浮雕壁画。
◎9月，简介收入《中国当代艺术界名人录》。
◎12月，在《大风堂报》（创刊号）上发表组诗《忆大千师》。

1995年（乙亥） 73岁
◎1月26、27、28日，参加常州红星大剧院春节献艺活动。
◎2月，加入江苏省美术家协会。
◎4月28日，在北京出席中国美术馆举办的"江南明珠·常州中国画新作展"开幕式，有《峨眉金顶》等六幅作品参展。
◎8月，受聘为张大千艺术研究院研究员。
◎9月，受广西壮族自治区文联的邀请，赴广西采风写生，游历桂林、阳朔、柳州、南宁、北海等地。在阳朔参观徐悲鸿故居，在南宁与大风堂门人黄独峰教授交流合影。
◎传略载入美国传记学会所编《世界杰出人物名人录》（第五版）。

1996年（丙子） 74岁

◎4月，应邀赴山东菏泽出席中国牡丹画会，结识冯益汉、李立新，相与诗画酬唱。其间受主办方委托，绘册页12幅赠与李瑞环。

◎11月8日，出席由上海市文史研究馆、大风堂书画会主办的"张善孖、张大千大风堂同门画展"，有山水、人物三幅作品展出。谢稚柳题"沪港大风堂书画展"。

1997年（丁丑） 75岁

◎1月，在《成都美术报》发表组诗《大风堂诗钞·忆大千师》。

◎3月至4月，应邀赴北京，为国家行政学院总理会客室绘巨幅《峨眉晨曦》《黄山松云》《春江帆影》等，获荣誉证书、金质奖牌。其间，拜访启功先生。

◎5月1日，出席中国美术馆举办的迎香港回归全国名家作品展开幕式。有作品《五彩荷花图》展出。

◎6月1日，谢稚柳在上海瑞金医院病逝，先生作文《怀念》。

◎6月，《东坡弈棋图》入选中国人物画展。

◎12月，在常州东坡公园绘壁画《东坡上舟咏诗图》。

1998年（戊寅） 76岁

◎3月，《世界华人文学艺术界名人录》由文化艺术出版社出版，载有先生条目。

◎9月5日，出席"98中国庐山聋人美术摄影邀请展暨赈灾义卖活动周"开幕式，并游庐山等。

◎绘《青松寒不落》以纪念周恩来总理100周年诞辰。作品编入《全国书画名家邀请展作品集》。

1999年（己卯） 77岁

◎9月6日《常州日报》刊登冯其庸《山川钟灵秀 素手把芙蓉——读谢伯子先生画》一文。

◎9月，大型画册《谢伯子画集》由上海书画出版社出版发行。

◎10月，常州电视台拍摄纪录片《谢伯子》。

2000年（庚辰） 78岁

◎5月，谢伯子画廊对外正式营业。

◎因市场需求，始于日本金银卡纸上作画。

2001年（辛巳） 79岁

◎1月，《世界残疾人名人大辞典》由中国社会出版社出版，其中载有先生辞条和简介。

◎11月，《金碧山水》收入《世纪珍藏·中华翰墨名家作品博览》。

2002年（壬午） 80岁

◎作品《溪山清晓》入选第六届全国残运会作品展，荣获一等奖。

2003年（癸未） 81岁

◎12月，19幅《唐人诗意图》编入《唐诗三百首·当代名家书画》。

2004年（甲申） 82岁

◎绘《寄园图》，以纪念钱名山先生逝世60周年。

2005年（乙酉） 83岁

◎11月，作品收入《中华名家翰墨精品集》。

◎秋，创作5米长卷《天地大观》。

◎是年，《近代名家字画市场辞典》收入先生简介、作品。

◎是年，《中国残疾人美术家优秀作品集》收入先生作品《黄山松云图》。

2006年（丙戌） 84岁
◎10月，《影响百年中国的文化世家》出版，其中有文《常州谢氏——谢玉岑·谢月眉·谢稚柳·谢伯子》。

2007年（丁亥） 85岁
◎8月，《百美图·当代文艺家自画像》收入先生自画像，包立民编著，山东画报出版社发行。

2008年（戊子） 86岁
◎3月，常州广播电视报记者刘宝访谈先生。
◎4月4日，《常州广播电视报》刊载《传奇画家谢伯子》与《对话》。

2009年（己丑） 87岁
◎4月，赴成都出席纪念张大千先生诞辰110周年暨《张大千的世界》《张大千的世界研究》首发仪式并学术研讨会，参观四川博物院张大千书画馆。
◎5月，参加在上海举办的纪念张大千110周年诞辰暨大风堂师生书画展览活动，并向活动主办方捐赠作品《山水有清音》《三上黄山图》。
◎10月，出席浙江美术馆举办的"大风再起·孙家勤画展"。其间，纳入弟子顾晓东。

2010年（庚寅） 88岁
◎5月，出席常州博物馆举办的"纪念谢稚柳诞辰100周年书画精品展"开幕式，随后即赴宜兴太湖黑龙江省疗养院作画与休养。
◎8月，在上海长海医院住院做手术。
◎12月，纳入弟子漆千一。

2011年（辛卯） 89岁

◎春，接受中央电视台《中国当代画家》主编杨晓明访谈。
◎撰《谈艺录》。

2012年（壬辰） 90岁

◎4月30日，《九十初度·谢伯子先生谈艺录》图书首发式、中央电视台纪录片《谢伯子》开机仪式暨谢伯子先生九十华诞酒会在常州大酒店宴会厅举行。
◎4月25日，《常州日报》载《江山万古兰陵笔——记常州九旬画家谢伯子》。
◎5月，接受中国特殊教育博物馆馆长马建强的访谈。
◎8月，《龙城春秋》（2012年第3期）扉页刊载"画家谢伯子"专题作品介绍。

2013年（癸巳） 91岁

◎3月，中国特殊教育博物馆特约记者蓝薇薇访谈先生，对话内容收入《九秩初度·谢伯子先生谈艺录》。
◎春，为浙江泰顺县历史名桥题"龟湖廊桥。癸巳年春，谢伯子九十书"。
◎5月30日，表弟钱璱之逝世，先生作诗《怀璱之》二首。
◎5月，中央电视台纪录片《谢伯子》由中央文献音像出版社发行。
◎6月，题签画集《大风天下·大风堂书画巡展》。
◎8月，上海名家艺术研究协会、上海张大千研究会成立，先生被选为名誉会长。
◎9月26日，"心雄万夫，手写千秋——谢伯子九秩画展暨谢伯子先生书画作品捐赠仪式"在常州博物馆隆重举行。

2014年（甲午） 92岁

◎初春，为常州市聋人学校70周年纪念册题签"聆听·幸福"。
◎4月20日凌晨1时，先生在常州第一人民医院逝世，享年92岁。
◎5月，《谢伯子研究》由中央文献出版社出版发行。
◎8月，谢伯子铜像陈列中国特殊教育博物馆。

后 记

当我拿到《谢伯子评传》样书时,心情如释重负。这本书虽然写作、配图、编辑、出版一并仅一年,但写作前的准备工作却有十多年,如果要说起写作的动机,那就有四十年了。

那是1982年的冬天,当读完《徐悲鸿一生》(廖静文著,中国青年出版社,1982年8月版)后,我产生了一个愿望,将来一定要写一本《谢伯子传》。

而今,先父谢伯子铜像陈列于中国特殊教育博物馆;中央电视台专题纪录片《谢伯子》由央视播出,并由中央文献音像出版社发行;《谢伯子画集》《谢伯子速写集》《九秩初度·谢伯子先生谈艺录》《谢伯子研究》等均已出版;先父的三万多件书画作品不仅流传国内(包括台湾、香港、澳门等地),而且远销日本、美国、德国、英国、新加坡等国。先父的自强不息、志直如矢、壮心不已,与命运抗争的一生教育着他的后人。

《谢伯子评传》由徐建融教授作序,张戬炜先生、彭玉平先生、卜功元先生审读全稿,上海书画出版社出版发行,在此一并铭谢!谨以此书作为一朵洁白的、素静的荷花,敬献于先父的墓前,以纪念谢伯子先生100周年诞辰。

谢建红
2023年4月

参考文献

1. 相关民国报刊。
2. 《谢氏家集》，毗陵谢氏刻本，钱名山等编，1912年。
3. 《毗陵谢氏宗谱》，宝树堂，谢承恩纂修，1917年。
4. 《常州市聋哑学校校史》，自印本，1983年。
5. 《谢伯子画集》，谢伯子编，上海书画出版社，1999年。
6. 《谢伯子速写集》，谢伯子画廊编印。
7. 《梦圆忆当年》，戴目、宋鹏程编著，上海教育出版社，1999年。
8. 《20世纪上海美术年表》，王震编著，上海书画出版社，2005年。
9. 《中国美术年鉴·1947》，上海社会科学院出版社，2008年。
10. 《永恒的记忆》，谢钿著，谢建红编，2012年。
11. 《从聋到龙——聋人生活必读》，陈少毅著，华夏出版社，2012年。
12. 《中国当代画家·谢伯子》纪录片，中央电视台摄制，中央文献音像出版社，2013年。
13. 《九秩初度·谢伯子先生谈艺录》（修订版），杨晓明主编，中央文献出版社，2013年。
14. 《谢伯子研究》，马建强主编，中央文献出版社，2014年。
15. 《中国特殊教育史话》，马建强著，新华出版社，2015年。
16. 《谢玉岑集》，谢建红编注，华东师范大学出版社，2019年。
17. 《寄园·师生艺文展撷英》，常州博物馆、常州市谢稚柳书画研究会编，文物出版社，2020年。

图书在版编目(CIP)数据

谢伯子评传 / 谢建红著. -- 上海：上海书画出版社, 2023.5
ISBN 978-7-5479-3097-7

Ⅰ.①谢… Ⅱ.①谢… Ⅲ.①谢伯子（1923-2014）—评传 Ⅳ.①K825.72

中国国家版本馆CIP数据核字(2023)第075806号

谢伯子评传

谢建红　著

责任编辑	孙　晖　凌云之君
审　　读	陈家红
封面设计	陈绿竞
技术编辑	包赛明

出版发行	上海世纪出版集团 ⑨ 上海吉委忠版社
地址	上海市闵行区号景路159弄A座4楼　201101
网址	www.shshuhua.com
E-mail	shcpph@163.com
印刷	上海雅昌艺术印刷有限公司
经销	各地新华书店
开本	720×1000　1/16
印张	18.25
版次	2023年5月第1版　2023年5月第1次印刷
书号	ISBN 978-7-5479-3097-7
定价	228.00元

若有印刷、装订质量问题，请与承印厂联系